SAP赛普咨询
管理创造价值
赛普地产管理系列丛书

大运营

房地产运营管理体系3.0

赛普管理咨询　编著

中信出版集团 | 北京

图书在版编目（CIP）数据

大运营：房地产运营管理体系 3.0 / 赛普管理咨询
编著 . -- 北京：中信出版社，2019.3 (2021 .11重印)
（赛普地产管理系列丛书）
ISBN 978-7-5217-0080-0

Ⅰ . ①大… Ⅱ . ①赛… Ⅲ . ①房地产企业—运营管理
—管理体系—中国 Ⅳ . ① F299.233.3

中国版本图书馆 CIP 数据核字 (2019) 第 024870 号

大运营：房地产运营管理体系 3.0
（赛普地产管理系列丛书）

编 著 者：赛普管理咨询
出版发行：中信出版集团股份有限公司
（北京市朝阳区惠新东街甲 4 号富盛大厦 2 座　邮编　100029）
承 印 者：北京通州皇家印刷厂

开　　本：787mm × 1092mm　1/16　　印　　张：19.25　　字　　数：209 千字
版　　次：2019 年 3 月第 1 版　　印　　次：2021 年11月第 16 次印刷
书　　号：ISBN 978-7-5217-0080-0
定　　价：199.00 元

《大运营》编审委员会

前　言

最佳的经营，并不是利润率最高的经营，而是能够用最少的本金在最短的时间内赚取最大的收益。

随着房地产企业（以下简称房企）规模的不断扩张，各企业的管理半径越来越大，项目越来越多，与此同时，单个项目的规模和项目间的差异也越来越大。由此带来的项目管理难度及各专业条线的协同难度也越来越大，因此，计划运营管理需要向“大运营”管理演进。

大运营是以财务经营目标为导向，以现金流和利润为核心，以计划管理为主线，以货值管理为基础，实现全项目、全周期和全专业的高效统筹经营，确保房地产项目“储—建—融—供—销—存—回—结”8个阶段动态一体化适配经营策略，最终实现公司经营目标。通过对房地产业现金流核心逻辑的分析与应用，以及对现金流回正与利润影响要素的管理，房企可实现精准的投资决策、精准的经营与产品定位及更高效率的内部协同，实现快速有效的运营，进而提高资金利用率，抵抗经营风险，提高利润并促进企业有内涵地增长。

从“储—建—融—供—销—存—回—结”的全生命周期来看，大运营的管控节点涉及现金流的所有阶段。其中，“储”指土地储备管理，房企要兼顾规模发展要求和合理占用回款；“建”指开工管理，房企要兼顾当期销售要求和复合增长要求；“融”指融资管理，房企要兼顾开发建设需求和销债平衡，且在资金管理上要兼顾资金利用效率和资金风险平衡；“供”和“销”指供销管理，房企要兼顾供货效率和供销平衡；“存”指存货管理，房企要兼顾存货整体去化与周转和滞重存货风险；“回”指回款管理，房企要兼顾应收周转和收支平衡；“结”指结转管理，房企要兼顾在建结转效率和未来结转空间。

本书从大运营的定义、核心理念与价值展开阐述，并结合房地产业核心经营逻辑下的最佳经营模式和现金流曲线来阐述房地产业务与经营密不可分的关系，重点讲述了构建大运营管理体系的步骤与方法，最后对大运营的落地保障进行了说明。

无论是“3 全”（全项目、全周期、全专业）、“3 定位”（现金流型、均衡型、利润型），还是“4 要素”[T（Task，计划）V（Value，货值）P（Profit，利润）C（Cash flow，现金流）]、“两管两控”（管计划、管货值、控利润、控现金流）或“六步法”（定方向、展计划、明指标、建标准、管动态、配机制），都是对大运营管理体系的价值点、方法论、管控策略和工具的提炼与总结。它们一方面形成了体系化的理论框架，便于理解和记忆；另一方面具有较强的实操性。本书中丰富的实战案例将有助于读者深刻地理解大运营管理体系，并在实践中有效地加以应用。

与此同时，财务经营思维还带来了运营管理角色的深刻转变和企业组织管控的赋能升级。例如，计划运营时代的运营部门开始从中后台的职能部门走向前台，成为协调各业务条线的核心业务部门；大运营时代的运营部门要成为组织经营决策的“最强大脑”、经营策划的“千里眼”、经营分析的“超级分析仪”和经营预警的“中枢神经”。这种转变对运营管理人员的专业协同能力、资源整合能力和分析决策能力都提出了更高的要求。

从实践中来，到实践中去。本书集结了中国房地产优秀企业（如保利发展、碧桂园、万科、旭辉集团、龙湖集团、世茂集团、中梁集团、中国金茂、新城控股、卓越集团、雅居乐、合景泰富、时代中国和云南城投等）的成功案例和实战经验，在此我们对这些企业表示衷心的感谢。

赛普管理咨询有限公司（以下简称赛普管理咨询）正是基于与众多优秀企业的深度咨询合作，通过不断学习、思考、总结、提炼与应用，才得以与行业同人分享研究成果。

提升房地产行业管理水平，促进房地产企业发展，是赛普管理咨询的使命。赛普管理咨询将继续秉承“尊重、责任、分享、价值”的核心价值观，持续为行业发展助力。

赛普管理咨询

2019 年 2 月

目　录

第一章　什么是大运营

第二章　房地产业核心经营逻辑

第三章　大运营管理体系构建“六步法”

第四章 大运营管理体系落地保障

第一章
什么是大运营

赛普观点 1

大运营是以财务经营目标为导向，以现金流和利润为核心，以计划管理为主线，以货值管理为基础，实现全项目、全周期和全专业的高效统筹经营。

赛普观点 2

大运营的关键管控点为“两管两控”，即：

- 管计划；
- 管货值；
- 控利润；
- 控现金流。

房地产市场的发展理念已经开始转变——从爆发式增长到渐趋稳健，因此，房地产经营管理理念也应加以调整。与此同时，持续升高的市场集中度和不断被压缩的市场发展空间，加剧了房企的经营难度，政策和经济的多维度调整也对房企经营发展提出了更高的要求。

随着房地产行业进入新阶段和调整期，房企的经营策略有必要由“冲刺跑”调整为公司“稳健跑”与项目“变速跑”（见图 1-1）。

图 1-1 房企从“冲刺跑”调整为公司“稳健跑”和项目“变速跑”

在“变速跑”阶段，大运营管理体系能够帮助房企聚焦经营品质的持续提升。“变速”之下，房企要升级能力，提升运营效率，随时了解自身的状态和速度，从而更加精准地“变速”。对于房企而言，做好利润与现金流指标的平衡与监控及有效防范经营风险，将会变得越来越重要。

第一节　大运营的定义与核心理念

在计划运营向大运营转变的过程中，通过项目开发运营的提效实现高周转成为业内的共同诉求。那么，大运营就是高周转吗？实际上，从某种意义上看，高周转只是大运营管理体系产生的结果之一。

如图 1–2 所示，大运营是一整套方法论体系，可以总结为“12344”：“1”是指 1 个导向，即以财务经营为导向；“2”是指两个核心，即以现金流和利润为核心；“3”是指 3 种定位，即现金流型、利润型和均衡型定位；两个“4”分别指 4 个要素和 4 个原则，4 个要素包括计划、货值、利润和现金流，4 个原则指大意识、大协同、大组织和大机制。

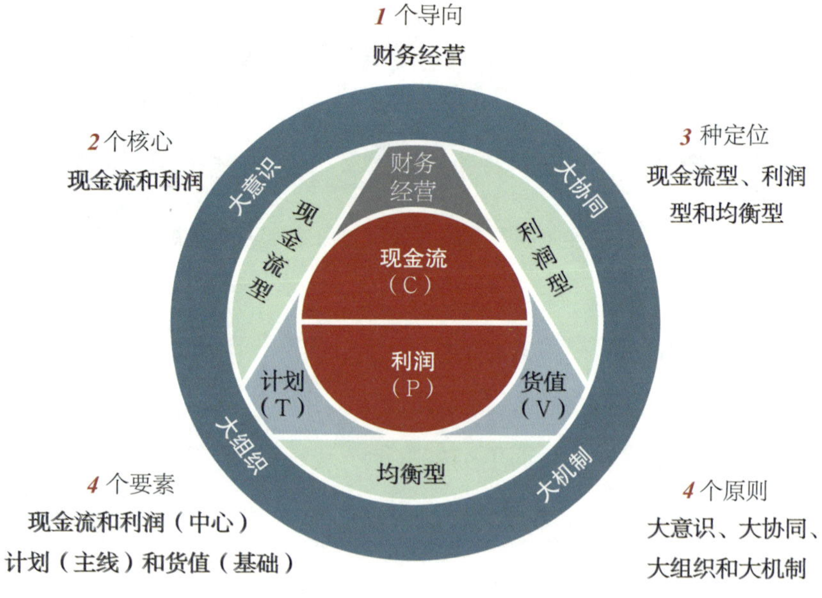

图 1–2　赛普 TVPC 大运营管理体系

为了更好地理解大运营及大运营的“大”所蕴藏的内涵，我们可以从房地产行业运营管理的发展历程与核心理念来对其进行深入了解。

一、从计划运营到大运营

一直以来，房地产项目开发都具有以下 4 个特点：

- **投入大** 房地产是资金密集型行业，资金投入量大。
- **周期长** 一个项目短则 2~3 年，长则 5~8 年，项目周期长。
- **独一性** 每个项目均独一无二，难以完全标准化运作，决策风险大，纠错成本高。
- **接口多** 房地产项目衔接政府、策划、设计、施工、供货、销售服务和客户等各个相关方，流程多、接口多。

在房地产项目开发过程中，不同阶段由不同的专业主导，同时各专业之间协同配合，赛普管理咨询称之为“陪跑的接力赛”。透过赛普房地产价值链“8 横 8 纵”模型 [横向全过程（8 个阶段）和纵向全专业（8 个专业）]，我们发现：全专业要想在全过程实现交圈配合就需要通过完善的计划管理体系来进行协同（见图 1–3）。

正因为房地产项目开发周期长且接口多，所以随着房地产行业的不断发展与演进，各房企开始构建一套规范的管理体系，希望通过有效的运营管理实现房地产项目管理的有序化。同时，激烈的市场竞争环境对房企的运营管理能力也提出了更高的要求，逐渐形成了一条清晰的房企运营管理发展路径：职能运营阶段、计划运营阶段和大运营阶段（见图 1–4）。

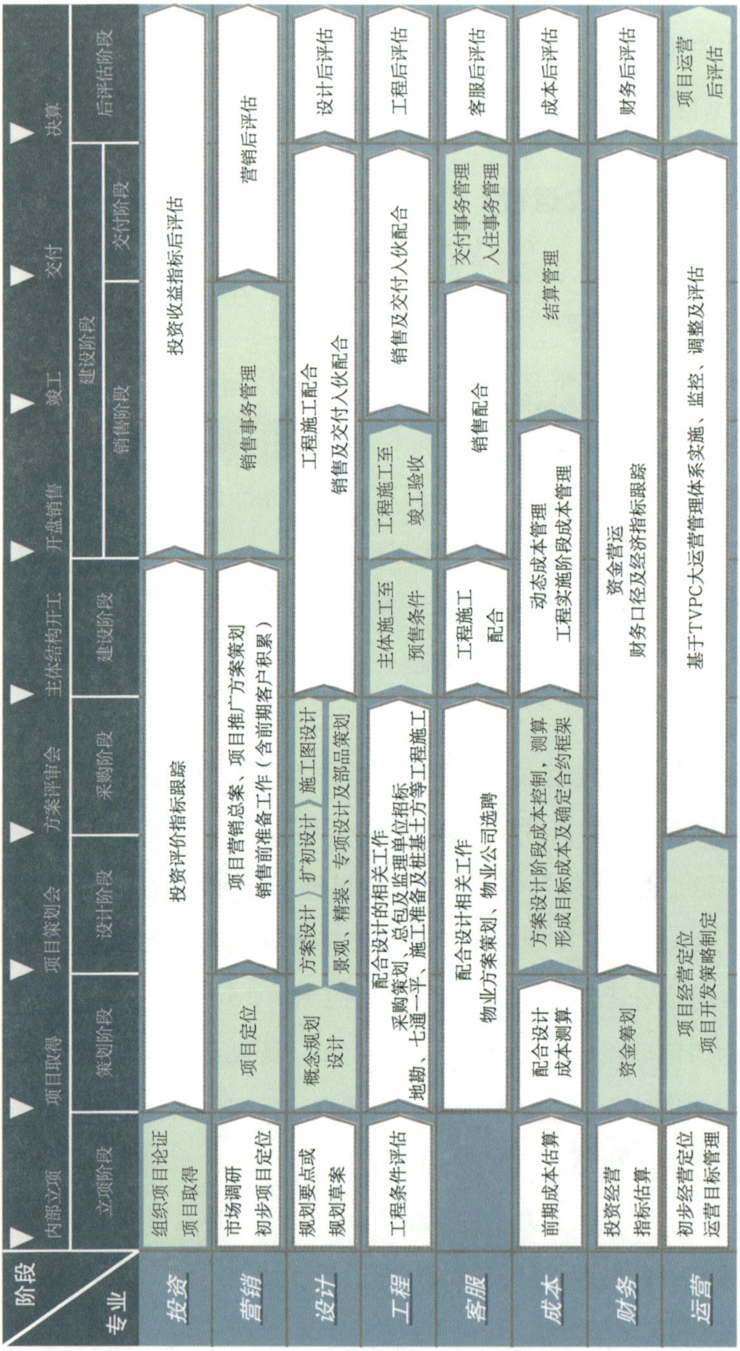

图 1-3　赛普房地产价值链模型——"8 横 8 纵"

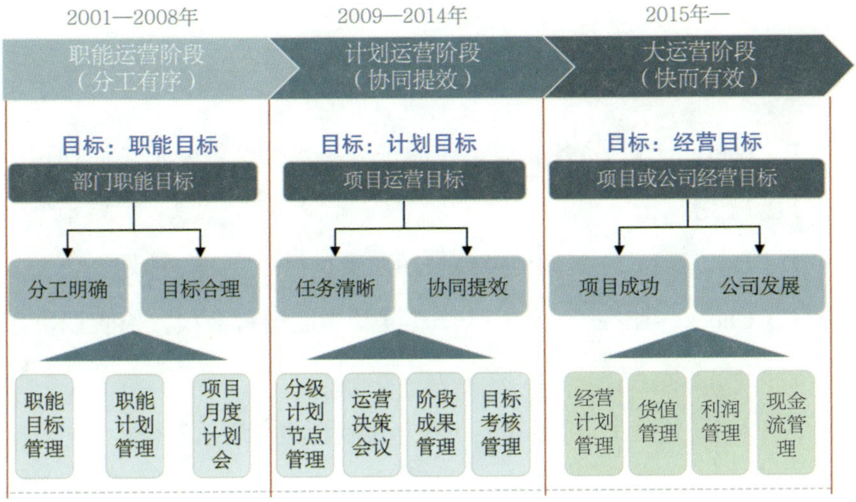

图 1–4　房企运营管理发展路径

1. 职能运营阶段

在房地产业发展的初期，房企各专业条线处于由粗放式管理向规范管理发展的阶段。正因为房地产项目管理的多环节与复杂性，房企在这一阶段非常注重打磨各专业条线的能力，明确权责，梳理流程，从而使业务管理逐步规范化。

由于房企的各项工作需要通过各部门来完成，因此在规范管理的同时，房企需要明确各部门的工作职责和任务，制订职能工作计划并进行任务考核，从而推进各部门的工作有序开展，实现运营目标。这种以各专业的规范管理为重要特点的运营管理阶段被称为职能运营阶段。

从时间上来看，职能型运营管理体系出现在房地产业市场化发展的初期，该阶段运营管理的重点是分工明确、目标合理，进而达成各部门的职能目标。职能型运营管理体系往往可以用 PDCA（计划—执行—监控—处理）来分解：

- P（Plan，计划） 各职能条线明确分工，确定年度工作计划和年度绩效考核指标。
- D（Do，执行） 各职能条线按照职责执行年度工作计划。
- C（Check，监控） 公司召开月度及年度运营会议，检查职能工作完成情况。
- A（Act，处理） 按照职能条线年度目标进行绩效考核。

随着房地产业的迅猛发展，职能型运营管理体系的分工有序逐渐暴露出两大问题：协同问题和效率问题。

- **协同难** 在职能目标驱使下，每个部门以完成各自的专业目标为己任，容易出现碰到问题“各人自扫门前雪”的情况，对其他部门的工作配合积极性低，导致各专业之间协同难，出现“部门墙”。
- **效率低** 由于是按照职能分工进行考核，各部门只关注自己的指标达成，容易出现相互推诿的情况，从而降低运营效率与决策效率。另外，由于各个部门自行确定工作任务计划，部门间的任务计划往往缺少交圈，不能动态地全盘考虑，一旦上游部门的任务出现延误，下游部门往往就会受到影响，最终导致整个工期出现延误。

当职能型运营管理体系“协同难”“效率低”的弊端使其越来越难以适应房企发展的需要时，如何打破因部门分工带来的壁垒，提升企业的项目运营效率并适应市场变化，成为房企面临的重要挑战。

那么，如何打破企业的“部门墙”以实现项目开发各阶段和各专业条线之间的协同呢?

2. 计划运营阶段

为了解决协同及效率问题，房地产业对自身的运营管理体系进行了升级，“向运营要效益”开始广泛地出现在房企的项目管理逻辑中。为此，基于共同的项目运营目标，众多房企开始强调突破部门间的壁垒，强化协同提效。

自 2009 年起，以龙湖为代表的房企开始强调计划运营管理，并借助计划运营管理体系实现了快速发展。计划运营管理的典型标志是“项目启动会”的导入，一时间全国房地产界掀起了召开项目启动会的热潮。自此开始，计划运营成为房地产行业的热门词汇。

计划运营管理体系可重点解决职能型运营管理体系“协同难”和“效率低”的痛点，实现协同和提效。

- **协同** 通过启动会和运营决策会议体系，房企的各个业务条线可以实现统筹运作，充分进行业务交圈，高效决策。
- **提效** 通过项目全景计划，房企可以理顺各业务条线的工作计划，将业务部门之间的任务紧密衔接，由此解决职能型运营管理衔接不畅的问题，并强化对节点的考核，从而提升效率。

龙湖董事长吴亚军曾针对启动会的价值说过：“启动会不是‘形式’。若真成了‘形式’，说明（房企）更要开启动会，而且要好好开。

启动会不是一个会，而是一系列的会。地区公司是开好启动会的首要责任人，在地区公司层面不能只是开一次会，要开多次，要实现项目定位、交付标准、关键细节、关键指标、关键路线、关键资源及项目全过程的联动、匹配和完整推演。地区公司的启动会是 PMO（项目管理部）和项目团队达成共识的过程和交底的过程。启动会在集团层面开一次，是让集团的相关专业部门把一次关，是集团和地区公司在项目层面达成共识的过程。”

这种以项目成功为核心运营目标、以计划为主线、以成果为标志、以专业协同交圈为支撑的运营管理，可以称为计划运营管理。

计划运营管理逐渐成为房地产项目开发运营的主流模式，并逐步发展成熟。针对计划运营管理，赛普管理咨询提出了完整的 PTQCFA 运营管理模型，并在行业中得到广泛运用（见图 1-5）。

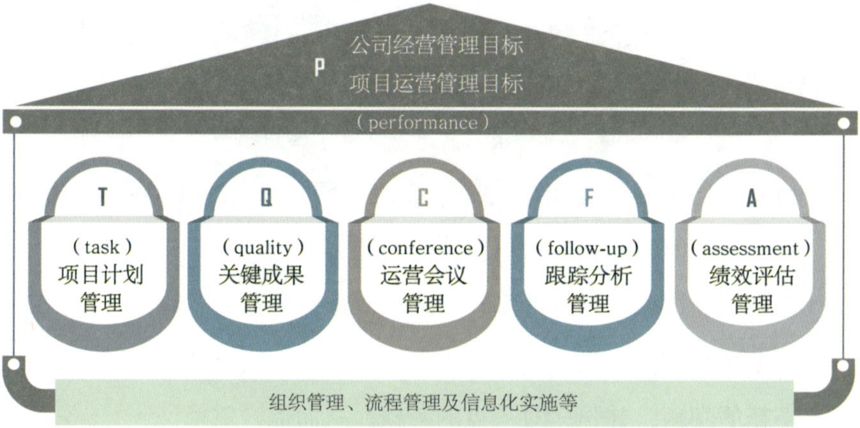

图 1-5　赛普 PTQCFA 运营管理模型

计划运营阶段的计划运营管理体系按照 PDCA 可分解如下：

- P 明确项目成功标尺、项目运营目标和项目全景计划。
- D 启动会、运营会议决策、阶段成果管理和全景计划执行。
- C 动态计划检查、跟踪和管理。
- A 项目运营绩效考核和评估。

这一闭环的运营管理体系也为优秀房企 Y 公司所用。Y 公司结合自身特点要求下属团队重点抓好 6 件事：以运营目标为中心，以计划管理为主线，以阶段成果为标志，以关键会议为驱动，以运营信息为基础及以绩效评估为抓手，并基于运营目标形成了有利于运营管理体系落地的“1 法 1 册 1 单 1 报 1 考”（见图 1–6）。

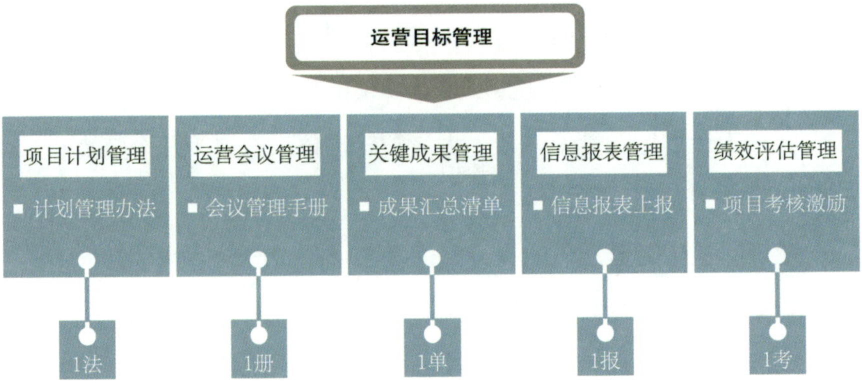

图 1–6 运营目标管理“1 法 1 册 1 单 1 报 1 考”

随着房地产行业的整体集中度越来越高，追求适度规模成为大多数房企的聚焦点，规模化发展成为它们的共识。房企在战略方向上越来越关注财务经营指标，强调在经营全局上统筹运营，特别关注现金流、利润和货值，计划运营开始向大运营升级。

3. 大运营阶段

2014 年，以碧桂园为典型代表的房企开始强调以现金流为核心的经营策略，将其纳入公司经营目标，要求各业务条线在项目全过程中均以现金流管理为重点开展业务工作，各项业务在现金流这一经营目标下协同运作。以现金流管控为核心的大运营管理体系强调的是一种以财务经营为导向的管理模式。

大运营是以财务经营目标为导向，以现金流和利润为核心，以计划管理为主线，以货值管理为基础，实现全项目、全周期和全专业的高效统筹经营，并确保房地产项目“储—建—融—供—销—存—回—结”8 个阶段动态一体化适配经营策略，最终实现公司经营目标。

大运营体现了房企快而有效的发展趋势。在“两管两控”的大运营管理体系下，房企通过相应的经营指标来衡量组织经营绩效和项目经营绩效，驱动项目成功并实现企业规模的持续扩张，最终走向成功。

区别于计划运营管理体系，大运营管理体系有以下几个特点：

- **意识** 强化经营意识的提升，促使全员形成经营意识。
- **导向** 以财务经营为导向，强调现金流管理和货值管理。
- **范围** 从项目运营到公司经营，全项目、全周期和全专业的经营管理。
- **方式** 体现差异化管控，基于不同的项目经营定位进行分类管控。
- **方法** 关注全过程即时精准的动态监控分析。

房企应以财务经营为导向来指挥业务活动。以某房企为例，该房企通过编制“项目运营作战地图”来实现经营导向下的业务协作，可谓“一图在手，运营全有”。“项目运营作战地图”通常会涵盖项目的主要经济技术指标、经营指标计划和关键节点与预售条件等内容，并在各维度下进行细分，实现以经营为导向的业务精细化管理（见图 1–7）。

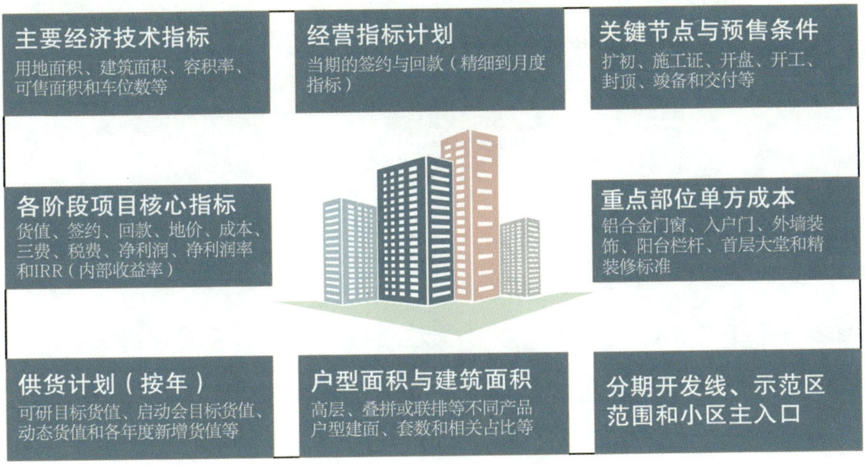

图 1–7　某企业“项目运营作战地图”示意图

大运营管理体系按照 PDCA 可分解如下：

- P　确定公司经营计划及目标，确定项目经营定位，明确项目经营指标，特别是现金流及影响现金流的关键指标。
- D　执行基于经营指标分解的业务标准。
- C　对公司层面的 8 个阶段进行经营体检，并在项目层面进行动态经营分析及决策。
- A　公司及项目经营目标考核与激励。

二、大运营管理体系的核心理念

大运营的“大”，体现为大意识、大组织、大协同和大机制，这也构成了大运营管理体系的四大核心理念。

1. 大意识：经营意识

我们所说的大意识就是强调经营意识，即从职能意识向经营协同意识转变。从范围上来看，大意识要覆盖全员和全专业；从深度上来看，大意识是从财务视角看业务，从全局视角看经营。

（1）从财务视角看业务

这种视角是指用财务经营数据判断业务结果，而且要正向看，即通过各类业务活动的变更（如开盘时间、营销价格或成本增减）带来的财务经营数据变化的大小，来分析业务活动变更带来的价值大小，进而对影响财务数据的业务活动进行调整或做出其他决策。例如，某企业会综合考虑赶工带来的财务价值是否能够覆盖赶工费的支出，还会考虑采购流程过于复杂造成的进度延误会对财务指标产生多大的影响。

（2）从全局视角看经营

这种视角要求房企以全局观来做经营决策，而不是从局部某个专业领域或职能工作视角来做决策。例如，首次开盘推多少货量及推什么货，房企不能仅依据营销、市场、竞品因素和现场施工条件的便利性来做判断，应从公司全局的经营目标来考虑；又如某项目的展示区是做临时样板房还是实体样板房，房企必须基于全局对经营结果的影响来判断（如各城市的预售条件等），既不能一味节省成本，也不能增加无效成本。

意识转变是大运营管理体系落地的重要条件。一方面，企业总部应充分重视大运营管理体系，通过培训、研讨及“行动学习”等形式自上而下地将大运营思想传递到业务一线；另一方面，一线公司需要强化经营意识，以经营目标为导向来指导业务活动的开展，使各业务条线的思想达到统一，形成大运营意识。

在推动大运营管理体系落地的同时，房企也对相关岗位的角色定位提出了新的要求。例如，项目总的角色定位就需要同步转变。项目总可以分为工程型项目总、协调型项目总、运营型项目总和经营型项目总。未来，项目总将由工程型向协调型、运营型转变，最终成为经营型项目总，对项目的经营指标（包括利润、IRR 和回款等）承担责任（见图 1–8）。

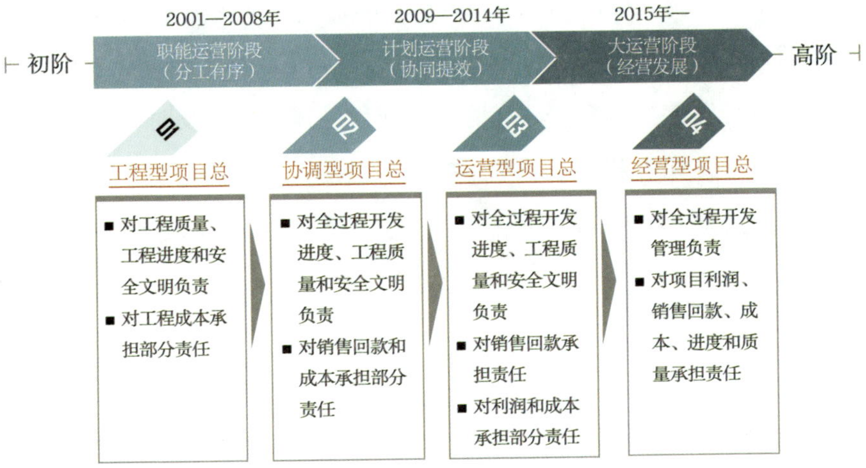

图 1–8　项目总的角色演变

2. 大组织：“七位一体”

为了建立与大运营相匹配的组织机制，运营管理部门的定位要从计划管理者转变为经营组织者，同时要具备对企业经营的监控权、对企业资源的协调权和对企业管理的建议权。

大运营管理需要匹配相关联的组织机制。公司总部可以设置首席运营官（COO）及负责运营管理的大运营工作小组（由首席运营官统筹领导），而一线公司可以设置由运营分管副总经理或总经理直接负责运作的大运营工作小组。

公司总部的大运营工作小组负责建立大运营管理体系；建立总部统一的项目经营定位模型、投资测算模型和经营监控模型；建立统一的差异化运营标准和绩效激励标准；动态监控一线公司经营指标并调整经营方向，提出改进建议；对一线公司的经营结果进行评估、考核与激励。

一线公司的大运营工作小组负责组织大运营管理体系的落地实施；应用项目经营定位模型、投资测算模型及经营监控模型；完善项目经营计划及经营监控体系；动态监控各项目经营指标，及时调整经营方向；对项目经营结果进行评估、考核与激励。

房企的大运营组织架构一般以“七位一体”的形式呈现（见图 1–9）。

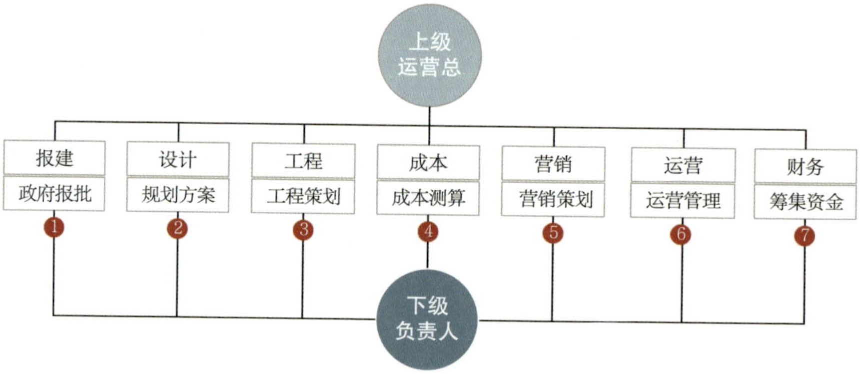

图 1–9　大运营组织架构“七位一体”示意图

3. 大协同：跨专业经营协同

在计划运营时代，组织协同和清晰的计划管理给房企带来了效率的提升，但是，仅仅组织上的协同还不足以满足房企在大运营时代追求规模增长、产品力提升和效率提高的需求。此时，协同就要在深度和广度上跨组织、跨专业和跨层级，即从组织协同转变为经营协同，协同的范围也要变得更广。

跨组织的协同是指与外部合作方、供应商、服务商或客户等相关方之间的协同。为实现与相关方之间的协同，房企需要与它们建立共同的目标与利益，并在项目启动前向相关方交底相关的目标、责任及未来的激励机制。跨专业的协同表现为各专业条线间的横向协同；跨层级的协同则表现为各管理层级间的纵向协同。

在横向协同上，房地产项目开发过程中的不同阶段由不同的专业条线主导，项目团队可用多个专业条线的合力推动协同运作（见图 1-10）。

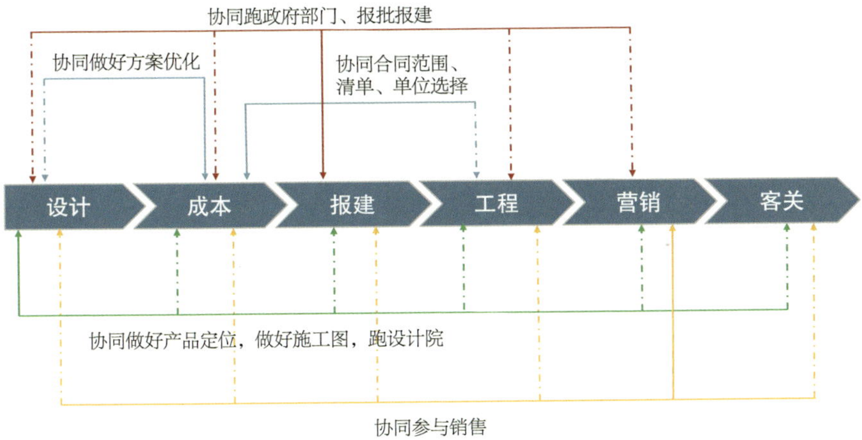

图 1-10　房地产项目开发各专业条线协作示意图

在纵向协同上，公司总部要给予项目团队明确的支持性承诺和授权。同时，项目总要充分利用上级资源，事前与上级沟通，过程中争取工作资源和时间方面的支持。承诺往往会通过会议的形式明确，如项目启动前通过会议向内外部团队的相关成员明确激励目标与方法；授权则往往通过《项目总责权表》等文书形式来明确，其中会写明项目总的权力和各阶段的责任要求。

大协同还体现在项目团队要以“两管两控”为抓手，以财务经营结果为导向，“穿透”各个业务条线，分解可以量化的经营指标，直观地反映各个条线上的经营问题和管理痛点，从而促使各个专业条线采取相应的管理措施，形成改善经营结果的良性循环。

4. 大机制：差异化强激励机制

为大运营管理体系配置的差异化强激励机制包括经营目标考核、“成就共享”、跟投机制、专项激励及经营奖惩等。

没有考核的运营不落地，没有奖惩的运营没效果。从这个意义上讲，大运营激励机制是强化全员经营意识和促进大运营管理体系落地的重要举措。例如，“成就共享”机制就极具针对性，强调快速收回投资的同时实现高收益；项目跟投机制则注重强化“共担、共享、共赢”意识，促进现金流快速回正并与项目收益直接关联，围绕现金流来设置激励措施等。本书第三章第六节将对大运营管理体系下的差异化激励机制的设计做详细介绍，在此不再赘述。

第二节 大运营的价值

从前述大运营的定义及其四大核心理念中，我们已能发现大运营在房企运营管理演进中所起到的作用和具有的价值。进入大运营时代，运营管理不再只是计划部门或运营部门的工作，而是贯穿于全项目、全周期和全专业的全价值链管理动作。整合企业的各种资源，围绕现金流回正和现金流贡献展开计划管理及运营提效是大运营的主线。

从“储—建—融—供—销—存—回—结”8个阶段的关系来看，大运营的管控节点涉及现金流的所有阶段。其中，“储”指土地储备管理，房企要兼顾规模发展要求和合理占用回款；“建”指开工管理，房企要兼顾当期销售要求和复合增长要求；“融”指融资管理，房企要兼顾开发建设需求和销债平衡，且在资金管理上要兼顾资金利用效率和资金风险平衡；“供”和“销”指供销管理，房企要兼顾供货效率和供销平衡；“存”指存货管理，房企要兼顾存货整体去化与周转和滞重存货风险；“回”指回款管理，房企要兼顾应收周转和收支平衡；“结”指结转管理，房企要兼顾在建结转效率和未来结转空间。

贯穿全生命周期的管理是大运营管理体系的基础。房企的运营管理理念从计划运营升级到大运营，除了带来运营管理角色的深刻转变和企业组织管控的赋能升级之外，还为企业经营战略、经营定位、经营监控和经营调节等打开了一个新的管控局面。

一、管理新势能：升级管理角色，助力经营战略

在大运营时代，房企的运营管理角色逐渐开始转变。职能性的运营部门从中后台逐步走向前台，成为协调各业务条线的重要业务部门。

运营人员开始转变为掌握从公司到项目各层级和各业务条线的详细情况的业务专家，能够通盘整合企业资源，并且通过对经营结果的分析给出相应方案，倒逼业务开展，辅助企业决策者做出正确的决策。

以优秀房企J公司为例，在实行大运营管理体系之后，这家公司对三个层面的角色进行了调整。

一是集团层面，J公司集团总部的运营职能聚焦于包括货量和土地在内的资源管理、战略规划和年度经营计划的编制、下属运营单位的赋能、过程风险管控及经营业绩的分析，并通过信息的搜集、分析和呈报等支撑企业高层决策，进而保障企业利润目标的实现及规模扩张。通过建体系、建标准及对过程检查纠偏，J公司集团总部实现了跨职能决策并能及时召开专题会，从而得以高效地解决城市公司上报的各种问题。

二是城市公司层面，J公司的运营总虽然也是职能条线的部门负责人，但是比其他职能部门的负责人的职级要高半级。这有利于他进行以经营为导向的横向协调，从而帮助J公司实现跨职能协同和项目推进。

三是项目层面，项目总作为项目负责人，带领团队实现启动会既定目标的同时担负起了实现项目所有经营指标的责任。

以上角色转变的核心价值在于J公司以经营为导向实现了横向协调，项目、城市公司与集团得以完成既定的经营目标，并力争经营指标最优化。

与此同时，J公司的职能型组织架构同步转型为矩阵型，形成“1+7”结构，“1”是项目总，担负项目运营指标，“7”是7大专业条线的职能经理。通过升级和优化7个专业条线的系统，J公司改善了管理层级和授权，解决了城市总和运营总这两个经营层面的主要负责人70%的日常职能决策问题，促使90%以上的决策在项目总和运营总两个层级完成。这相当于"解放"了总经理，总经理可投入更多精力在公司的战略与发展上，如拿地、融资与组织提升等。

J公司的集团运营部门则投入更多精力在建体系、建标准及过程检查与纠偏上，以保障每个项目皆能达成既定的经营指标。

第一，建体系。在体系的支撑下，J公司规范并固化了项目管理活动，赋能一线，让管理能力偏弱的城市公司或项目都能达成经营目标。具体而言，就是以核心经营指标为标准，以核心经营指标的实现路径为思路，明确各部门和各层级的管控指标，将责任落实到岗位，并明确考核监控机制，加强过程监控。在考核和绩效上，J公司集团层面的战略评价体系包含10个维度的评价指标，借此对所有城市公司进行相应考核和排名。

第二，建标准。建标准的核心价值在于城市公司推进各项目时可以直接沿用固化的标准，减少过程中的决策时间与风险，从而提升管理效率。J公司从以下三个方面来建标准。

一是规范项目经营指标。集团层面规范利润型项目与高周转项目在拿地和上项目启动会方面的指标底线，减少城市公司在拿地和上启动会时的反复沟通。指标低于集团底线的地不拿：未达到上项目启动会指标底线的地块需进一步优化并提升项目价值点，以达到上会指标要求。同时，在项目开发过程中，J公司利用大运营管理体系从财务角度监控企业现金流的健康和安全，从策划角度监控项目的市场定位和产品定位的正确性，从开发角度监督项目的开发进度按期实现，从营销角度监控产品的销售去化情况等。

二是建设各职能标准。集团各部门进一步完善自身的标准化工作。J公司目前已实现项目定位标准化、产品标准化、成本标准化与营销标准化的建设，通过标准化的管理让项目推进有章可循。

三是责权匹配。为保障大运营组织职能的有效落地，J公司在集团授权上围绕既定的项目经营定位，对项目定位策划和营销策划等进行审核，确保各专业条线的前期策划工作和策划成果符合项目经营定位。

第三，控风险。管控风险的核心在于检查与纠偏。在大运营阶段，运营组织作为项目经营监控的分析者，应以项目经营目标为驱动力，通过计划、货值、利润和现金流管控体系实现项目经营的动态管理。

二、定位指南针：前置策划与经营路演，确保精准投资与操盘

不同经营定位的房企有着不同的管理方向，不同经营定位的项目有着不同的经营目标，因此，房企应采用不同的运营标准来指导具体的业务执行，这样才有利于项目团队在实际操盘过程中更好地匹配项目经营定位，实现精准运营。

传统的项目定位是由产品、土地和客户“三位一体”构成，而在大运营管理体系下，基于新的市场环境与经营导向，项目定位既要符合公司战略又要匹配市场。所以，此时房企需要更多地从经营视角来考量，形成以经营为中心的经营、产品、土地和客户“四位一体”的项目定位（见图 1–11）。

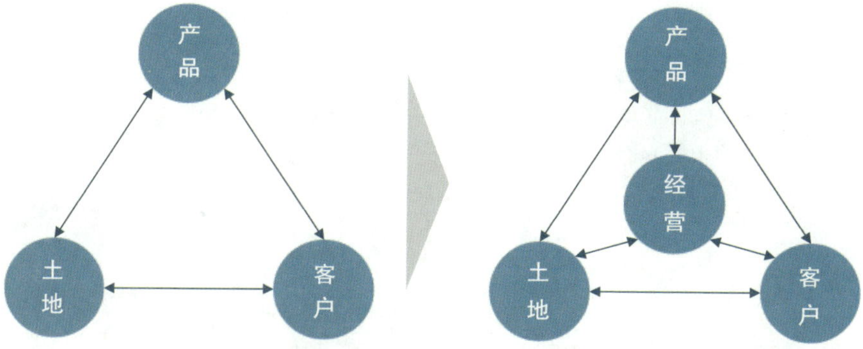

图 1-11 项目定位从“三位一体”到“四位一体”

在土地获取阶段，经营定位应匹配公司的战略目标。第一，公司可以根据战略规划要求来筛选项目，判断项目经营方向，帮助投资端迅速筛选出目标地块，重点关注布局的城市能级和业态要求；第二，公司可以基于经营目标和策略标准寻找匹配经营定位的地块，重点关注经营定位的适配性，明确是做现金流型项目、利润型项目还是均衡型项目，从而倒推拿地标准；第三，公司可将营销定位和产品定位贯通，依托当期市场情况筛选项目，重点关注市场走向、政策变化和竞争趋势等，匹配适销对路的产品与服务；第四，公司可以围绕财务经营要求来筛选项目，重点关注利润率和 IRR 等测算指标是否满足要求。

房地产投资前期的项目筛选阶段要聚焦战略、经营、市场和财务四大“漏斗”，从而实现精准投资（见图 1-12）。

经营定位、产品线和运营标准要有机融合。房企要针对不同的产品线采用不同的运营标准，项目策划团队需在原有营销定位、产品方案和经营计划管理的基础上重点关注项目经营定位，形成定位阶段的“四部曲”：项目经营定位、营销定位、产品方案和经营计划。

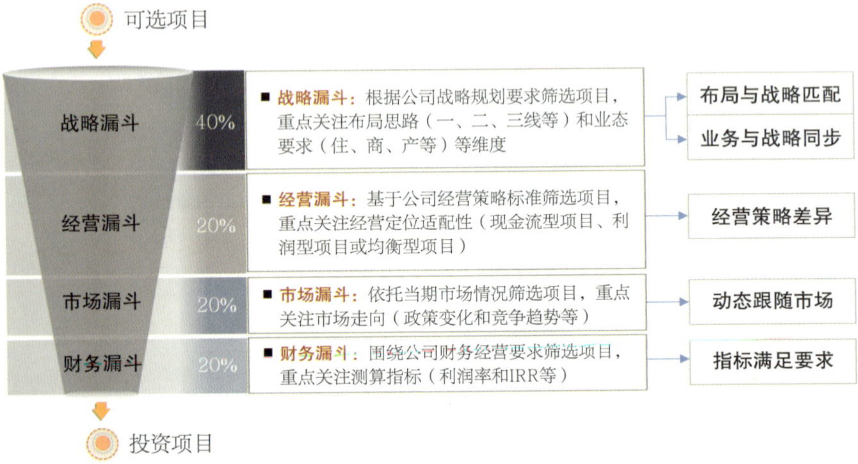

图 1-12　聚焦四大“漏斗”实现精准投资

为确保项目实现有质量的快速开发，房企应对关键流程进行前置策划，以达到“做精细、保目标”的目的。对比不同领先房企的前置策划事项，虽然它们的做法存在一些差异，但主要都是围绕影响项目收益与风险的关键环节（如项目定位、产品设计、开发报建、成本优化、采购定标、精装修、销售策略和客户风险控制等）进行前置策划。

策划管理及前置管理的重点在于建立策划先行机制，规避开发运营风险并实现内部的有效沟通与协同。这体现在两个方面：一方面，项目团队需明确前置工作流程，包括摘牌前准备工作、开工前准备工作和展示区设计等各项关键事项的流转线路及底线时间；另一方面，项目团队需明确前置工作机制，例如某企业的“8 前 4 后”会议体系，通过在每一项工作开始前明确工作目标、责任人、方法、重点、难点及协同要求，确保后续工作的有序和高效开展（见图 1-13）。

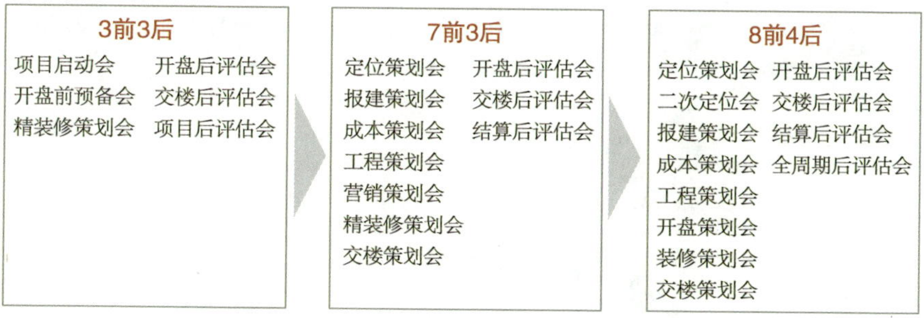

图 1-13 “8 前 4 后”会议体系演变

接下来，我们具体看看关于策划先行机制的里程碑决策会议体系及开会时间轴（见图 1-14）。

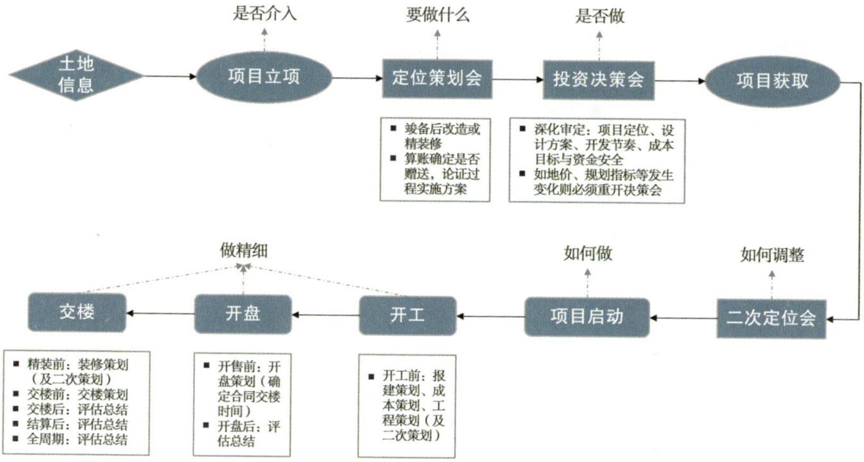

图 1-14 某企业里程碑决策会议体系及开会时间轴

以优秀房企 Y 公司的前置策划为例，具体见表 1-1。

表 1-1　Y 公司报建会议卡片示例

会议名称	召开时间	会议目的	组织部门	参会部门	会议成果
定位策划会	项目立项后	在土地获取前，进行可行性研究，完成对市场、客户、产品和成本等要素的定位，对开发过程进行预演，明确项目定位及初步规划方向 对于户型涉及的竣备后改造或精装修，算账确定是否赠送，论证过程实施方案，保证产品品质、经济可行及风险可控	区域投资拓展部	区域总裁、区域投资拓展部、区域营销管理部、区域设计管理部、区域成本管理部、区域财务资金部、区域运营管理部和项目团队等	《项目定位策划会会议纪要》
二次定位会	项目获取后	在项目获取后，根据实际需要进行二次定位策划，深化审定项目定位、设计方案、开发节奏、成本目标和资金安排等	项目部	区域总裁、区域营销管理部、区域设计管理部、区域成本管理部、区域财务资金部、区域运营管理部、区域投资拓展部和项目团队等	《项目二次定位策划会会议纪要》
报建策划会	开工前 40 天	明确当地报建流程、规定规费和市政条件，落实政府对接部门和优惠条件，提前预审方案、分证、人防和消防等，为实现快速开发扫清障碍	区域运营管理部	区域总裁或区域大运营工作小组组长、区域设计管理部、区域营销管理部、区域财务资金部、区域工程技术部、区域运营管理部和项目团队等	《项目报建策划会会议纪要》

- **报建策划**　明确当地报建流程、规定规费和市政条件，落实政府对接部门和优惠条件，提前预审方案、分证、人防和消防等，为快速开发扫清障碍。
- **成本策划**　系统地梳理各成本项，进行加减法分析，优化成本，合理投入，助力项目获得和保持竞争优势，取得更大利益。
- **工程策划**　在开工前全面交底，对项目整体开发思路进行推演，明确关键决策点和控制点，提前识别风险并提出预案，为开工做好充分准备。
- **开盘策划**　在开盘前做好推广策略、客户落位、推货节奏、价格策略、签约回款和合同交楼时间等工作的筹划，促进销售目标达成与资金快速回笼，实现完美开盘。
- **装修策划**　在批量装修前做好工程策划，明确各分部分项工程的完成时间节点及质量控制要求，保证过程顺畅高效，确保按时交付精品楼盘。
- **交楼策划**　组织各相关部门在交楼前进行查验，及时整改，提前做好预案及收楼计划，保证产品品质，避免群体性事件，按时顺利交房。

三、健康体检仪："8 阶"健康体检，洞察经营风险

房地产项目周期长、投入大，对单项目而言可能存在亏损风险，对公司而言可能存在库存和现金流风险。因此，如何发现风险、判断风险原因并采取应对措施，是对房企经营能力的一大考验。

大运营管理体系要求房企对经营风险进行全过程预判与分析，在“储—建—融—供—销—存—回—结”8 个阶段进行全过程和全周期动态一体化管理。为此，房企要建立全维度和全周期的货值盘点，规避断地、断货、滞重或总量不清等货值风险，开展收支现金流盘点，避免断流或难支等现金流风险，并将资源线与资金线进行整合分析，以规避全局经营风险，实现与公司整体经营策略的匹配。

房企应通过“储—建—融—供—销—存—回—结”8 个阶段对公司经营情况进行健康体检。如图 1-15 所示，大运营健康经络图可以帮助房企找到各业务活动可能的关联风险，并对未来进行预判，再基于预判对公司的经营风险进行分析，提前解决问题，保障公司的健康经营。

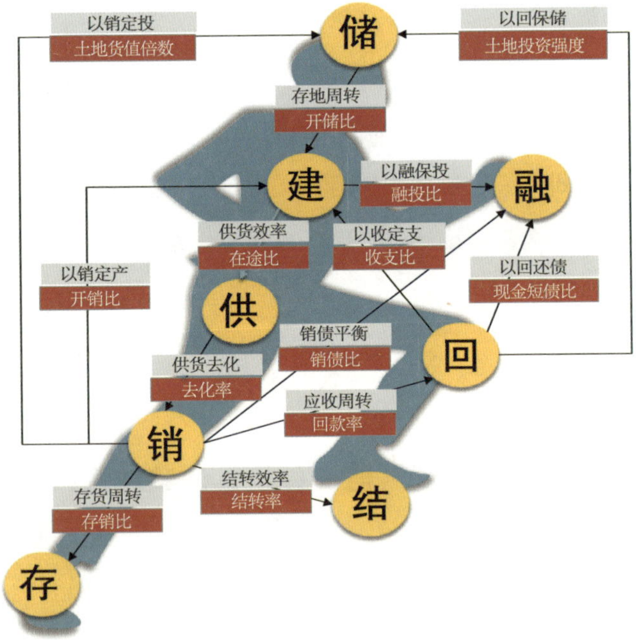

图 1-15　赛普房地产大运营健康经络图

公司经营是一整盘棋，牵一发而动全身。某一个业务环节出现问题，可能是受其他业务关联影响所致，例如现金流问题可能是由于回款或支出出了问题，回款问题可能是去化不力或产品滞重，而支出问题可能是投资拿地过多；又如销售去化差可能是市场本身的问题，也可能是前期开工供货量过大所致，而开工供货量过大又是由于在市场高点拿了过多的土地……因此，判断公司的经营问题不能从某个点或某个业务简单地加以判断，而应该从全局判断，从关联影响的业务条线综合判断。

总货量是保值增值还是价值缩水？公司土地储备量是否足够？开工量能否满足未来销售量的要求？公司库存是否处于高位？回款是否合理？现金流是否存在风险？能否支撑公司进一步发展？……这些都是运营条线必须全局考虑、判断并加以应对的经营风险。

房企制订一个三至五年内的清晰经营计划有利于经营目标的实现，通过资源盘点可以对企业现状和未来规划做到心中有数。例如，销售目标的达成基于销售计划和供货计划，供货计划基于开发计划，而开发计划基于土地储备。大运营管理体系下的经营计划的铺排可以帮助房企确定产品和土地储备的缺口，辅助企业投资决策，从而实现“储—建—供—销—存”的匹配。

房企的经营风险往往可能来自未知因素，如未来可能的市场变化或政策变化导致的滞销或融资困难。因此，房企分析经营风险不能仅仅停留在对当前已经发生的业务的判断上，更应该基于未来可能的趋势对当前的经营风险进行前置分析与预警。

四、经营调节器：TVPC“两管两控”，实现弹性运营

在房地产项目开发全生命周期中，计划节点、推盘节奏、售价和去化率等因素时刻在变动，并对项目最终的经营结果产生影响。因此，房企在经营计划设定之后常常会根据市场变化及时对其进行调整。在大运营管理体系下，房企必须开展动态经营分析，并据此进行动态经营调整和决策。

动态经营管理贯穿“储—建—融—供—销—存—回—结”8 个阶段，房企应通过大运营管理体系“8 阶”健康体检发现经营问题，通过“两管两控”实现决策调整。

通过构建项目总货值管理体系，盘点项目总货值，开展动态货值管理与调节开发节奏等手段，房企可在复杂多变的市场背景下利用大运营管理体系开展灵活可控的运营管理。房企可根据市场供需和销售冷热情况及时调整生产节奏，以销定产，环环相扣。一是控制产销平衡，强调以销定产，引导供货策略（见图 1-16）；二是控制存货保持低位，实现有质量的增长；三是控制去化率，实现快速销售；四是分析年度目标达成情况，预测和评估年度目标偏差情况；五是构建产、供、存、销管理体系，根据去化情况调整销售计划，根据销售计划调整运营计划。由此，房企就能一方面减少货值问题，一方面保障现金流安全，从而实现弹性运营，更好地提升企业效能并达成经营目标。

某企业的经营月报显示，该企业开展了以财务经营为导向的项目管控，并通过现金流曲线跟踪了核心指标的变化。这一过程清晰地反映了净利润、ROE（净资产收益率）、IRR 和现金流回正的变化情况。通过监测经营性现金流的情况，该企业重点关注经营性支出，从而达到了供销平衡、量价平衡和费效平衡。

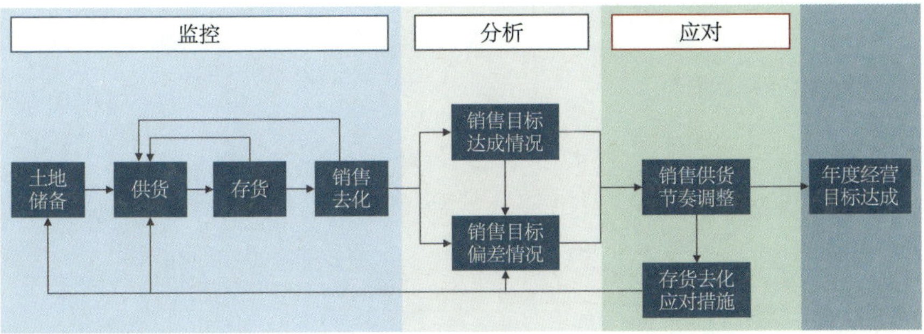

图 1–16 年度经营“以销定产、产销平衡”

综上所述，大运营的价值主要体现在四个方面：一是升级运营管理角色，助力企业经营战略的实现；二是前置策划与经营路演，确保精准投资与精准操盘；三是通过“储—建—融—供—销—存—回—结”8 阶健康体检，洞察经营风险；四是通过 TVPC“两管两控”实现弹性运营，调整策略，最终促进组织经营目标的达成。

大运营“体检”及动态监控在后续的章节中还将有具体的细节展现。

第二章
房地产业核心经营逻辑

赛普观点 3

什么是最佳经营？

最佳经营不是利润率最高的经营，而是用最少的本金在最短的时间内赚取最大的收益。

赛普观点 4

影响现金流回正的三大因素是地价、建设和销售计划及支付计划。

销售策略中需重点明确的三大指标是首开货量比、去化率和回款率。

第一节　什么是最佳经营

纵观房地产业发展历史，处于成长阶段的房企首先会聚焦于如何开发一个成功的项目，即更多地把经营重点放在“开发”上。围绕这一经营重点，企业的经营核心便往往聚焦于项目的进度管理、质量管理和成本管理等方面。

随着房地产业的发展，规模领先的战略导向愈发明显。不过随着规模集聚和项目增多，只聚焦于单一项目开发的经营策略成为房企发展的瓶颈。若要最终在市场上赢得一席之地，房企须转换经营思路，从经营的本质出发来思考企业发展。

企业经营的本质是什么呢？或者说，什么是最佳的经营呢？最佳经营不是利润率最高的经营，而是用最少的本金在最短的时间内赚取最大的收益。

企业以盈利为目的，最终的目标是盈利最大化和股东利益最大化。股东利益可以通过财务指标进行衡量，这也是证券市场上进行价值投资时衡量收益的一个重要指标——ROE。净利润除以股东权益即为ROE（股本回报率）。这一指标旨在衡量投资的效率，测算企业在投入资金和资源后能得到多少回报。公式如下：

$$\text{ROE}=\frac{\text{净利润}}{\text{股东权益}}=\frac{\text{净利润}}{\text{自有资金投入均值}\times\text{自有资金年回正周期}}$$

ROE 也被称为股东权益报酬率，是净利润与股东权益的百分比，其中的股东权益即为自有资金投入。ROE 反映了股东权益的收益水平，体现了自有资金获取净收益的能力，用以衡量公司运用自有资金的效率。

股神巴菲特曾说过：“宁愿要资本规模只有 1 000 万美元，但 ROE 为 15% 的中小企业，也不愿意要一个规模上亿美元，但 ROE 仅为 5% 的大企业。”

相较其他指标而言，ROE 充分体现了最短的时间、最少的本金和最大的收益这三大因素，是最能全面反映公司整体经营效益的核心指标。从目前来看，各大优秀房企对 ROE 的关注度也越来越高，而 ROE 越高表明投资带来的收益率越高。我们可以运用杜邦分析法分解 ROE 这一指标（见图 2–1）。

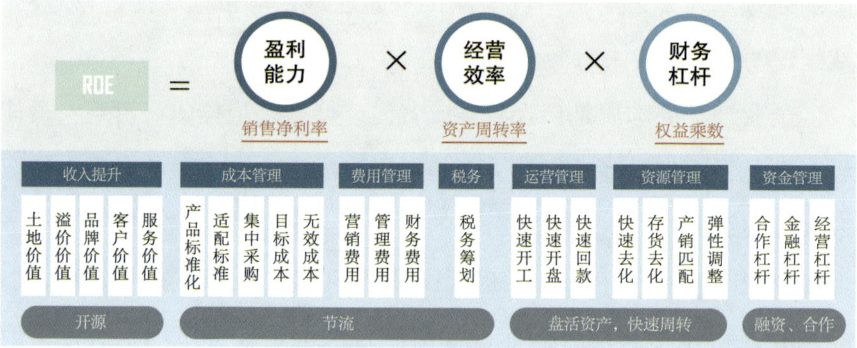

图 2–1　杜邦分析法分解 ROE 指标

其中，销售净利率反映盈利能力，资产周转率体现经营效率，权益乘数则表明财务杠杆的运用情况。通过运用杜邦分析法进一步分解

ROE，我们可将这些指标落实到各业务条线中。

运营在一定意义上就是为了协同所有资源并运用一切手段来提高ROE，做到开源、节流、快周转，并做好融资和合作开发。

赛普管理咨询通过公开市场数据对各房企的ROE指标进行解析，发现房地产业典型的经营模式有三种（见图2–2）。

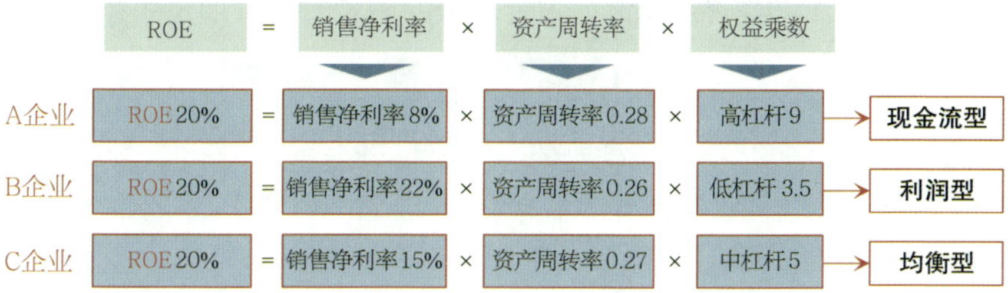

注：净利润=销售总额–开发成本–期间费用–税金；资产周转率=销售收入/总资产平均总额；权益乘数=1/（1–资产负债率）。

图 2–2　房地产业典型经营模式示意图

第一种典型的经营模式是现金流型。以A企为例，其实现20%的ROE，整体销售净利率并不高（仅有8%），而企业的资产周转率与财务杠杆均处于行业的高水平。从经营结果来看，A企的复合增长率处于行业领先水平，但利润率在行业内并没有优势，采用这种经营模式的房企被称为“现金流型房企”。

第二种典型的经营模式是利润型。以B企为例，其同样实现20%的ROE，但路径与A企相反，销售净利率高达22%，资产周转率和财务杠杆均处于行业较低水平。从经营结果来看，B企的优势表现在利润率上，但是扩张速度相对比较缓慢，采用这种经营模式的房企被称为“利润型房企”。

第三种典型的经营模式是利润与现金流均衡型。以 C 企为例，其同样实现 20% 的 ROE，销售净利率、资产周转率和财务杠杆的表现均介于 A 企和 B 企之间，即从利润率和周转速度来看较为均衡，采用这种经营模式的房企被称为“均衡型房企”。

采用不同经营模式的上述三类房企追求的经营目标是不同的。现金流型房企最看重的是追求规模，通过加快速度来增大体量；利润型房企更看重优化经营，通常追求有质量的增长，通过稳定的经营和精细化的管理达到利润最大化；均衡型房企的经营目标会两者兼顾，采用均衡速度开展经营，或者前期追求项目投入以使现金流快速回正，后期放缓速度、稳步销售并追求溢价。

第二节　现金流与经营模式

现金流是大运营管理体系的核心关注点之一，大运营的基本经营逻辑主要围绕现金流和利润两个方面展开（见图 2–3）。

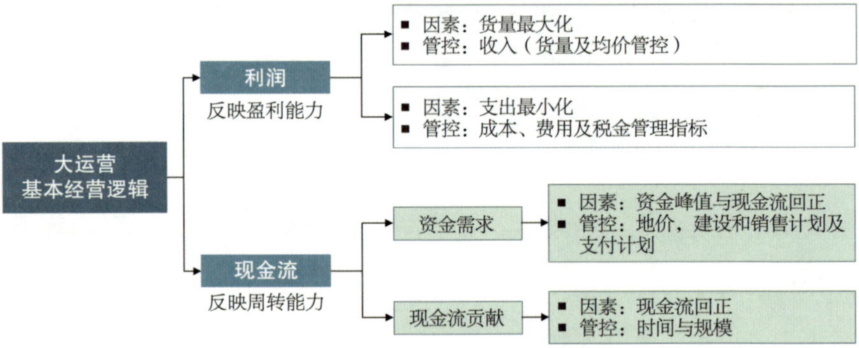

图 2–3　大运营基本经营逻辑图

一、现金流曲线的基本概念

我们可基于现金流曲线来理解房地产业的现金流（见图 2-4）。

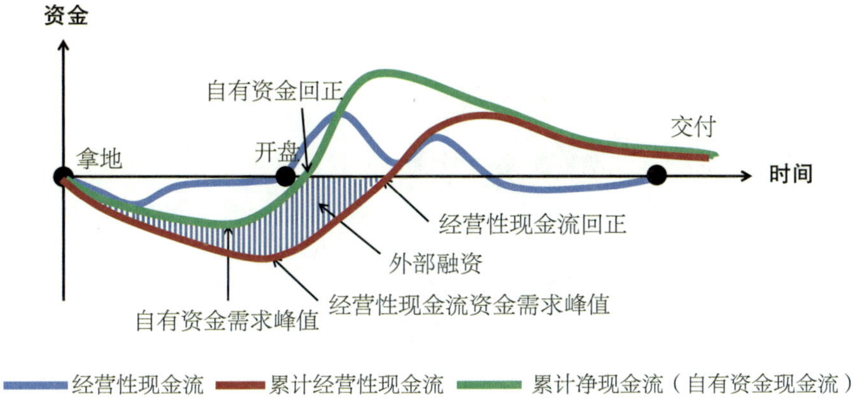

图 2-4　房地产业现金流曲线图

现金流包括经营性现金流、累计经营性现金流和累计净现金流（自有资金现金流）。为了更好地理解现金流曲线，我们先要界定几个与现金流有关的基本概念。

1. 当期经营性现金流

简单来说，当期经营性现金流就是一个项目在当期开展经营时产生的现金流入和流出之间的差额。这里的“当期”可以是当天、当月、当季或当年。如果当期指的是当月，那么经营性现金流用于分析每月经营收支情况，其影响因素包括每月支付的工程款和费用及每月销售回款。现金流入主要为销售回款或房屋租金等，而现金流出则主要指运作这个项目支出的各种成本和费用，包括但不限于地价、前期开发成本、设计费、建安成本、销售费用、管理费用、财务费用和税金等。

开盘前，由于当期经营性现金流都是流出并没有流入，所以当期经营性现金流就是负数。开盘后，因为有销售回款流入，当期经营性现金流在开盘后的一段时间内（不一定是整个销售周期）即使有部分支出，当期现金流也是盈余状态，表现为一段时间内是正数。因为房地产业的经营特性，大量成本都是在竣工结算后才支付，因而后期竣工阶段的当期经营性现金流又会呈现为负数。

2. 累计经营性现金流

累计经营性现金流是指从项目起始点（通常以确定土地合同作为起始点）开始，将每月经营性现金流进行累加，用于判断资金峰值和经营现金流回正时间，其影响因素包括地价及前期工程费用、开发推盘节奏、开盘时间和开盘去化情况等。

例如，如果某项目前期拿地后支付地价 2 亿元，后续支付建安成本 2 亿元，此时累计经营性现金流为 −4 亿元，即项目的资金需求量为 4 亿元。项目开盘后，项目累计回款 5 亿元，此时累计经营性现金流为 1 亿元，即项目盈余资金 1 亿元。项目交付后基本清盘，大量的项目成本和税金也都已支付，剩余的现金流则基本为净利润（假设项目处于盈利状态）。

3. 资金需求峰值

从图 2–4 中我们可以看到，当期经营性现金流在项目开盘前一直是负数，开盘后为正数。开盘前累计经营性现金流是当期经营性现金流的叠加，相当于开盘前所有的项目支出的总计，此时体现为红色曲线时间轴下方最低点，这个点是项目最大的资金需求量，被称为“资金需求峰值”，从现金流角度来看也是项目风险最大点。实际上，资金需求峰值的含义体现了房地产业强金融属性中的第一个要素——资金需求。房地产项目运作周期长，需要投入的资金规模非常之大，现金流可以说是企业生存和发展不可缺少的“血液”。

4. 现金流贡献峰值

图 2-5 中的红色曲线在时间轴的上方有一个最高点，这个最高点被称为“现金流贡献峰值”。现金流贡献峰值是项目可以贡献现金流的最大值，其体现的是房地产业强金融属性中的第二个要素——现金流贡献。

项目累计经营性现金流回正之后，贡献出的多余的可供其他项目投资的资金为该项目的现金流贡献。现金流贡献额度的最大值为现金流贡献峰值。该峰值与资金需求峰值成反比，与现金流回正时间成反比；现金流贡献时间与现金流回正时间成反比。

5. 地货比

地货比是土地价格和土地货值之比。一般而言，地货比越小，意味着杠杆效应越大，现金流回正越容易，这也解释了快周转企业为何更倾向于在地价相对较低且具备快速去化条件的三、四线城市布局。地货比可能因城市而有差异，但杠杆效应却在各级城市都发挥着作用。

6. 资金需求峰值比

资金需求峰值比为资金需求峰值与项目总货值之比。资金需求峰值比越大，现金流回正越难；资金需求峰值比越小，现金流回正越容易。资金需求峰值比与资金需求峰值（房地产项目累计投入资金的最大值）成正比，与项目总货值成反比，因此，房企可通过降低资金需求峰值和增加项目总货值来降低资金需求峰值比。

二、现金流回正及影响因素

当累计经营性现金流出等于累计经营性现金流入时，也就是说项目的销售回款足以覆盖前期所有的项目支出时，就是项目现金流回正的临界点。加快现金流回正需要从时间和规模两个维度进行考虑。

1. 时间维度：越早开盘，现金流回正越快

现金流回正带来的价值可用现金流贡献来反映。

一方面，资金需求量越大，现金流占用越久，资金压力就越大。房地产开发的本质是金融服务，而房地产业特有的预售制决定了其经营模式与其他行业差别较大。房企尤其是中小房企在做投资的时候，无论在定位还是操盘上的大原则就是坚持流动性覆盖安全性，安全性大于盈利性。拿地和开发都会产生资金需求，而预售回款则会带来现金流贡献，其可用于新项目的投资。其中，资金需求量越大，资金需求时间越长，现金流回正越晚，资金压力就越大。

另一方面，现金流贡献量越大，现金流回正时间越早，对规模及利润扩张的帮助越大。项目开盘时间提前，现金流回正速度会加快，现金流贡献峰值提高，贡献时间也会增加，可见加速现金流回正能提

高现金流贡献。所以，很多房企会通过各种手段优化开发路径，缩短开盘时间，如行业熟知的早起跑、串改并及控周期。当然，这需要各专业条线的支持与配合（详见本书第四章），如通过产品标准化建设提前决策或减少决策点，通过管理标准化提高决策效率及通过前置工作策划缩短工作周期等。而影响现金流回正的时间因素集中体现在开工和开盘这两大节点（见图 2-5）。

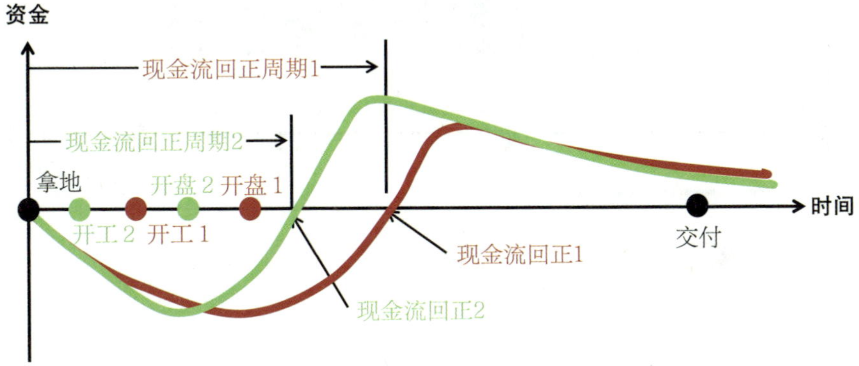

图 2-5　影响现金流回正的因素之一：时间（开工、开盘）

举例说明，M 项目的总货值为 30 亿元，前期平均投入 34%（即 10 亿元），项目净利润率为 10%，假设机会成本（资金用于本项目而放弃用于其他项目时可能损失的利益）为 20%，而现金流提前一个月回正，带来的经营结果的价值如图 2-6 所示。

可见，30 亿元货值的项目的现金流提前一个月回正可以产生 2 200 万元的经济效益，大致相当于项目净利润的 10%，接近项目货值的 1%。现金流回正时间越短，现金流贡献时间越长且带来的

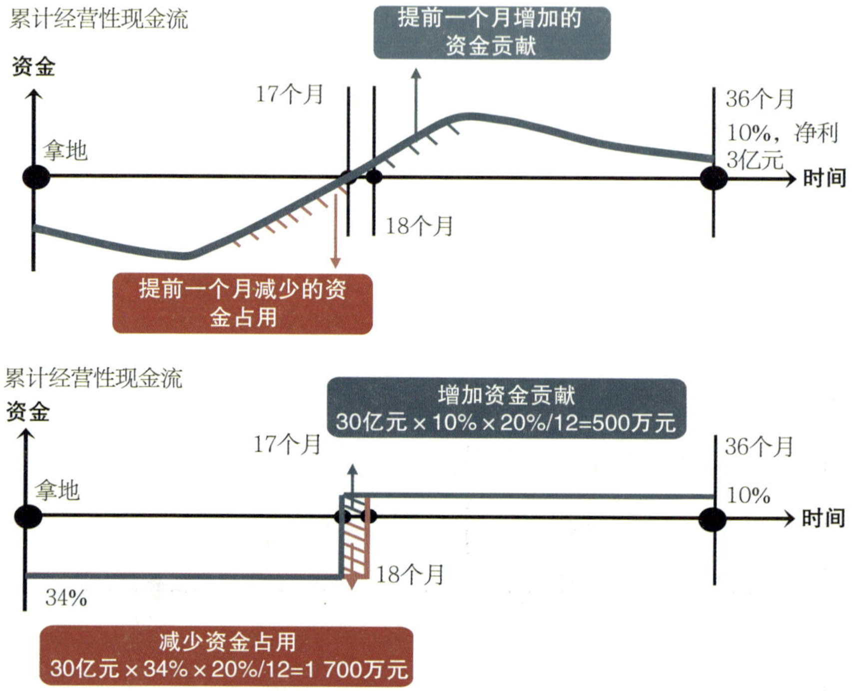

图 2-6　提前一个月回正的现金流贡献示意图

价值越大。

同样以 M 项目为例，如果以复合增长率要求推导现金流回正的周期要求，那么要实现 130% 的复合增长率，自有资金就要在 8 个月内回正，经营性现金流在 12 个月内回正。这些回正要求具体如图 2-7 所示。

如果要实现 64.4% 的复合增长率，则 M 项目的自有资金应在 12 个月内回正，经营性现金流在 18 个月内回正（见图 2-8）。

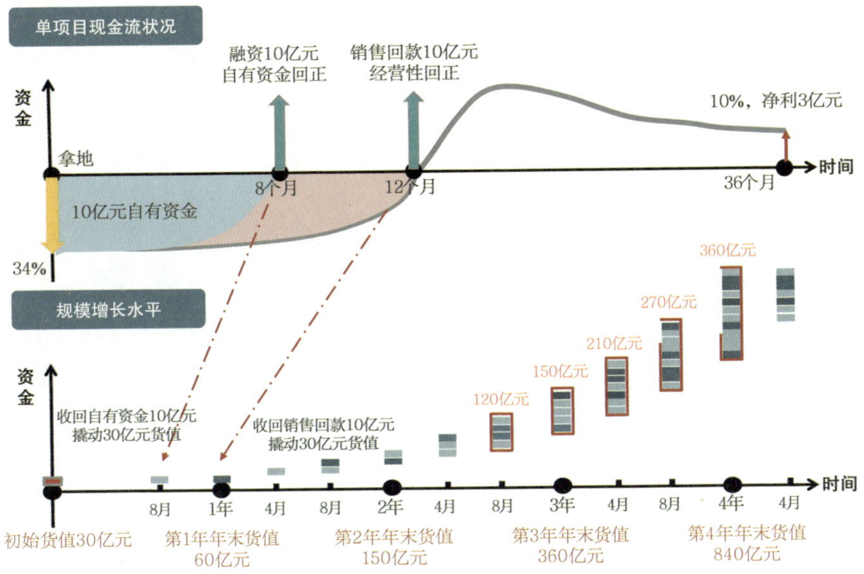

图 2-7 复合增长率为 130% 的现金流回正要求

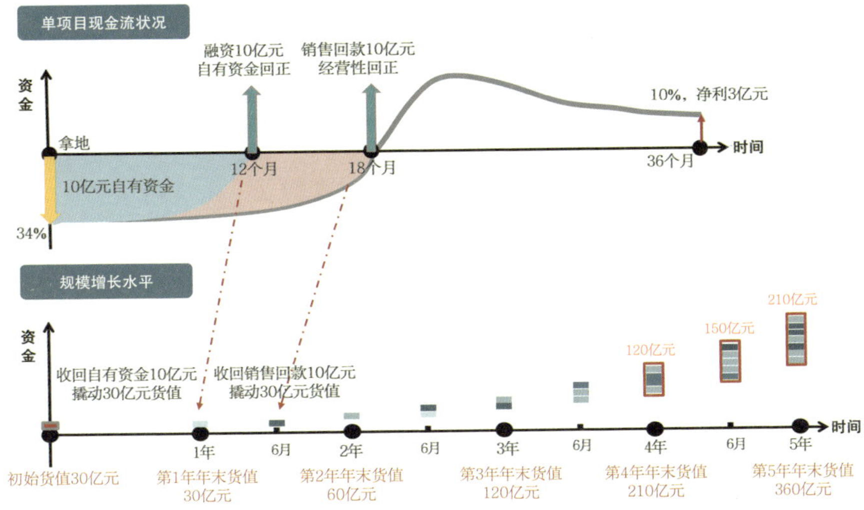

图 2-8 复合增长率为 64.4% 的现金流回正要求

现金流提前回正带来的好处，除了前述项目净利润的经济效益及能够匹配更高的复合增长率要求之外，如果将回正的现金流用于再投资，将显著扩大企业规模。

以某项目一期为例，其建筑面积为 18 万平方米，销售额（含税）为 11 亿元，资金峰值为 4 亿元，净利润率为 10%，净利润为 1 亿元。如图 2–9 所示，项目自身的现金流贡献可以为企业提供规模杠杆，实现利润倍增。

	3年项目数	3年总销售额	3年总利润
2年现金流回正	2年后自有资金+现金流贡献做2个项目，共3个	每个项目销售额11亿元，3个项目共33亿元	每个项目的利润1亿元，3个项目共3亿元
1年现金流回正	1年后自有资金+现金流贡献做2个项目，2年后做4个，共7个	每个项目销售额11亿元，7个项目共77亿元	每个项目的利润0.9亿元，7个项目共6.3亿元
8个月现金流回正	8个月自有资金+现金流贡献做2个项目，16个月后做4个，2年后做8个，共15个	每个项目销售额11亿元，15个项目共165亿元	每个项目的利润0.8亿元，15个项目共12亿元

房地产行业快周转企业的核心经营逻辑：通过回收自有资金及项目现金流贡献实现规模发展

图 2–9　现金流回正时间与企业规模关系示意图

假设项目地货比为 20%，项目净利润率为 10%，一年可实现两次周转：原始投入 1 亿元，当年可实现总货值 10 亿元，净利润 1 亿元；项目预售资金的 50% 再投入到新项目，循环两年，可实现 62.5 亿元的规模和 6.25 亿元的利润。当然，地货比可能因城市不同而有所差异，但杠杆效应是可以在各级城市体现出来的。

2. 规模维度：影响现金流回正的三个因素

随着近年来各城市地价的不断攀升，地价成为影响前期资金需求量的最重要的因素。项目地价占总货值的比例越来越高，资金需求峰值占总货值的比例也越来越高，使得开盘前的资金需求量越来越大。根据资金需求量和现金流贡献的反比关系，这会进一步缩小现金流贡献的金额，甚至导致没有现金流贡献，因此通过现金流贡献来扩大规模会面临更大的挑战。若要实现累计回款大于累计支出、覆盖资金需求峰值并实现现金流回正，项目团队就需要关注地价、建设与销售计划及支付计划三大因素（见图 2-10）。

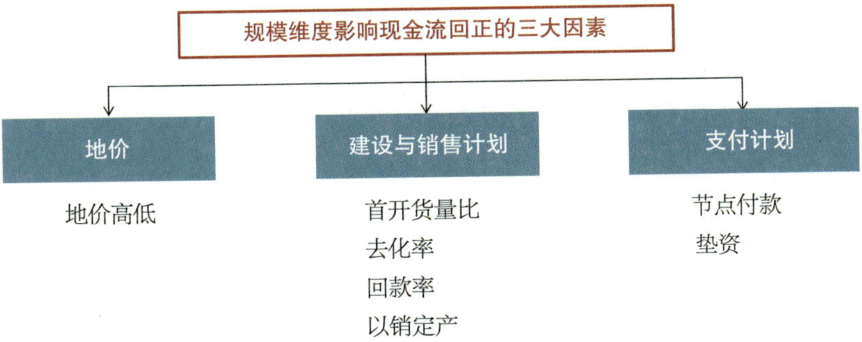

图 2-10 规模维度影响现金流回正的三大因素

在对现金流回正目标进行分解时，房企的销售策略应重点关注首开货量比、去化率和回款率三个关键指标（见图 2-11）。

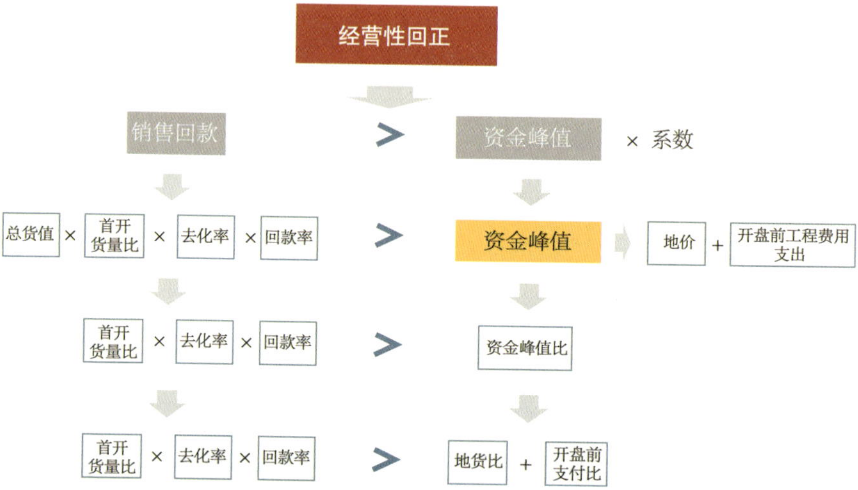

图 2-11　经营性回正规模因素分解

现金流回正的关键在于回款要覆盖累计前期投入，也就是说要覆盖资金峰值。回款金额比例取决于推出合适的产品（如现金流产品占比）、足够的产品推货量（货量比）、合理的去化水平（去化率）和充足的回款量（回款率）（见图 2-12）。

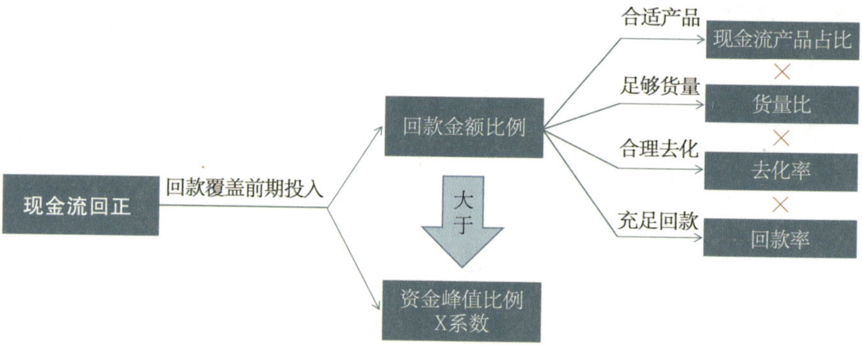

图 2-12　现金流回正目标规模因素分解规划

以某项目一期为例，其容积率为2.8，可售面积为17万平方米，资金需求峰值比为22%，推算所需的首开货量比、去化率及回款率三个指标的基本要求（见图2-13）。

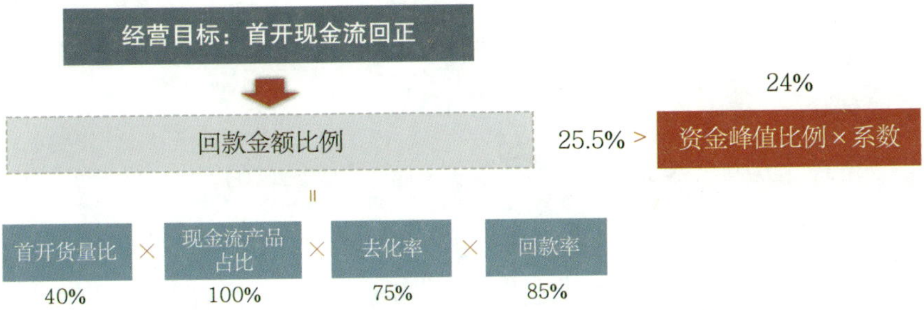

图2-13　首开现金流回正与资金需求峰值的关系示例

以推货量为例，假设该项目开盘前资金需求峰值为A（若基本视为土地款），则可推导出：按70%回款率、70%去化率，集团平均地货比为40%时现金流回正所需的总供货率为81.6%，而三、四、五线城市平均地货比为30%，则现金流回正所需的总供货率为61.2%（见图2-14）。

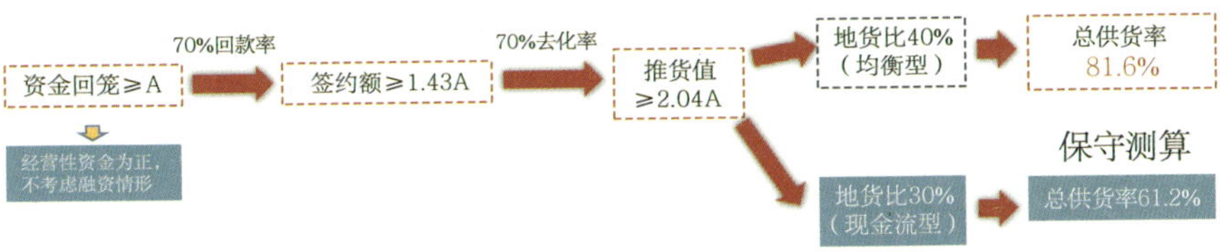

图2-14　基于地货比现金流为正对应的供货率示例

为加快现金流回正，首先，项目团队要做好首开推货量的铺排及货量组织；其次，项目团队不但要备足首开推货量，更要确保货量按时足量供应；最后，通过经营杠杆与合作杠杆来降低资金峰值比例，项目团队就可在较低的总供货率的基础上实现现金流回正。

……………………………………………

现金流贡献是企业经营杠杆的一种表现形式，主要源于销售回款。只有当销售回款能够覆盖项目前期投入时，多余的销售回款才能够贡献现金流。

得益于房地产业特有的产品预售制，即资金回笼先于产品的交付，房企的经营杠杆实际上借助了客户的资金杠杆。不同于金融机构杠杆，客户的资金杠杆没有使用成本且使用期限不确定，这使得如果项目现金流回正前资金需求量是确定的，那么经营性现金流回正越快，客户资金量越大，则资金使用期限越长，资金可使用量越大。

综上可知，影响现金流回正的因素要从时间和规模两个维度来分析：时间维度要求抢开盘时间，越早开盘则现金流回正越快；规模维度要求累计回款大于或等于累计前期投入，而累计回款过慢、资金峰值过大则会影响现金流回正，具体体现在地价、建设与销售计划和支付计划三大因素上，并在销售策略中重点明确首开货量比、去化率和回款率这三大指标。了解影响现金流回正的主要因素，对明确企业经营模式和项目经营定位有着重要的指导作用。

三、三类经营模式与经营定位

房企的经营目标如果是以规模为导向，则须将现金流作为关注重点，而如果是以利润为导向则须将项目利润作为关注重点。如果希望实现规模和利润平衡，房企则需同步进行动态平衡管控。因此，房企的经营模式可分为三类：现金流型、利润型和均衡型。现金流型注重

“多”“快”“省”，即快周转做大规模，通过产品标准化实现快开和快售，产品以中低端为主；利润型注重“好”“省”“稳”，即在优质土地上建设溢价产品并追求高利润，追求有质量的增长和降低负债率，推行精细化管理；均衡型则介于现金流型和利润型之间。这三种经营模式对应着不同的管理方向（见图 2-15）。

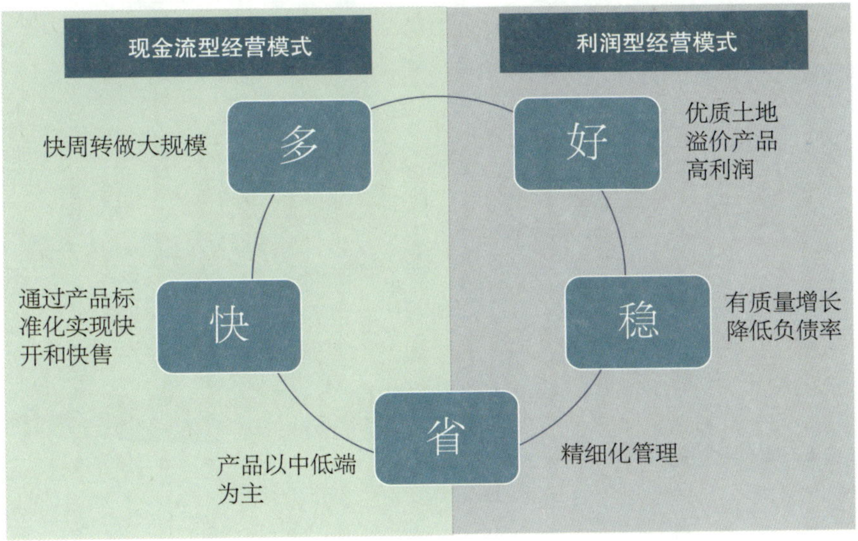

图 2-15 房企不同经营模式的不同管理方向

关键字“多、快、好、省、稳”形成了五大维度，构成了一个完整的指标体系（见图 2-16）。这五大维度又可分解为多个模块和指标，房企通过组合不同的模块与指标即可确定房地产项目的不同的经营模式。

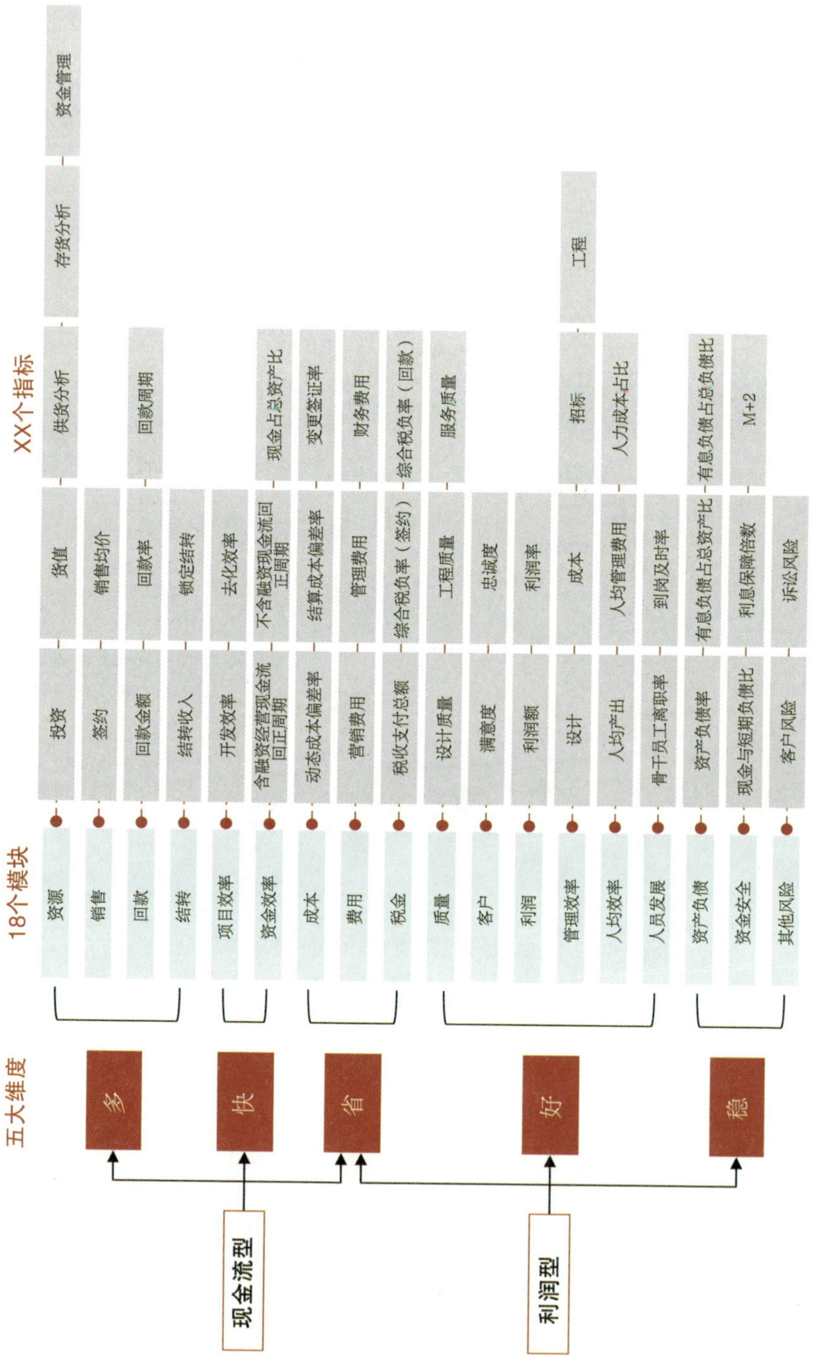

图 2-16 “多、快、好、省、稳”指标体系

对于房地产项目而言，不同的经营模式有不同的现金流曲线，因此房企在投资时必须明确项目的经营定位，为不同定位下的项目现金流管理设置差异化目标并采用差异化管控手段。基于前述现金流模型，房企可将项目的经营定位划分为现金流型、均衡型和利润型。

1. 利润型项目

利润型项目以追求利润最大化为目标。对于这类项目，除了升值土地价值，房企更应重视精细化打造产品质量并提高客户体验感，通过品质的塑造来实现产品溢价和利润最大化。

利润型项目的特点是前期资金需求峰值较大，现金流回正时间较长，项目更多地关注利润率指标（见图 2-17）。

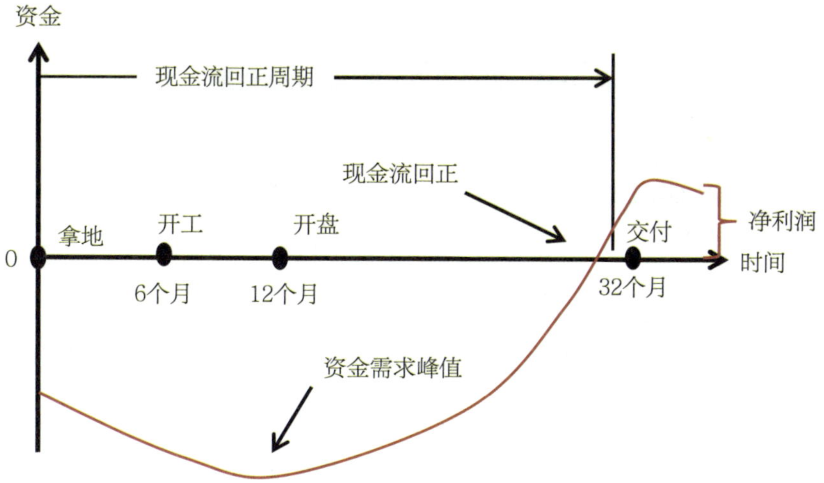

图 2-17　利润型项目现金流曲线图

2. 现金流型项目

现金流型项目的特点是前期资金需求峰值较小，现金流回正时间较短，能更快实现现金流贡献，项目更多地关注现金流回正指标（见图 2-18）。

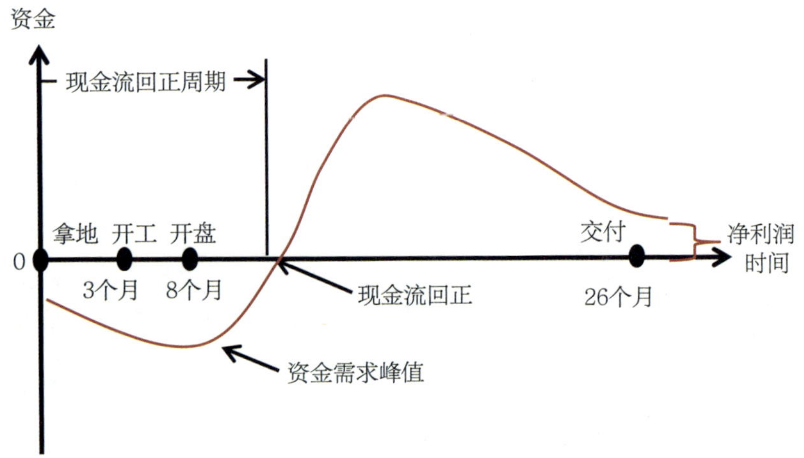

图 2-18　现金流型项目现金流曲线图

3. 均衡型项目

均衡型项目的特点是平衡了现金流与利润的关系，从而很好地实现了利润与现金流指标（见图 2-19）。

房企的经营模式要与发展战略相契合，即管理方法与经营模式相匹配。早年间，某房企提出大规模扩张战略后便大举进入三、四、五线城市，提出“567”（5 个月开盘，6 个月现金回笼，7 个月达到收支平衡）的运营提效标准，并施行了“成就共享”激励机制。

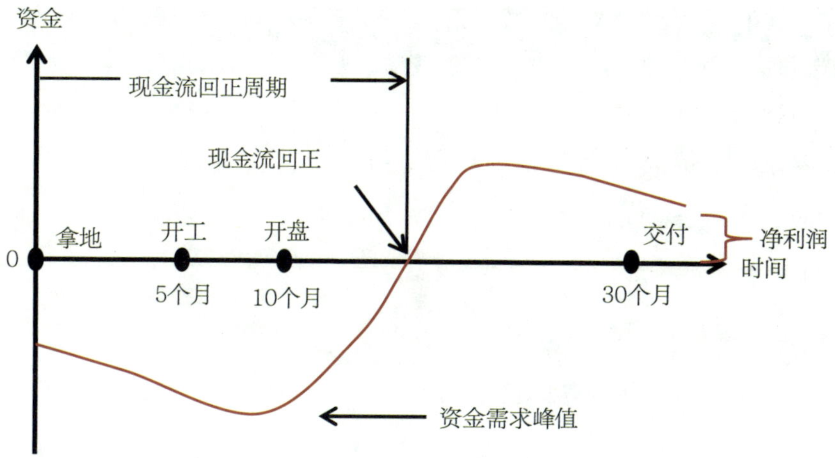

图 2-19　均衡型项目现金流曲线图

从资金投入来看，进入三、四、五线城市的战略布局的最大的好处是能够拿到低价土地，地货比较低，前期资金需求量较少；从开发节奏来看，三、四线城市的政策环境相对宽松，快速开工的可能性较大。因此，在这些城市布局的房企能够快速实现现金流回正，快速地再投资，从而实现规模快速扩张。

基于上述分析，从经营逻辑上来看，地货比通常是影响项目经营定位的关键因素之一。地货比不同的项目应该有不同的经营定位（见图 2-20）。

项目经营定位的具体落地与典型案例，可参见本书第三章第一节。

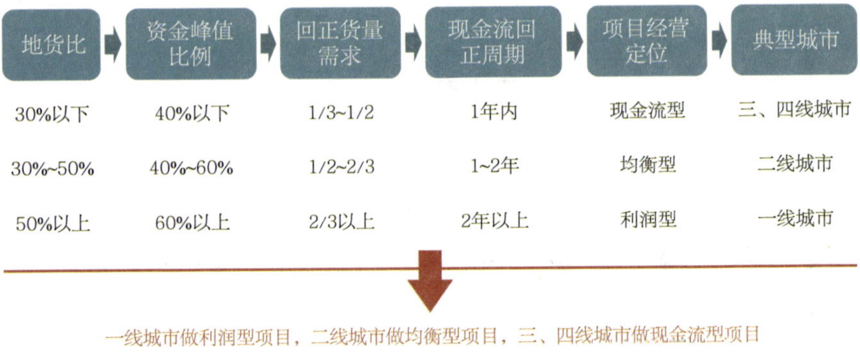

图 2-20　赛普地货比与项目经营定位核心逻辑模型

第三节　业务与经营的关系

一、大运营管理体系“3 全”：全项目、全周期和全专业

房地产大运营管理体系的“3 全”是指全项目、全周期和全专业，即通盘考虑所有项目的整个开发周期和全体专业条线的协作，实现项目的快速开发，保障经营结果的顺利实现。

1. 全项目：有效平衡多项目运营，实现公司经营价值最大化

全项目意味着经营活动不是针对一个项目，而是关注所有项目，以公司的经营指标而不仅仅是单个项目的经营指标来衡量公司经营价值最大化，并通过多项目运营进行有效的平衡与调整，在各项目间对资金和资源等“削峰填谷”。例如，通过预测各项目的现金流来预测公司现金流量表中的“波峰”，确保现金流安全和规模扩张。

岁末年初是房企编制来年计划和预算的时期。在此期间，房企会以战略为导向并以核心财务指标（如营业收入、净利润及现金流）为关注点对来年乃至未来几年的全部项目“排兵布阵”。

例如，某领先房企的“1363”动态经营计划管理体系的核心就是通过持续的演化来发现问题和应对变化，兼顾不同时期的需要，确保随时根据市场变化修正计划中的偏差，从而用变化替代计划，用沟通补足数据，用默契消除冲突（见图 2-21）。

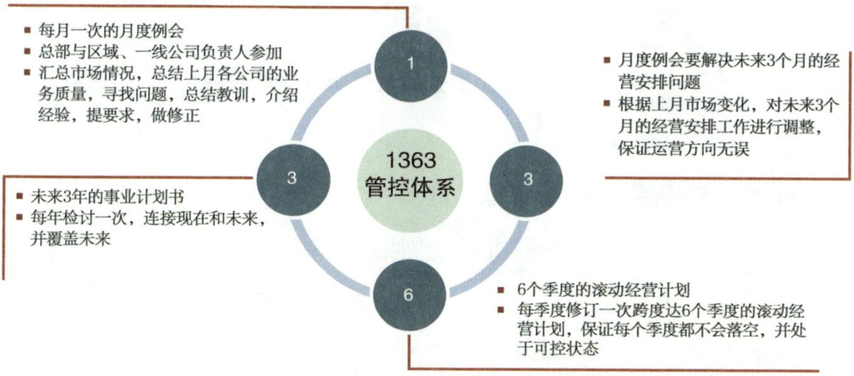

图 2-21　某房企的“1363”动态经营计划管理体系

在大运营视角下，房企必须强调以经营结果为导向，根据自身战略形成未来 3 年的滚动经营计划，并基于该计划开展年度经营活动，向上承接战略方向，向下连通经营活动，最终实现经营目标。

除了年度经营目标的达成，房企对于未来几年的经营目标、项目利润与现金流等都可以进行统筹安排。

2. 全周期：在整个开发周期对经营指标进行及时的跟踪、分析和预警

在项目的整个开发周期的各阶段，房企都要结合关键经营成果对经营指标进行及时的跟踪、分析和预警，对各阶段的推进情况做到可知、可控和可管（见图 2–22）。

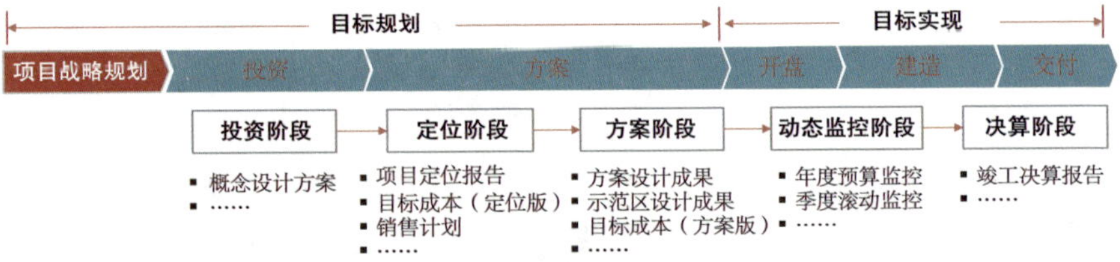

图 2–22　某领先房企的全周期战略意图书

其中，全周期跟踪可以通过月报、季报、年报、项目例会和经营会议等形式来进行。房企需进行全周期跟踪的事项包括影响项目经营结果的方案、开盘、回正、去化和项目后评估等关键节点，月度、季度及年度等固定周期的管理节点，以及项目推动过程中能够影响经营结果的潜在重大事件（如价格调整、推盘节奏调整、重大项目变更、群诉事故和突发政策变化等）。

3. 全专业：全体专业条线协作实现项目快速开发，保障经营结果的实现

房地产项目开发过程中涉及的 8 个专业条线都与运营有关系，都会对经营质量产生影响，这些都需要各专业条线以统一的经营目标为导向实现密切配合。

例如，前面“大组织”部分提到的“七位一体”组织架构及“8前4后”决策会议体系，其目的都是实现项目的快速有序开发。

又如，V企某城市公司形成了业务高效协同的两个“铁三角”（见图2–23），不断尝试各专业条线间的协同提效。第一个“铁三角”旨在实现项目快速开发，保障高品质、高效率和高性价比；第二个“铁三角”则是为了使项目在第一个“铁三角”的基础上实现快速销售和更好的销售。

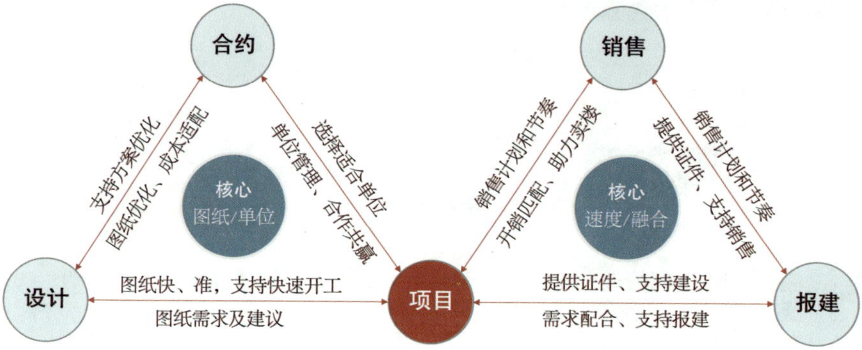

图2–23　V企业务高效协同的两个“铁三角”

二、业务场景变动对经营结果的影响

房地产开发过程中的各项业务活动均会影响经营结果，计划、售价、成本和支付情况等因素的变动都会直接影响现金流，进而影响经营结果。

1. 公司级：公司经营战略与现金流策略的关系

房地产业是金融属性非常强的行业，作为房企核心资源的资金如何使用，对企业的发展有重大影响。现金流的不同投入策略将对利润、资产和负债产生不同的影响（见图 2-24）。

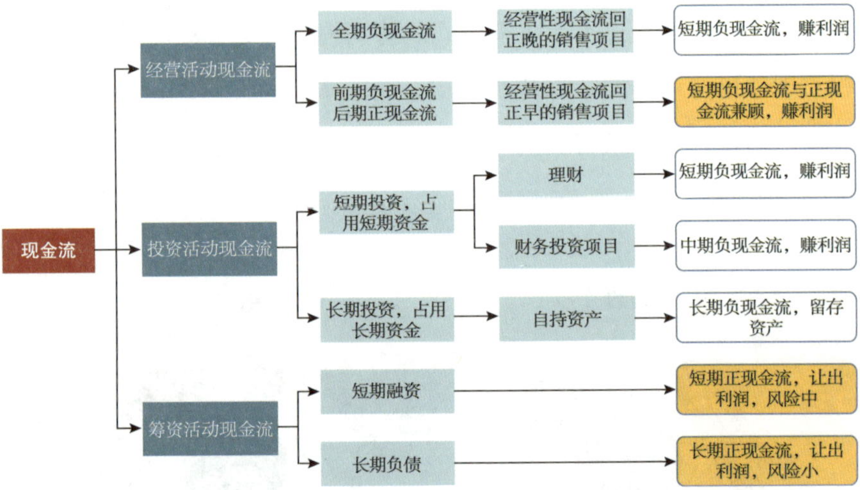

图 2-24　不同的现金流投入策略会对利润、资产和负债产生不同影响

由此可见，负现金流的业务包括四类，分别是全期负现金流的销售项目、理财、财务投资项目和自持资产；正现金流的业务包括两类，分别是短期融资和长期负债；正负现金流均存在的业务有一类，即前期负现金流、后期正现金流的销售项目。

项目基于其经营定位可以分为利润型项目、现金流型项目及均衡型项目，将项目经营分类与公司经营战略相结合，可支撑公司经营计划的开展。

房企可以有多种经营战略，从经营视角可以提炼为规模扩张战略、稳健发展战略和资产增值战略。规模扩张战略是在满足合格 ROE 的基础上追求高复合增长率，稳健发展战略是在满足合格复合增长率的基础上追求高 ROE，而资产增值战略则是在满足合格复合增长率和 ROE 的基础上追求资产增值。

对于采用规模扩张战略的房企而言，加快现金流周转和加大杠杆是主要经营方向，在现金流资源分布方面可采取加大正现金流、做大规模的策略（见图 2–25）。

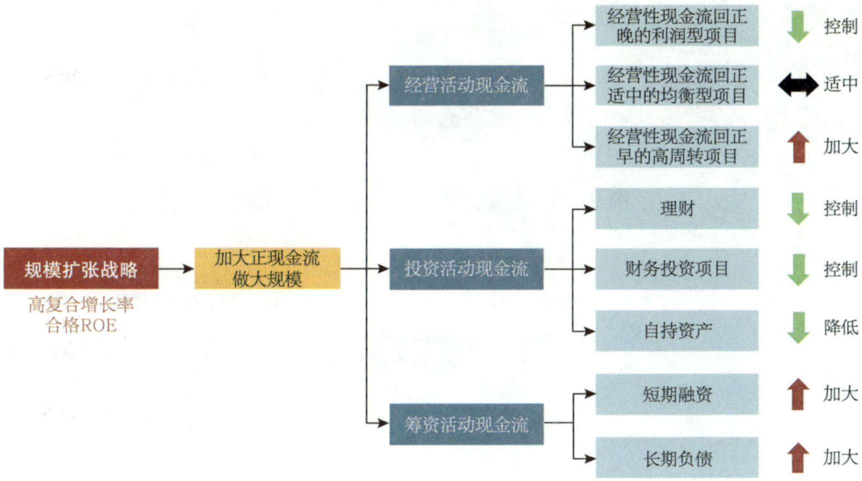

图 2–25　规模扩张战略的现金流策略

对于采用稳健发展经营战略的房企而言，高杠杆代表着高风险，因此其以中杠杆和中速增长为发展目标，在现金流资源分布方面可采取现金流平衡兼顾利润和资产的策略（见图 2–26）。

对于采用资产增值战略的房企而言，其核心目的是做大资产并实现资产升值，在现金流资源分布方面可采取资产优先并以现金流作为保障的策略（见图 2–27）。

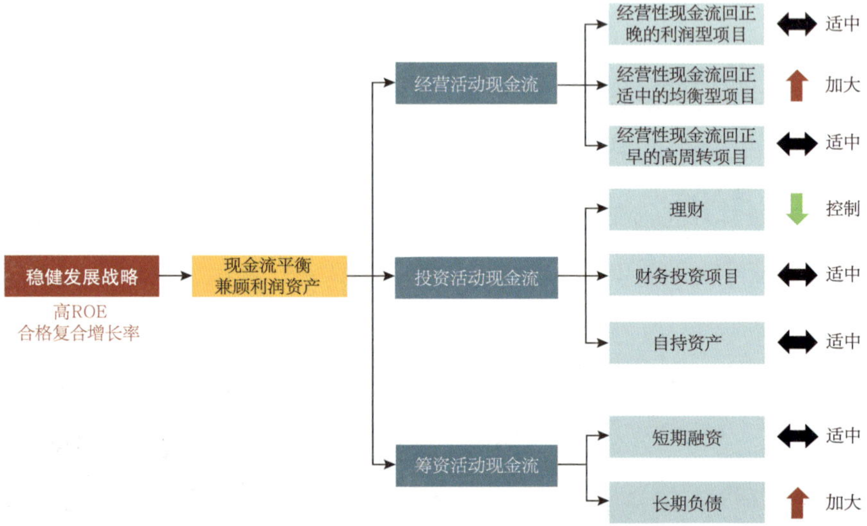

图 2-26　稳健发展战略的现金流策略

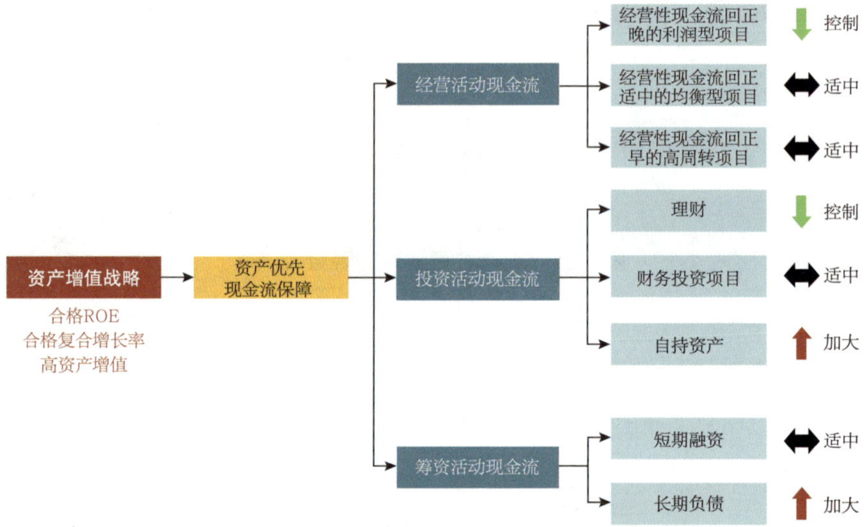

图 2-27　资产增值战略的现金流策略

2. 项目级：项目经营结果与业务活动敏感性分析

从前期定位到后期交付，房地产项目开发过程中的所有业务活动都是相互关联的，并且其联动情况会影响最终的经营结果。

项目定位影响项目设计；项目设计基本决定后续的收入和成本；项目计划基于设计规划和分期情况，影响收入、成本和费用在时间轴上的流入和流出关系，进而形成现金流；现金流最终影响经营结果。在项目决策和后期动态监控过程中，项目团队应对各项业务进行敏感性分析，分析计划、货值、利润和现金流情况，判断这些情况对经营结果的影响程度并据此进行业务决策（见图 2–28）。

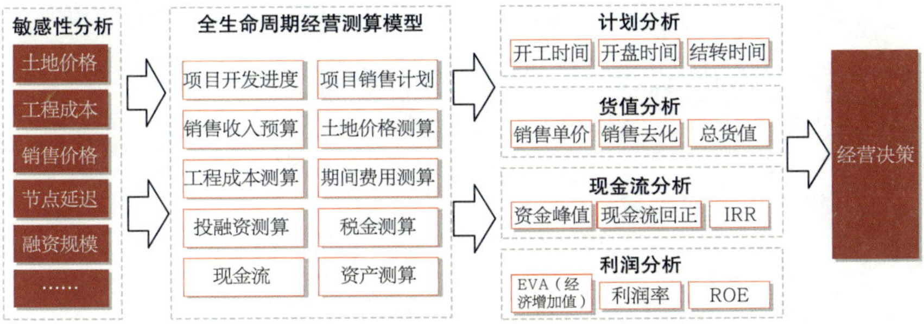

图 2–28　敏感性分析与决策过程示意图

在项目开发过程中，任何业务变动都可能带来现金流的变动，进而使经营结果也发生相应的变化（见图 2–29）。

	开发计划	销售均价	销售去化	动态成本	资金支付
业务变化	不变 提前 延迟	不变 提高 下降	不变 增加 减小	不变 增加 减小	不变 预支 延迟

现金流	资金需求	资金贡献	资金利用效率	现金流回正

经营结果	净利润	IRR	ROE	占用资源回报

图 2–29　业务变化、现金流与经营结果联动

以一个 10 万平方米的项目为例，地价为 4 亿元，6 个月开工，12 个月开盘，售价 1.5 万元 / 平方米，首次开盘去化率为 50%，净利润率为 10%。我们可以分析这个项目的业务场景变动对经营结果的影响。

从表 2–1 可以看到，在其他条件不变的情况下，如果项目启动后 5 个月开工且 9 个月开盘，现金流回正时间提早 3 个月，全投资 IRR 会提升 10% 以上。反之，如果开盘时间推迟半年，即 1 年半开盘，现金流回正时间推迟半年，则全投资 IRR 下降近 10%，而工程成本减少 3% 带来的全投资 IRR 提升仅为 1.2%。从投入产出比来看，项目开发提速会比单纯控成本导致更显著的经营收益变化和价值提升。

综上所述，项目级运营管理及公司级战略经营规划均与现金流有重大关系，项目业务场景的变动会直接影响项目经营结果。

表 2-1　业务场景变动对经营结果的敏感性分析（以某项目为例）

序号	变动	变动场景	净利润率	现金流回正	全投资 IRR	自有资金 IRR	ROE	跟投年化收益率
1	标准	无变动	10.0%	15	25.5%	40.5%	45.1%	40.1%
2	投资	地价下降 10%	12.8%	14	34.1%	54.9%	64.8%	57%
3		一半地价款第 7 个月支付	10.4%	15	33.1%	54.2%	60.6%	41.7%
4		一半收购款第 13 个月支付	10.8%	15	44.3%	71.2%	89.0%	73.0%
5	计划	4 个月开工，8 个月开盘	10.5%	11	39.8%	66.8%	71.9%	65.4%
6		1 年开工，1 年半开盘	9.1%	21	17.0%	24.6%	28.2%	24.6%
7	销售	涨价 1 000	13.1%	15	33.3%	53.4%	63.9%	56.8%
8		降价 1 000	6.4%	16	17.2%	25.9%	26.5%	23.7%
9		首开去化率 70%	10.0%	13	28.9%	48.6%	47.1%	41.7%
10		首开去化率 30%	9.8%	17	21.7%	32.7%	39.8%	35.8%
11	精装	精装修交付	9.7%	14	31.7%	54.0%	48.2%	42.8%
12	成本	工程成本减少 5%	11.0%	15	27.5%	43.8%	50.3%	44.9%
13		工程成本增加 5%	8.9%	15	23.4%	37.0%	39.9%	35.4%
14	费用	费用总比例减少 1%	10.7%	15	27.0%	43.1%	48.8%	43.6%
15		费用总比例增加 1%	9.2%	15	23.9%	37.9%	41.4%	36.7%
16	支付	开盘前工程款垫资	10.1%	14	28.4%	46.4%	48.4%	46.3%
17	融资	外部融资占 60%	9.6%	15	25.5%	47.1%	54.3%	48.2%
18		外部融资占 40%	10.3%	15	25.5%	35.8%	38.9%	34.7%
19		综合融资成本 5%	10.6%	15	25.5%	43.1%	48.1%	42.9%
20	税金	土增税减税 1/4	10.6%	15	26.4%	41.7%	47.9%	42.7%

第三章
大运营管理体系构建“六步法”

赛普观点 5

影响经营定位的五大要素：
土地属性、规划条件、商业占比、地货比和预售条件。
房企可以应用这五大要素来确定项目经营定位。

赛普观点 6

项目定位的策划从“三部曲”演变为“四部曲”：
经营定位—营销定位—产品方案—经营计划。
经营定位先行，有利于房企明确项目经营方向与策略。

赛普观点 7

节点计划需分级管理，即：

- 一级节点管经营（结果）；
- 二级节点管协同（交圈）；
- 三级节点管执行（过程）；
- 专项计划管任务（接口）。

赛普观点 8

基于不同的经营定位，房企可采用不同的项目开发路径及标准工期、差异化的开发节奏和开发策略，确保精准运营。

赛普观点 9

只有做好全周期的经营跟踪分析，房企才能及时调整经营策略和预防经营风险。

- 按开发关键节点跟踪，如定位、方案和开盘节点等；
- 按固定周期例行跟踪，如月度、季度和年度等；
- 按事件触发进行跟踪，如销售价格调整和开发节奏调整等。

赛普观点 10

储—建—融—供—销—存—回—结“8 阶”经营健康体检是实现组织稳健经营和有内涵增长的重要手段。

我们将在前述内容的基础上依据定方向、展计划、明指标、建标准、管动态、配机制这“六步法”构建一个完善的大运营管理体系（见图 3-1）。

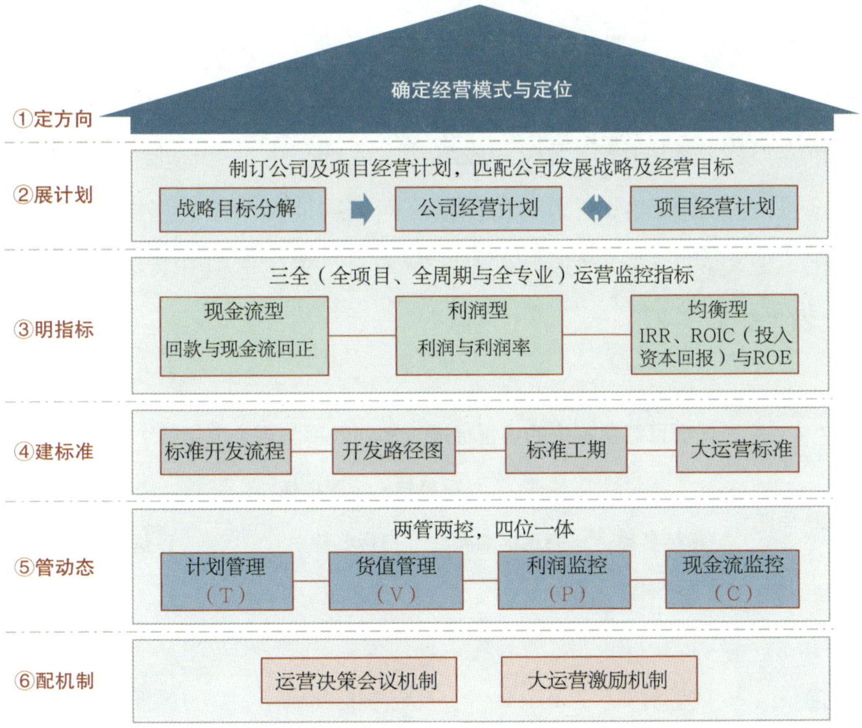

图 3-1　赛普“六步法”构建大运营管理体系

第一节　定方向：确定经营模式及项目经营定位

从企业层面来看，不同房企的经营策略各不相同，有追求快速规模化发展的现金流型企业，有追求稳健增长的均衡型企业；从项目层面来看，不同的项目经营策略也各不相同，按本书前文所述，项目通常有三种经营定位，即利润型、均衡型和现金流型。

不同经营定位的项目有不同的经营目标，也会有不同的现金流管理要求，因此我们首先要明确项目的经营定位。不同的经营定位有不同的管理方向，比如注重现金流的项目要快开、快售和快回正，注重利润的项目则要精细打磨并提升溢价。房企应基于差异化的项目经营定位，设定适配的经营目标并最终落实成细化的业务标准。项目的经营定位既可以围绕净利润率和现金流回正周期两个核心指标不断进行细化（见表 3-1），也可以延展至开盘工期、去化率和 IRR 等更多指标（见表 3-2）。

表 3-1　差异化项目经营定位的经营标准（净利润率与现金流指标）

经营定位	项目核心运营指标			
	指标名称	判定标准	指标名称	评价标准
利润型	净利润率	R ≥ 15%	现金流回正周期	无
均衡型	净利润率	R ≥ 12%	现金流回正周期	12 个月＜T ≤ 24 个月
现金流型	净利润率	R ≥ 8%	现金流回正周期	T ≤ 12 个月

表 3-2 差异化项目经营定位的经营标准（延伸指标）

经营定位	项目核心运营指标				
	净利润率	现金流回正周期	开盘工期	去化率（推售 1 个月内）	项目 IRR
利润型	R ≥ 15%	无	T ≤ 11	D ≥ 50%	IRR ≥ 15%
均衡型	R ≥ 12%	12 < T ≤ 24	T ≥ 9	D ≥ 60%	IRR ≥ 20%
现金流型	R ≥ 8%	T ≤ 12	T ≤ 9	D ≥ 80%	IRR ≥ 25%

一、经营定位中常见的问题

1. 经营定位缺失

如果项目缺乏明确的经营定位，那么项目运营的目标和方向就不明确，项目团队对项目是以追求现金流为主还是以追求利润为主也会犹豫不决。要求所有的项目达到同一种经营目标，会导致决策难以匹配，项目运作不畅，并且获取的项目难以支撑公司战略的实现。

以某房企为例，其在拿地阶段没有思考项目的经营定位，投资委员会成员基本上都是按照统一的财务指标（净利润率和 IRR 等）并结合自身对于项目方案、市场及企业战略的认知来判断是否拿地。如此投资决策的后果就是从单个项目来看或许都有投资价值，但是综合盘点之后发现企业整体的货值结构难以支撑实际战略落地。

后来，该房企提出了高周转策略以适应规模加速扩张的战略需求，但实际效果并不理想。该房企盘点现有资源后发现，有 66% 的可售货值由 19 个 50 亿元以上的单盘组成，未来 3 年存量项目供应的货值的 60% 以上集中在一线城市。这些项目看上去都是利润水平高且能够产生长期业绩回报的优秀项目，但实际造成了企业资金的大量积压，周转速度严重受限，高周转、扩规模的战略无法实现。

可见，若项目团队在投资时不能对不同项目进行准确的经营定位（现金流型、利润型或均衡型），它们自然也无法根据公司发展战略（追求利润或规模）来指导拿地方向，从而导致企业实际经营结果与经营目标偏差越来越大。

后来，该房企提出了高周转的拿地标准“532”，即 10 万平方米以下的项目占 50%，10 万 ~20 万平方米的项目占 30%，20 万平方米以上的项目占 20%，并针对不同城市等级制定不同的拿地指标（IRR 和净利润）标准，采用不同的开发策略，支撑规模化扩张。

2. 经营定位不成体系

经营定位需要与产品线和运营标准相匹配并产生关联。产品线和经营定位不匹配，以及运营标准与产品线不匹配，会造成经营定位、产品线和运营标准三大环节不贯通，进而妨碍经营目标的达成（见图 3–2）。

例如，某房企已经建立了产品标准化体系，有明确的运营标准，对项目经营方向也有自己的定位，但是这三个部分是相对独立的，没有相应的指标将其贯通，因此未能实现建立标准的初衷。

该房企某项目的经营定位是利润型，产品定位为改善型产品。此类项目本应该为定位和设计阶段留足时间，通过精准定位和充分设计尽量提高项目溢价，但由于该房企的运营团队一味求快和强调效率，整个项目仍然按照公司一般项目“3478”（3个月拿到工程规划许可证，4个月拿到施工证，7个月展示区开放，8个月开盘）的快周转标准开发利润型产品。最终结果是客户体验感较差，产品去化率低，不得已，该房企只能降价销售，使得最后项目的经营结果与预期目标相去甚远。

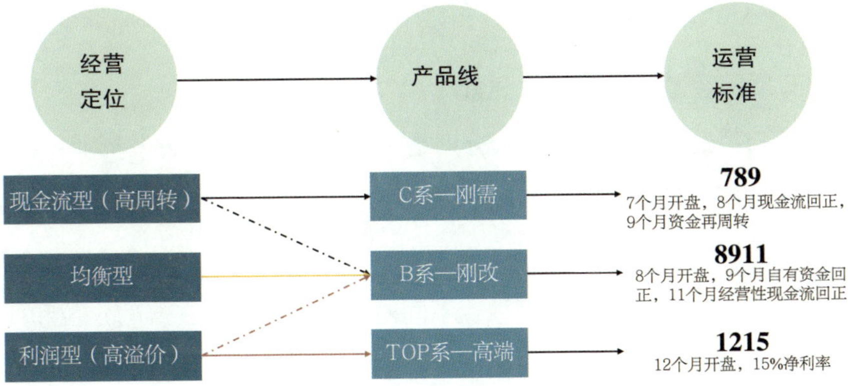

图 3-2　经营定位与产品线相匹配的运营标准体系示例

3. 实际操盘方法与经营定位不匹配

明确的经营定位体系可用于指导业务执行，但由于一些人员的能力不足、决策失误或协同意识差等，实际操盘方法不能很好地匹配项目经营定位，导致主观方法与客观实际脱节。

例如，某房企的某项目的前期经营定位为现金流型，但是由于没有相应的操作标准做支撑，加上人员能力偏弱，导致实际操盘方法与经营定位不匹配，执行过程中开发节奏跟不上造成进度缓慢。

最终，该房企不得不将项目定位调整为利润型，但由于市场环境已发生变化，利润目标实现得也不理想。

二、经营定位匹配模型构建

房企应在土地获取阶段就明确项目的经营定位，并在策划阶段最终确定项目定位。

1. 项目经营定位的五大要素

项目经营定位的五大要素分别是土地属性、规划条件、商业占比、地货比和预售条件。

（1）土地属性

基于城市等级和土地属性，不同城市的不同地块在经营定位和属性方面都有差异，例如一线城市核心区域的土地更倾向于利润型的经营定位。城市等级及土地属性与经营定位的关系如图 3-3 所示。

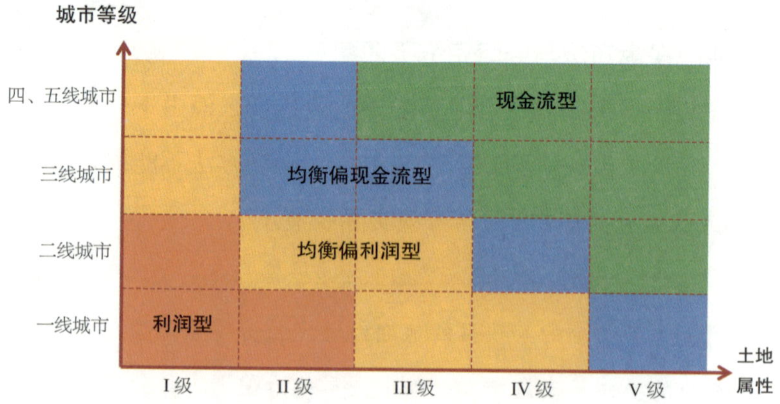

图 3-3　城市等级及土地属性与经营定位的关系示例

（2）规划条件

规划条件也是影响未来项目经营定位的关键因素之一，规划面积及容积率都会成为影响项目经营定位的重要因素和决策依据。规划条件与经营定位要适配（见图 3-4）。

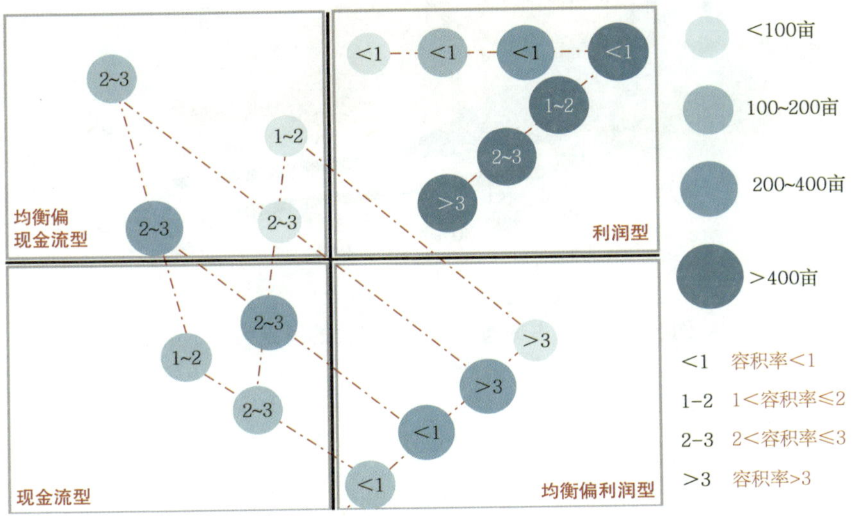

图 3-4 规划条件与经营定位的适配关系示例

（3）商业占比

商业占比中所指的“商业”指房企自持的商铺、购物中心、写字楼或酒店等，可销售的公寓和商墅等不归入商业类型。自持商业部分占比越高，项目则越偏向于利润型，反之则越偏向于现金流型。自持商业占比与项目经营定位也要适配（见图 3-5）。

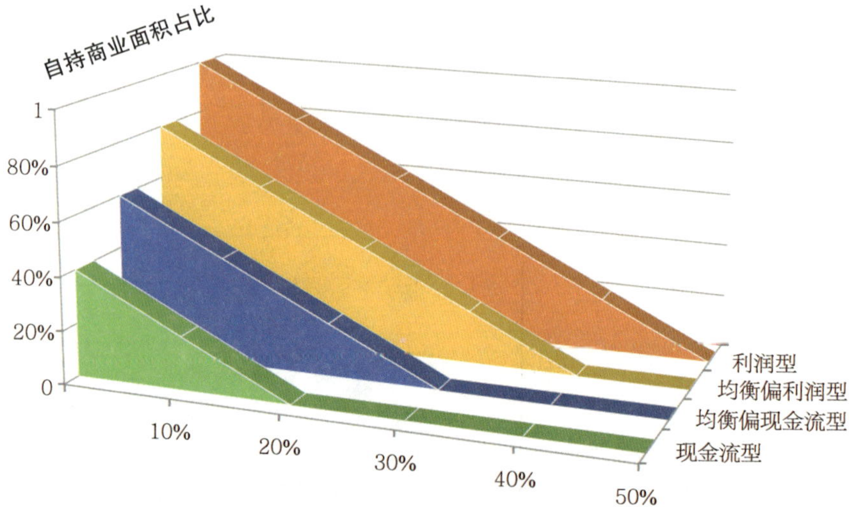

图 3-5　商业占比与项目经营定位的适配关系示例

（4）地货比

地货比是土地价格与土地货值的比率，用以反映土地质量。一般而言，地货比越高，项目越偏向于利润型，反之越偏向于现金流型。地货比与项目经营定位的适配关系如图 3-6 所示。

（5）预售条件

此处的预售条件指房地产项目中货值占比最大的产品类型适合预售的条件。越早具备预售条件，越适合现金流型产品，反之越适合利润型产品。预售条件与项目经营定位的适配关系如图 3-7 所示。

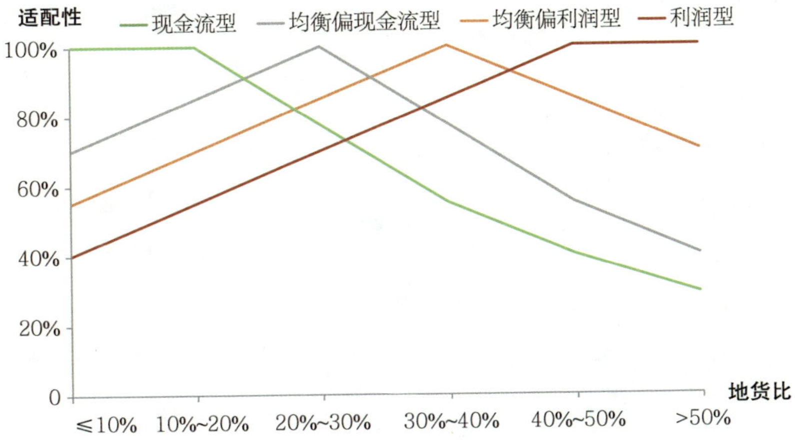

图 3-6 地货比与项目经营定位的适配关系示例

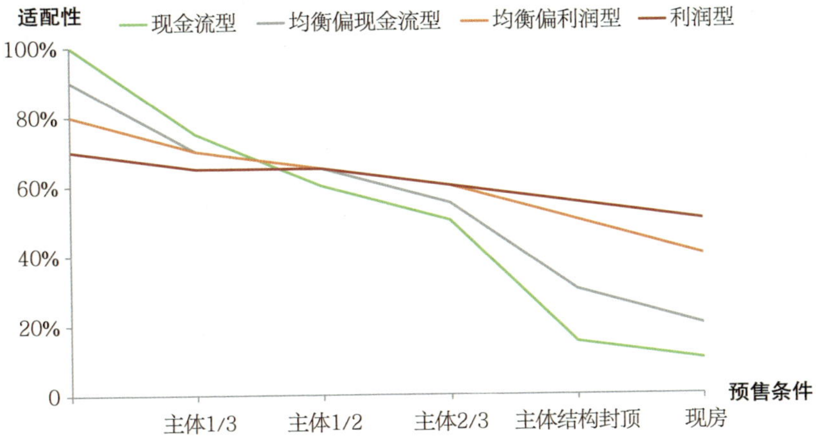

图 3-7 预售条件与项目经营定位的适配关系示例

2. 构建项目经营定位匹配模型

房企要结合历史项目的各项数据模拟出模型参数，构建经营定位匹配模型。如表 3-3 所示，通过对土地属性、规划条件、商业占比、地货比和预售条件五大要素共 9 个维度与经营定位进行匹配分析，房企可最终确定所投资的项目属于哪一种经营定位。

表 3-3　投资阶段经营定位模型

<table>
<tr><th rowspan="2">序号</th><th rowspan="2">要素</th><th rowspan="2">维度</th><th rowspan="2">项目情况</th><th colspan="3">经营定位匹配表</th></tr>
<tr><th>现金流型</th><th>均衡型</th><th>利润型</th></tr>
<tr><td>1</td><td rowspan="3">土地属性</td><td>城市名称</td><td>A 城市</td><td rowspan="3">20%</td><td rowspan="3">80%</td><td rowspan="3">100%</td></tr>
<tr><td>2</td><td>城市等级</td><td>二线城市</td></tr>
<tr><td>3</td><td>土地等级</td><td>核心区</td></tr>
<tr><td>4</td><td rowspan="2">规划条件</td><td>地块大小</td><td>200~400 亩</td><td rowspan="2">100%</td><td rowspan="2">80%</td><td rowspan="2">60%</td></tr>
<tr><td>5</td><td>容积率</td><td>2 ＜容积率≤ 3</td></tr>
<tr><td>6</td><td rowspan="2">商业占比</td><td>商业面积占比</td><td>商业占比≤ 10%</td><td rowspan="2">100%</td><td rowspan="2">100%</td><td rowspan="2">100%</td></tr>
<tr><td>7</td><td>商业自持占比</td><td>无自持</td></tr>
<tr><td>8</td><td>地货比</td><td>初步地货比</td><td>30% ＜地货比≤ 40%</td><td>60%</td><td>100%</td><td>80%</td></tr>
<tr><td>9</td><td>预售条件</td><td>预售条件</td><td>主体 1/2</td><td>60%</td><td>70%</td><td>70%</td></tr>
<tr><td colspan="3">土地属性适配权重</td><td>50%</td><td colspan="2">规划条件适配权重</td><td>50%</td></tr>
<tr><td colspan="7">经营定位匹配度判断</td></tr>
<tr><td colspan="2" rowspan="2">最大值</td><td colspan="2" rowspan="2">56%</td><td>利润型</td><td>均衡型</td><td>现金流型</td></tr>
<tr><td>22%</td><td>56%</td><td>45%</td></tr>
<tr><td colspan="4">经营定位初步意见</td><td colspan="3">均衡型</td></tr>
</table>

3. 经营定位的应用：从投资阶段到策划阶段

经营定位的价值包括向上承接公司战略目标，选择符合该战略目标的土地类型，以此指导投资拓展，明确土地获取的方向和途径，助力精准获取符合公司经营目标的土地（见图 3-8）。

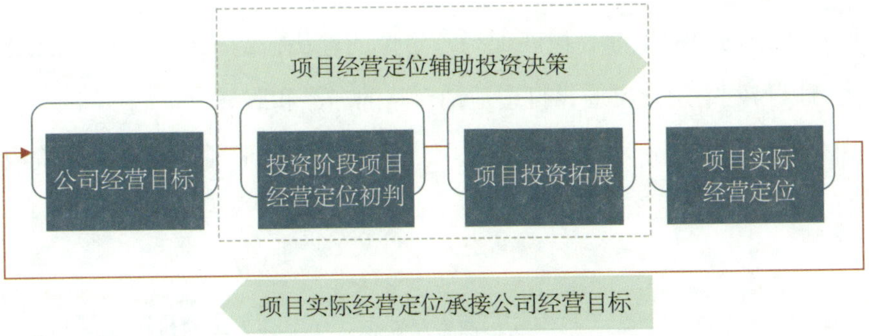

图 3-8　经营定位对投资的价值

基于此，对于未来要重点发展和深耕的区域，房企可以加以梳理并形成“城市经营地图”，以便更快、更好地进行投资决策（见图 3-9）。

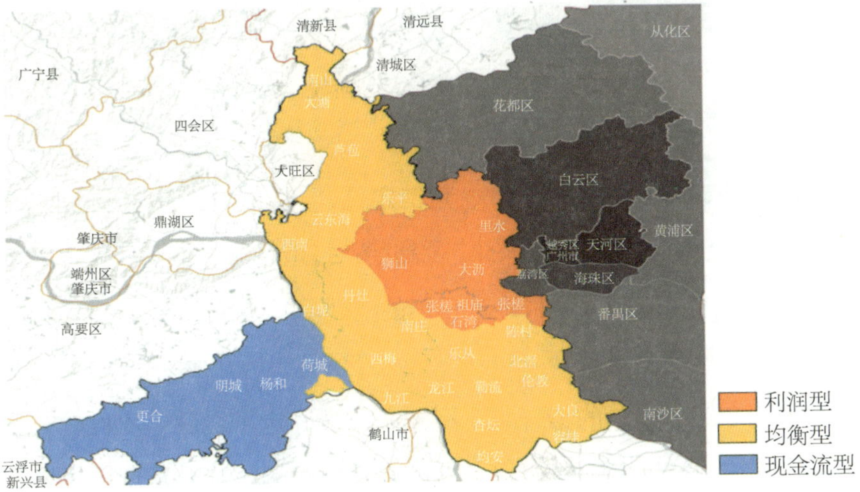

图 3-9　城市经营地图示例

土地获取阶段的经营定位应匹配公司的战略目标。这样，房企不但可以判断项目经营方向，帮助投资端迅速筛选出目标地块，而且可以基于公司经营目标寻找匹配经营定位的地块，倒推拿地标准，此处还可以与营销定位贯通，打造适销对路的产品和服务。

为了帮助房企明确经营定位路径，我们提出了经营定位策划阶段的“四部曲”（见图 3-10）。

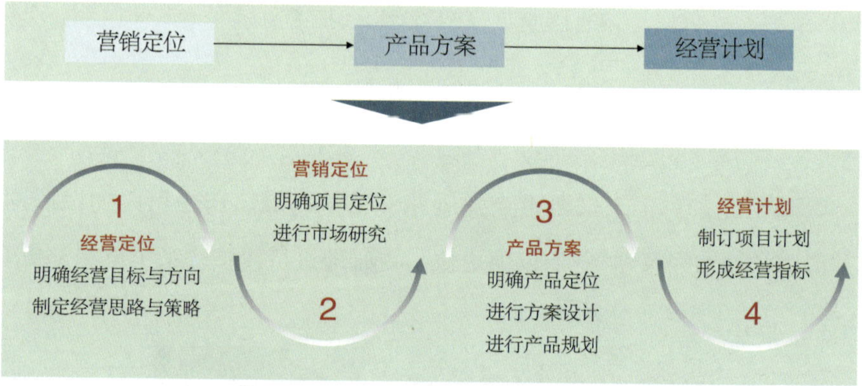

图 3-10 项目经营定位策划阶段“四部曲”

通过明确项目的经营定位、营销定位、产品方案和经营计划“四部曲”，房企可构建清晰准确的定位路径，打造经营、市场和客户三者相互匹配的产品，确保项目经营目标的实现。

（1）明确经营定位

作为“四部曲”的第一步，经营定位被确定了之后，项目就有了明确的运营方向，从而可以确定项目的经营类别、利润及现金流等参考目标，并最终确定分期开发大思路。这一阶段的输出成果是项目经营定位的判定。

（2）确定营销定位

营销定位是为了明确项目定位而进行的市场、客户和竞品的研究，是项目定位的重要依据。

对项目进行前期的精准定位，首先是研究土地。一是研究意向土地所处区域的位置、在城市中的规划定位及未来的发展方向；二是研究土地在区域中所处的位置、项目四至情况、周边配套情况及距离市中心和核心商圈等的距离；三是研究土地的不利因素，主要是指土地的用地性质、限高要求及其他不利因素；四是研究土地的技术经济指标，进行初步强排判断。

其次是研究市场。市场研究包括宏观、中观和微观层面的研究。其中，宏观研究的内容包括整体市场的供求情况、存量情况、价格情况及政策分析与判断；中观研究的内容则包括市场上的主流产品业态、房型、面积段、总价及供应成交量，挖掘市场空白点；微观研究的内容主要是调研竞品楼盘的位置、产品配比、存量去化情况、产品配置及客户特点等。

再次是研究客户。锁定目标客户，对目标客户进行特征分析，包括置业目的、年龄、家庭结构、职业和敏感点等，初步确定项目客户的特征和需求。

这一阶段是以前期明确的经营定位为基础实现土地、客户和产品的全面匹配。

（3）输出产品方案

在明确营销定位的基础上输出项目方案及产品规划是项目策划的关键。

项目团队要基于经营定位和营销定位打造出合适的产品。如果房企的战略是快周转，那么项目定位就倾向于现金流型产品，例如无地下室的中高层产品；如果项目定位偏向利润型，则考虑高总价、高单价的产品，例如别墅、洋房等。总之，项目团队要基于先期明确的经营定位匹配合适的产品类型（见表 3-4）。

表 3-4　基于经营定位匹配产品类型

产品类型	现金流型产品适应度	判断依据	利润型产品适应度	判断依据
别墅（独栋、联排、叠拼）	★	量小，去化慢	★★★★★	总价高，单价高
有地下室洋房（6 层以下）	★★	量小	★★★★	总价高，单价高
无地下室洋房（6 层以下	★★★	预售早，量小	★★★★	总价高，单价高
有地下室小高层（7~11 层）	★★★	量一般	★★★★	得房率高
无地下室小高层（7~11 层）	★★★★	预售早，量一般	★★★	得房率高，无地库影响房屋品质
有地下室的中高层（12~18 层）	★★★★	有量，去化快	★★★	得房率高
无地下室的中高层（12~18 层）	★★★★★	预售早，有量，去化快，前期投入少	★★★	无地库影响房屋品质
有地下室的高层（19~33 层）	★★★★	有量，去化快	★★★	得房率一般
无地下室的高层（19~33 层）	★★★★★	预售早，有量，去化快，前期投入少	★★	得房率一般，无地库影响房屋品质
超高层（33 层以上）	★★	预售晚	★★	得房率低

（4）制订项目经营计划

项目团队确定产品方案后就可以预订项目经营计划，并对比公司项目经营定位的基本要求分析未来可能的对策（见表 3-5）。基于经营标准制订项目经营计划的具体方法将在下一节进行说明。

表 3-5　根据不同经营目标划分不同管理标准示例表

序号	一级指标	二级指标	三级指标	指标计算公式	是否考核或监控	现金流型	均衡偏现金流型	均衡偏利润型	利润型	本项目指标	差异分析
1	现金流指标	现金流回正周期（T）			考核						
2		投资	地货比	地价 / 总货值	监控						
3			资金峰值比例	资金峰值 / 总货值	监控						
4			全投资 IRR		考核						
5		计划	拿地：开工	开工净周期，一二级联动项目以二级摘地或二级实质动工孰早为准	考核						
6			拿地：四证齐	四证齐净周期，一二级联动项目以二级摘地或二级实质动工孰早为准	考核						
7			拿地：开盘	开盘净周期，一二级联动项目以二级摘地或二级实质动工孰早为准	考核						
8			开工：毛坯竣工		考核						
9			开工：精装竣工		考核						

（续表）

序号	一级指标	二级指标	三级指标	指标计算公式	是否考核或监控	现金流型	均衡偏现金流型	均衡偏利润型	利润型	本项目指标	差异分析
10	现金流指标	销售	首开供销比	首开供货货量 / 首开去化量	监控						
11			首开去化率	首开当月签约货值 / 首开推货货值	考核						
12			存销比	持效期（开盘一个月之后）存货 / 月均去化量	现金流回正前考核						
13			动态回款率	3 个月内回款率	考核						

>> 本节小结

定方向即确定项目经营定位，必备的工具包括：

- 项目经营定位报告，用以确定项目经营定位、经营指标和开发策略。
- 项目经营定位匹配模型，基于项目五大要素确定项目经营定位。
- 城市经营地图，用于投资阶段筛选目标地块。
- 项目投资决策分析模型，用以研判地块投资的财务可行性，实现精准投资。

第二节　展计划：制订经营计划

计划管理是大运营管理体系的主线，是帮助企业在开展经营活动之前进行过程策划、跟踪管理与系统筹划的手段。房企可通过对目标的规划、实时跟踪、评估和改进形成闭环管理，最终确保公司经营目标的达成。

展计划即围绕战略目标向下逐层分解，通过三年经营计划、年度经营计划、项目经营计划和项目节点计划这 4 个维度，将战略目标落实到项目开发过程中，实现公司层面的动态一致（见图 3-11）。

一、三年经营计划

战略是房企决策层针对多样的行业发展环境，从组织内部出发并整合自身的优势资源而制定出的能可持续发展的方向性、长远性和全局性的纲要。适配企业发展的最佳战略需要进行动态的调整和优化。在战略落地指导业务达成目标的过程中，公司级三年经营计划是战略规划与业务管理相关联的关键纽带，能够实时明晰企业各业务、各职能和各部门齐心协力的方向。

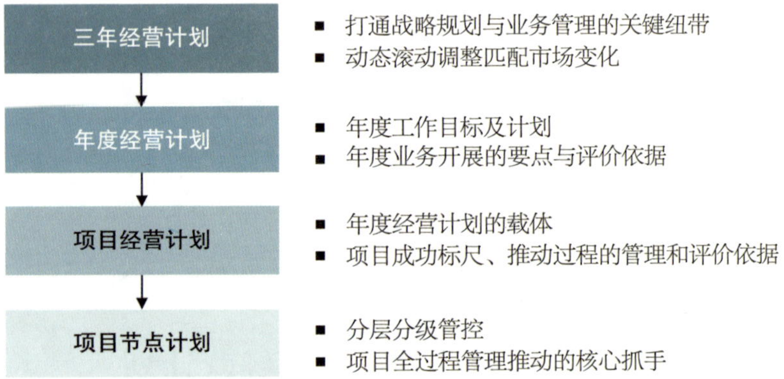

图 3-11　展计划的分解思路

三年经营计划的编制需要通过“3 段 4 步”来实现（见图 3-12）。

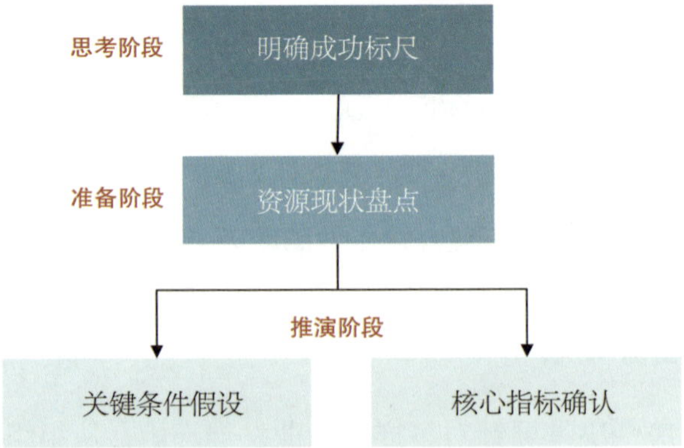

图 3-12　三年经营计划的编制过程

1. 思考阶段

房企的经营战略对其未来发展的定位与愿景都有准确描述，房企基于此类描述能够预估自身发展的成功标尺，即量化的核心发展指标。对房企而言，核心发展指标通常为收入（一般情况下指流量销售金额）、回款、净利润（或净利润率）。不过，这些指标也应根据业务情况适当调整，如商办类企业关注资产规模，产城类企业关注落地投资额等。同时还应适当关注企业财务指标，如 ROE 和负债率等。

思考场景 1：某以住宅为主业的房企提出“3~5 年内成为全国品牌房企，进入行业前十”。结合上榜企业经营情况和自身经营策略，该房企明确了“百亿利润、千亿规模”的发展目标。

思考场景 2：某以产业为主业的房企提出“成为全球产业新城引领者”的目标，并结合市场背景（包括国际市场）与自身发展诉求，明确了 3 年“千亿市值、千亿回款”的发展目标。

量化的核心发展指标作为估算值并不需要完全准确，允许在合理范围内出现偏差，只要能够符合战略发展的要求，同时可作为输入条件进行后续计算或分解即可。

2. 准备阶段

制定核心发展指标之后，房企要通过资源盘点判断战略实现的目标起点和目标缺口。通常情况下，房企现有的有效资源可能仅够满足未来 1~2 年的开发，如果不进行 3~5 年的资源盘点，就无法确定经营资源的缺口，企业的可持续发展也会受到影响。

公司层面的经营计划应盘点目前在建和在售项目的家底，以及已有的土地储备情况。对企业现有项目的盘点包括存量项目和储备项目：

存量项目指的是已经有详细的设计方案且处于在建或者待建状态的项目；储备项目指的是已经获得土地且处于制订计划阶段但尚未有详细设计方案的项目。通过对各项目的开发计划、销售计划及成本费用支付计划进行排布，房企可计算出企业目前的经营现状，然后与战略目标进行匹配，测算未来几年尚有多少资源缺口，倒推拿地计划进而推导出资金的计划安排，为推演阶段提供前置输入条件。

3. 推演阶段

此时，房企应以资源盘点后的目标缺口作为推演起点，做好公司级三年经营计划的相关假设与节奏安排。常见的假设指标包括与城市相关的布局结构占比与综合毛利率等，与项目相关的综合地货比，与经营相关的开盘节奏、销售节奏和回款节奏等。推演假设的精细度没有统一标准，均应根据房企自身特点的适配性进行设定、调整和优化（见表 3–6）。

表 3–6　某企业三年经营计划示例

三年规划指标		第一年	第二年	第三年
销售额	销售目标（保底）			
	计划销售额（挑战）			
	其中：存量 + 储备项目			
	新拓展项目			
货值	当期总货值（新增 + 余货）			
	其中：存量 + 储备项目			
	新拓展项目			
	期初货值			

（续表）

三年规划指标		第一年	第二年	第三年
货值	新增货值			
	其中：存量 + 储备项目			
	新拓展项目			
净利润	净利润			
	其中：存量 + 储备项目			
	新拓展项目			
	净利率			
	其中：存量 + 储备项目			
	新拓展项目			
土地投资	新增项目数（个）			
	土地投资面积（计容面积）（平方米）			
	总货值			
	土地款金额			
现金流及资金缺口	销售回款			
	土地款支出			
	建安支出			
	管理费用			
	营销费用			
	税金支出			
	经营活动现金流			
	资金缺口			

三年经营计划除了上述明确细化的各项指标外，还应重点制定相应的业务发展要求、策略和重点任务，形成完整的发展纲要（即事业计划书，见图 3-13）来指导经营计划落地。

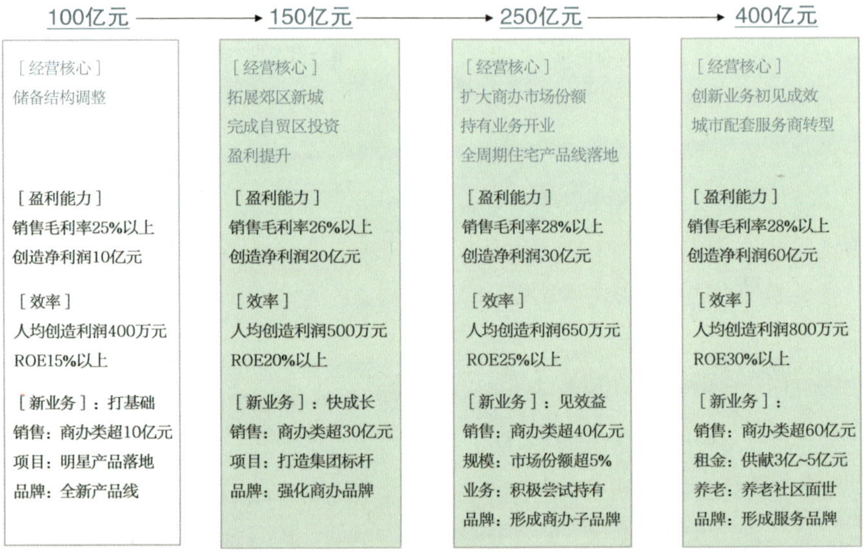

图 3–13　某企业 3 年事业计划书（部分示例）

二、年度经营计划

年度经营计划是房企开展业务的年度规划，其编制是自上而下和自下而上结合的过程，既要满足三年经营计划的分解要求，又要保持与整合后的项目经营计划的匹配性（见表 3–7）。

表 3–7　A 企年度经营计划（示例）

目标项		2018 年第一季度	2018 年第二季度	2018 年第三季度	2018 年第四季度
目标	销售目标				
	利润目标				
现状	总货值				
	销售收入				
	净利润				

（续表）

目标项			2018 年第一季度	2018 年第二季度	2018 年第三季度	2018 年第四季度
缺口		货值缺口				
		销售缺口				
		利润缺口				
策略	货值	土地储备货值				
		待获取项目货值				
		新增总货值				
	投资	地块个数				
		土地投资面积（平方米）				
		土地款金额				
	资金	资金缺口				

1. 年度经营计划的核心指标

年度经营计划应包括三年经营计划中的核心发展指标，如收入、回款与净利润等，同时也应涵盖业务管理的相关经营标准，如货值类和现金流类等。房企通常可以从销售、存货、供货、建楼、土储、回款、成本、利润和现金流等方面来考虑年度经营计划的核心指标。

在经营计划的各维度指标中，销售指标包括签约额、签约面积和签约单价，存货指标主要是指存货货值，供货指标包括新增供货面积和新增供货货值，建楼指标包括新增开工面积和在途货值，土储指标包括土地储备量、新增土地储备量和代建货值，回款指标主要是指回款额，成本指标包括项目投资额、管理费用、营销费用和财务费用，利润指标包括利润总额和净利润，现金流指标包括现金流、资金缺口和融资额。

根据各企业管理水平的不同，纳入经营计划的指标也不一样。经营计划制订得越详细越深入，越能够为企业的资源配置提供依据。下面我们对制定这几个维度的指标需要考虑的因素进行分析，从“销”

开始，以各维度与前一个维度的关联度大小依序展开。

（1）销售

签约额及签约面积几乎是每家房企都会关注的经营指标，这两项指标也直接体现了房企所占据的市场份额。

根据项目的经营定位类型进行差异化的去化率设置，是房企制定销售目标时需要重点考虑的内容。推货批次、时间和数量与项目的供货节奏及营销策略息息相关。去化情况由项目的经营定位类型决定，如果项目定位为现金流型，那么其回款一定要快，而去化速度在很大程度上决定了回款速度。此外，销售指标的确定还应该考虑企业的复合增长率要求。

（2）供货

供货货值及面积与推货批次、时间和数量有关，供货指标可以和销售指标一起制定。一般而言，销售情况盘点清楚之后，供货情况也就一目了然。房企可以用供货率［供货面积 ÷（在建未供面积 + 新开工面积）］来保证年度供货强度，并以此检验推货节奏的合理性。

（3）建楼

新项目不间断地开工能够保证供货的持续性。开工及在建的项目面积需要与供货及销售的面积相匹配，如果“开工 + 在建”面积远大于供货面积，会造成资源的浪费和资金的占用，影响其他项目的资源分配；如果“开工 + 在建”面积远小于供货面积，会造成产供不平衡，进而导致供销不平衡，房企无法实现收入的最大化。房企可以用开销比（年度新开工可售面积 ÷ 年度签约面积）来判断开工规模的合理性。

（4）回款

回款的前提是销售，影响回款的因素包括时间因素和营销策略等。

通常情况下，越临近春节，银行因当年的放款指标用完而越不愿意放款。此外，具有品牌影响力的房企若想加快回款速度，可以鼓励客户全额付款。因此，回款率的设置须根据企业的历史数据、项目的开发时间及企业的营销策略等因素综合考虑。

（5）存货

每家房企对存货的定义不同，有些房企将取得预售证还未销售的货值叫作存货，有些房企将未销售的所有货值都叫作存货。

存货情况与总货值、取得预售证的时间及销售情况有关。该指标有一个合理的区间值，过大表示企业的销售情况不理想，库存积压；过小则无法保证企业的持续销售。这个指标的合理性需结合“供”来综合考虑。因为销售来源的一部分源于新供货值，一部分源于存货，所以房企需要结合市场动向来考虑去库存策略。

（6）土储

土地储备量不仅包括已有的储备土地还包括计划新增的储备土地。土地储备量相当于企业的粮草，不充足肯定会影响企业的持续经营，但过多也会占用企业的资金。土地储备量须结合销售目标、资金情况和市场情况综合考虑。随着地价越来越高，适时、适量的土地储备能够帮助企业更好地应对市场变化。业界常用货量保障系数（储备货值 ÷ 签约货值）来判断土地储备量是否能够满足销售目标，货值保障系数越大，越能够保证资源的充足性，但需考虑企业的资金负担能力与市场情况。

（7）成本

投资额是企业十分关注的指标，它可以清晰地呈现出企业每年的投资强度。如果要计算利润，除了收入外还必须要知道成本、费用和税金，后两项可以通过设置费率和税率的方式来计算。

（8）利润

企业经营的最终目的是为了赢利。利润总额和净利润是企业特别是上市公司重点关注的指标。利润是由收入、成本、费用和税金共同决定的。随着开发周期的拉长，费用和税金都会逐渐增加，影响最终的利润，同时企业的机会成本也在增加，我们不排除随着开发周期的拉长和产品售价的变化而使最终利润发生变化的情况出现。

因此，房企需综合考虑单个项目的利润与公司总体利润的关系，如果加快资金周转，单个项目的利润可能比较低，但因为周转次数多而提高了公司整体利润。此时做好项目的经营定位就显得尤为重要，利润型项目的开发周期可以适度延长，但其最终创造的利润额一定要高于不延长开发周期带来的利润额；现金流型项目要控制开发周期，其利润额至少要满足房企设定的合格线。另外，房企每年能结转的利润还与结转时间有关，结转时间取决于项目的竣备时间。

（9）现金流

现金流是企业管理的重中之重，在企业资源盘点完成后，房企可以清楚地知道某个时刻的资金缺口是多少。基于此，房企想要避免现金流断裂就必须进行合理的资金规划，明确资金来源，制订融资计划。

某领先房企 B 公司基于价值链的视角，充分考虑“投资、拓展、建楼、供货、销售和存货”等各环节，按照逆价值链的顺序进行指标规划，并结合企业发展战略、历史数据及指标规划结果来制订年度经营计划。由于 B 公司有多家城市公司，在确定年度经营计划目标的时候会充分考虑各家城市公司的差异性，进行差异化的指标规划。

在目标的制定过程中，基于企业发展战略，B 企充分考虑复合增长率、去化率、均价涨幅、供货率、待售货量当年转化率、综合回笼率和税前成本净利率等指标后，制定出各城市公司销售、存货、供货、建楼、土储、回款和利润等维度未来4年的目标值。B企还建立了月度监控机制，每月动态盘点各项经营计划指标的目标值与动态值之间的差异。

……………………………………………

年度经营计划指标的制定没有一个绝对的标准值，房企应充分结合市场趋势、企业现状和发展方向综合考虑。（详细内容将在本章“明指标”部分展开介绍）

2. 年度经营计划的编制要点

年度经营计划的编制应以“储—建—融—供—销—存—回—结”为主线，围绕“货值—资金—土地—货值”的闭环展开，过程中需要解决“拓多少货”“拓什么货”“供多少货”等核心问题，最终形成明确的经营指标并分解落实到具体项目。

- **拓多少货** 基于年度目标（销售收入），通过年度增长率预测和货量保障系数的要求倒推年度拓展任务（见图3-14）。

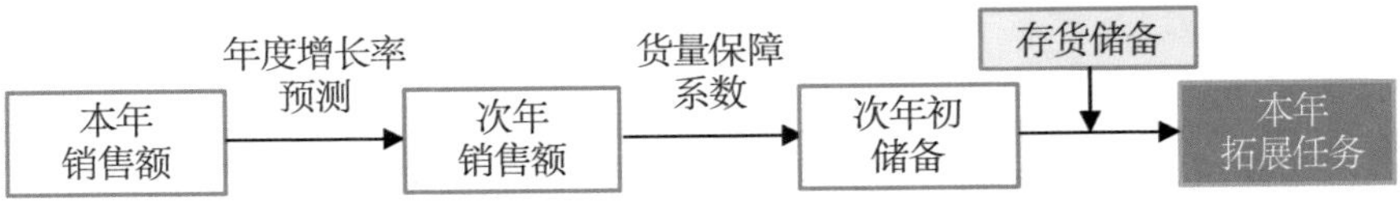

图3-14 “拓多少货”的推导逻辑

- **拓什么货** 根据年度拓展任务向下分解，通盘考虑所有项目的经营平衡。某企业基于拓展缺口，分析和规划了未来待获取项目的产品、结构及运营模式属性（见表 3-8）。

表 3-8　某城市公司项目经营评判表

序号	评判要点	待获取项目 1	待获取项目 2	待获取项目 3	待获取项目 4	待获取项目 5	待获取项目 6
1	区域城市	—	—	—	—	—	—
2	投资模式	公开市场招拍挂	公开市场招拍挂	公开市场招拍挂	公开市场招拍挂	二级兼并收购	公开市场招拍挂
3	开发模式	住宅	住宅	住宅	住宅	住宅	住宅
4	投资结构	短平快	短平快	短平快	跨周期	跨周期	跨周期
5	产品结构	中档	中档	中档	中档	中高档	中档
6	运营模式	现金流型	现金流型	现金流型	现金流型	均衡型	均衡型
7	运营节奏	1 年	1 年	1 年	1 年	1 年	1 年
8		7 个月	7 个月	7 个月	7 个月	7 个月	7 个月
9		2 年	2 年	2 年	2 年	2 年	2 年

- **供多少货**　通过预测销售去化率制订供货计划，按照以销定产的原则确定合理的开工任务（见图 3-15）。

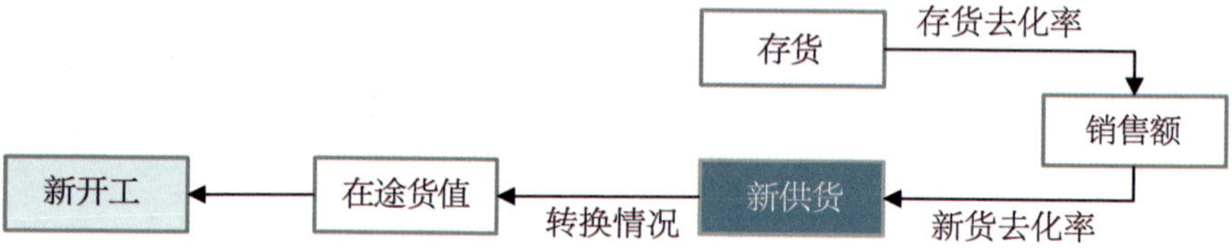

图 3-15　"供多少货"的推导逻辑

实际上，年度经营计划的编制并非仅考虑上述三个问题，其全过程需要解决多个闭环交集问题，最终才能将年度经营计划落实到具体项目。

在分解到项目的同时，年度经营计划还应细化至相关专业条线，如投资条线关注季度投资节奏和不同城市的投资结构等，融资条线关注融资杠杆、融资成本和债务结构等，而营销条线关注去化率和客户满意度。最终，这些细化的内容会转化为各专业条线的重点工作任务，各专业条线据此设定相应的考核指标。

三、项目经营计划

项目经营计划一方面是年度经营计划的载体（年度经营计划的制订与执行要通过项目经营计划实现闭环管理），另一方面是项目推动过程中的管理和评价依据。

项目经营计划通常以项目经营目标书的形式贯穿项目全过程。该目标书需要明确项目定位、开发计划、产品方案、操盘策略和经营目标等关键内容。

- **项目定位** 通过拍地条件及公司经营定位标准对项目经营定位进行判断。
- **开发计划** 设定项目里程碑计划，同时可以将那些影响经营效果的计划节点（如首开相关的细化节点）作为重点。
- **产品方案** 以经营方向为主线，通过分析客群、市场、竞品和项目自身，明确户型配比、产品规划和开发节奏等。
- **操盘策略** 以经营方向为导向，根据阶段Ⅱ各专业条线明确的实施路径，对操盘敏感点进行系统分析，形成多专业、全方位的操盘思路。
- **经营目标** 项目经营要求，通常包括投资类、收入类和效益类等。

下面，我们考查一家领先房企的项目经营目标书（见表 3-9）。

表 3-9 某领先房企项目经营目标书示例

核心经营指标		
指标名称	指标值	说明
（峰值）年自有资金投资回报率（%）		净利润 ÷［自有资金投资峰值 × 投资回收期（年）］
（均值）年自有资金投资回报率（%）		净利润 ÷［自有资金投资均值 × 投资回收期（年）］
静态投资回收期（月）		自项目开始投入至累计现金流转正周期
销售净利率（%）		净利润 ÷ 可售总货值
净利润（万元）		税后净利润（仅按销售部分计算）
IRR（%）		项目内部收益率
首期开盘周期（月）		拿地至项目首次开盘
首期竣工结转周期（月）		拿地至项目竣工结转
首期结转面积（平方米）		项目首期竣工结转的面积
项目关键指标		
指标名称	指标值	说明
总货值（万元）		项目或分期可售资产总值，包括计划销售和持有
持有总货值		按销售估价计算
可售总货值		包括车位在内的可售总货值
地上可售		地上可售总货值
地下车位可售		根据集团确定的可售车位比例计算
地下其他可售		地上除车位外其他可单独出售的货值
总投资额（万元）		含留存资产项目总投资额，含息、不含税
土地成本		土地成本（含义地价、契税及价外收费）
投标地价		纯地价总额
土地契税		
价外费用		
四项成本		含留存资产四项成本
留存资产总投资额		留存（持有）资产总投资额
可售资产总投资额		集团计划销售资产总投资额度
平均售价（元 / 平方米）		不含车位销售货值 ÷ 可售面积
平均成本（元 / 平方米）		销售资产总成本 ÷ 可售面积
项目毛利率（%）		按香港算法，销售收入 – 开发成本 – 营业税金及附加
自有资金投资总额（万元）		项目投入最大时累计金额
投资规模系数		总货值 ÷ 土地成本

成功标尺承诺书		
指标类型	核心指标	考核指标
财务指标	净利润率	
	年化投资回报率	
	销售静态回收期	
营销指标	总货值	
	整盘均价	
	各品类开盘价	
	首期开盘面积	
两费费率	营销费率	
	管理费率	
成本指标	总四项成本	
运营指标	开盘时间	
	分期结转时间（1 期）	
	分期结转时间（2 期）	
	分期结转时间（3 期）	
	分期结转时间（4 期）	
	分期结转时间（5 期）	
	分期结转时间（6 期）	
	分期结转时间（7 期）	
	分期结转时间（8 期）	
	分期结转时间（9 期）	
	分期结转时间（10 期）	

项目经营计划的核心是项目经营目标，即项目成功标尺。房企应基于现金流和利润两个基础指标进一步分解业务指标，从而指导业务活动的开展（见表 3-10）。

表 3-10　项目经营目标书

项目经营目标书						
项目名称						
项目分期数						
项目经营定位			☐ 利润型	☐ 均衡性	☐ 现金流	
经营目标			现金流回正周期	15 个月	净利润率	9%
经营指标			参考标注	本项目指标	差异	优化方案
	责任部门	二级指标				
一级指标现金流指标	投资	地货比	≤ 20%			
		资金峰值比例	≤ 30%			
		现金流产品比例	≥ 80%			
		IRR	≥ 20%			
	运营	拿地：开工	3 个月			
		拿地：四证齐	5 个月			
		拿地：开盘	8 个月			
		开工：毛坯竣工	17 个月			
		开工：精装竣工	21 个月			
	销售	首开货量比	＞ 30%			
		首开供销比	＜ 1.5			
		首开去化率	＞ 80%			
		存销比	＜ 2			
利润指标	设计	商业自持比	0			
		可售比	＞ 85%			
	成本费用	成本变动率	＜ 2%			
		管理费用率	＜ 1.5%			
		营销费用率	＜ 2%			
		财务费用率	＜ 3%			
	税金	综合税率	＜ 12%			
		增值税率	＜ 5%			
		进项税综合扣除率	＞ 8%			
	价格	立项均价偏差	＜ 10%			

另外，除了量化的财务收益指标，项目经营计划也可以根据企业需要增加质量、安全和团队培养等管理目标（见表 3–11）。如某领先房企 L 公司，除了财务指标外，其衡量项目成功的标准还纳入了能力建设和公司的可持续发展两个维度。

表 3–11　项目经营目标书

目标项	指标名称	日标值		
财务目标	项目均价（不含车位）	元 / 平方米	项目总销金额	＞万元
	住宅均价	元 / 平方米（按产品类型）		
	商业均价	元 / 平方米		
	车位均价	元 / 个		
	项目目标净利率	%	项目利润总额	＞万元
	内部收益率	%		
	项目销售周期	A 年 B 月至 C 年 D 月		
客户目标	客户满意度（第三方）	分		
开发计划	开发周期	A 年 B 月至 C 年 D 月		
	首期开工			
	首次开盘			
目标成本	开发成本单方目标（按建面）	元 / 平方米	开发成本总额	≤万元
	营销费率	%	营销费用总额	万元
	管理费率	%	管理费用总额	万元
	财务费率	%	财务费用总额	万元
质量目标	户均缺陷率（交付 3 月内）	%		
	内部验收一次通过率	按公司规范考核处罚		
	重大质量投诉（10 万 +）			
	重大安全事故			
团队建设目标	人员配置	工程经理：	营销经理：	技术经理：
	人员培养目标	输出专业经理：　个		

四、项目节点计划

项目节点计划是推动项目全过程管理的核心抓手，是项目经营计划实现的重要保障。计划编制要求节点安排合理，同时要实现各专业条线之间的有效交圈。房企一般从开发进度难点或瓶颈、财务或现金流影响、产品品质、管理精细化和客户导向等几大维度考虑节点，反映公司的管理需求（见图 3–16）。

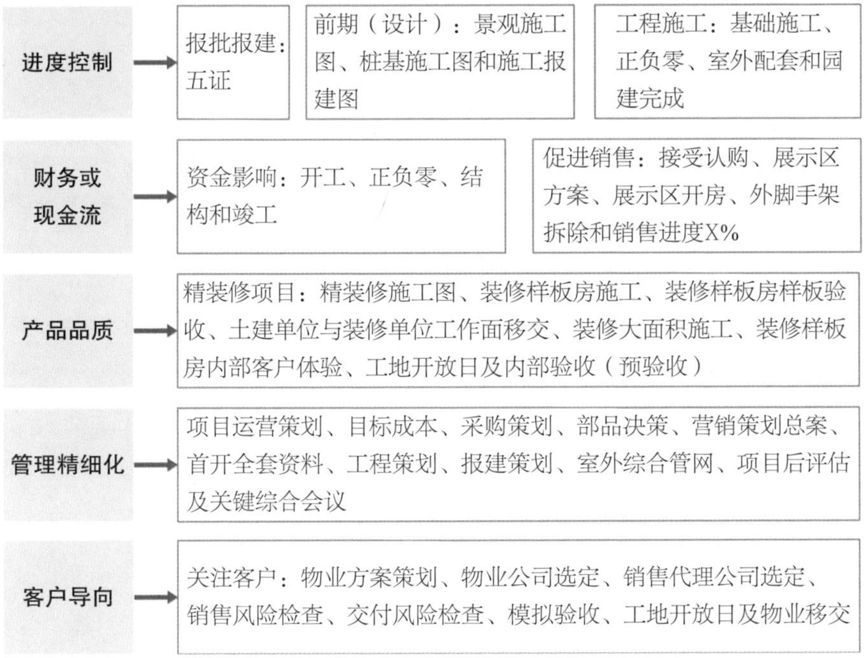

图 3–16　项目节点影响经营目标

在做项目节点计划时，房企可考虑以“抓一级、管一级、看一级”为主导思想，根据各节点对经营结果的影响进行分级管理。

项目节点可以分为里程碑节点、一级节点、二级节点、三级节点和专项节点，针对前三类节点的计划又被统称为项目的主项计划（见图 3-17）。

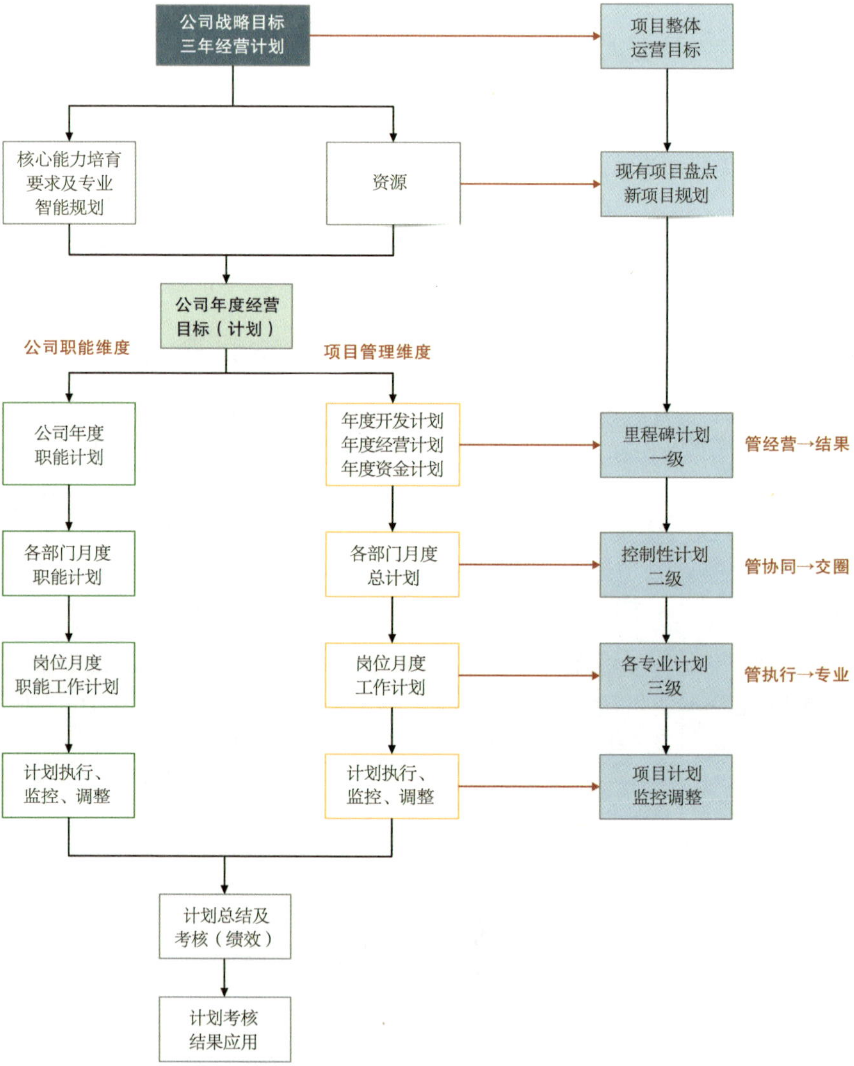

图 3-17　项目分级节点计划示意图

（1）里程碑节点和一级节点管经营（结果）

里程碑节点和一级节点可以单独设置，也可以将两者融为一体，其设置原则是根据公司或项目特点选取项目开发价值链上对经营结果影响最大的关键活动，这些关键活动通常是公司最高经营层关注的节点。

里程碑节点和一级节点的个数可根据管控深度设置。领先房企的里程碑节点数量一般在 10 个以内，一级节点一般为 15~30 个。里程碑节点和一级节点可形成项目的关键开发路径，是刚性节点，一旦确定，非特殊情况不允许调整，以此来保证项目开发计划的达成。如某领先房企的里程碑节点包括规划设计方案确定、土地获取、开工、展示区开放、开售、竣工验收及备案和交楼联合验收 7 个节点（见表 3-12）。

表 3-12　某优秀房企的里程碑节点

节点名称	完成时间要求	完成标准
规划设计方案确定	摘牌前 25 天	总裁签字确认的规划方案（含总图）及展示区范围终稿
土地获取	摘牌日或获取日	招拍挂项目：签订土地成交确认书 土地转让项目：获取最新国土证 收购、并购及合作成立公司项目：完成工商变更手续及具备可开发性的土地资源 品牌输出项目：签订品牌输出协议并实质性开工
开工	展示区：摘牌次日	项目总签发的基础施工单位开工令 桩基施工单位中标通知书 可实施的基础工程施工图纸 天然基础开挖或桩基工程打桩开工
展示区开放	按集团工期要求执行	区域营销总经理（或项目营销第一负责人）签字确认的凭据

（续表）

节点名称	完成时间要求	完成标准
开售	开盘日或开售日	正式开售 取得商品房预售许可证
竣工验收及备案	交楼联合验收前 5 天	取得竣工验收备案表原件
交楼联合验收	按集团工期要求执行	交楼联合验收通过 项目、营销及客服完成交楼准备 清洁完成

（2）二级节点管协同（交圈）

二级节点的设置原则，通常是选取开发路径上较为重要且需要部门间相互协作的活动，或是对后续工作影响较大的活动。设置二级节点的主要目的是协调各部门之间的工作配合。领先房企对于二级节点的设置差异较大，主要是根据企业项目特点、管理基础和公司执行力等实际情况来进行相应设置，二级节点的数量通常为 50~300 个。相关人员在设置节点时应根据公司对进度、质量和成本等的关注度进行选择。如某领先房企针对精装修项目安排了两次业主开放日并将其作为二级节点，此举体现了该企业对客户及产品品质的重视（见表 3-13）。

表 3-13　某领先房企二级节点设置

序号	名称	考核类别	考核分值
1	投资分析完成		
2	项目启动时间		
3	市场定位	C	1（营销）
4	概念设计	B	3（设计 + 营销）
……			
33	销售开盘	A	5（项目 + 营销）

（续表）

序号	名称	考核类别	考核分值
34	主体结构封顶	B	3（项目）
35	第一次业主开放日	C	1（项目）
36	土建移交精装修完成	C	1（项目）
……			
44	外墙渗漏整改完成	C	1（项目）
45	模拟验收完成	B	3（项目）
46	第二次业主开放日	C	—
……			
51	日返修量低于 30 条	C	—
52	新建物业移交完成	C	1（项目）

（3）三级节点管执行（过程）

三级节点细化到工作项，采用工作分解结构（WBS）逐级分解任务并形成项目的执行计划，有些公司会制订分专业的计划。三级节点计划的制订应根据企业管控要求来确定，不同企业的三级节点计划因自身管理深度和要求的不同而有所不同。

（4）专项节点管任务（接口）

专项节点计划是基于各专业条线协调确定的跨专业工作计划，目的是保证某一专项任务的完成，通常由该项工作任务的主责人牵头编制。一般至少会包括 6 个专项节点：展示区、报建、招标采购、开盘、验收与交付。在这 6 个专项节点中，展示区开放、开盘和交付是开发过程从前到后各阶段最需关注的节点。此类计划服务于主项计划执行（见表 3-14）。

表 3-14　某优秀房企 6 个专项节点计划

计划名称 \ 管理要求		编制依据	初次编制并审批通过时间	组织部门
1	展示区计划	项目一、二级计划	项目启动会前	营销管理部
2	报批报建专项计划	项目一、二级计划	项目一、二级计划确定后 15 天内	项目事务部（报建）
3	招标采购专项计划	项目一、二级计划、项目采购策划方案，工程施工进度计划	工程施工进度计划确定后 20 天内	采购管理部
4	开盘专项进度计划	项目一、二级计划，项目营销推广实施方案	项目营销推广实施方案确定后 1 周内（开盘部分可在开盘前 1 个月完成）	营销管理部
5	竣工验收专项计划	项目一、二级计划	竣工验收前 60 天	项目部
6	产品交付专项计划	项目一、二级计划	集中交付前 45 天	客户关系中心

里程碑节点和一级节点通常是集团总部重点管控和考核的节点，由总部主抓；二级节点是由一线着力管控和考核的节点，由一线主抓，总部监控；三级节点则是由专业条线或职能条线管控和主抓的节点，受一线公司监控。

以某优秀房企 L 公司的全景计划为例，集团管控节点中，住宅为 22~50 个，持有商业为 36 个；地区公司管控节点中，住宅为 35~52 个，持有商业为 41 个。以住宅项目为例，L 公司全景计划的路径图可通过 4 个阶段来展示。

- 项目启动阶段工期节点，包括 8 个标准工期节点和 1 个基准点（见图 3-18）。

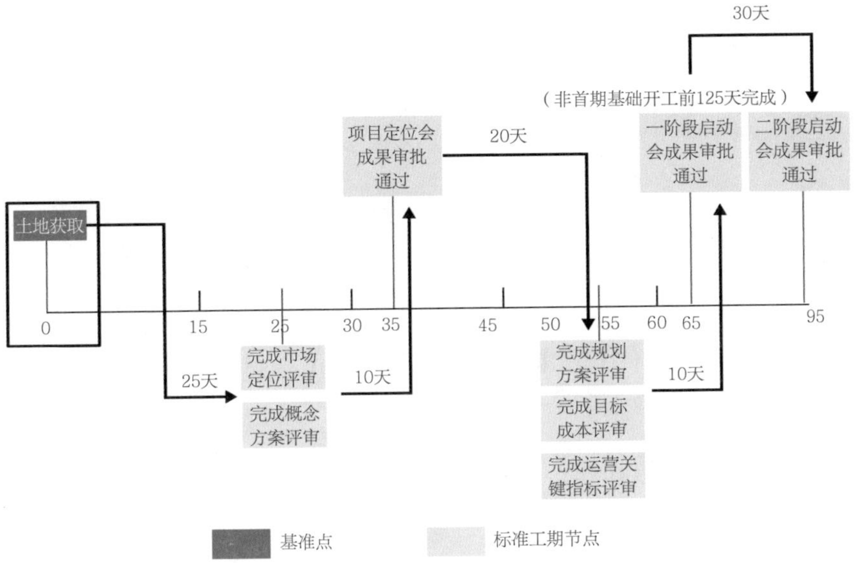

注：本示例为30层高层，地下1层，首次开盘形象进度要求为主体结构施工至正负零。

图 3-18 L 公司项目启动阶段工期节点与基准点

- 项目开盘阶段，包括 4 个标准工期节点和 1 个基准点。
- 工程实施阶段，包括 18 个标准工期节点和 1 个基准点。
- 市政工程及验收交房阶段，包括 14 个标准工期节点和 1 个基准点。

为了实现高效项目开发的目标，房企一方面要将计划节点管理向前延伸，即明确在土地获取前需要重点关注的节点工作（如初步定位及方案的完成时间），以便项目获取后能够快速进场开工；另一方面在节点设置上要充分考虑项目差异化定位要求，针对项目开发计划设置多套模板，以便跟上相应的项目经营节奏。具体详见本章第四节“差异化开发路径图”。

>> 本节小结

“展计划”即制订公司经营计划及项目开发计划，包括：

- 公司年度经营计划，用以确定公司三年及年度经营计划，明确目标，指导执行。
- 项目经营目标书，用以明确项目全周期核心指标及成功标准，明确开发策略，指导项目执行。
- 项目开发三级计划，用以明确分级计划节点，确保节点达成。
- 项目开发专项计划，用以明确各专业条线的任务时间要求及配合要求，确保任务完成。

第三节　明指标：梳理核心经营指标

在确定企业和项目的经营计划的过程中，房企需要明确相关经营指标，并在后期通过对经营指标的监控及时了解项目和公司的经营状况。

经营指标体系可以在经营指标与项目开发活动之间建立起关联关系。房企需要通过各种指标来反映项目和公司的经营状况及风险，辅助其经营决策，最终实现公司经营目标（见图 3-19）。

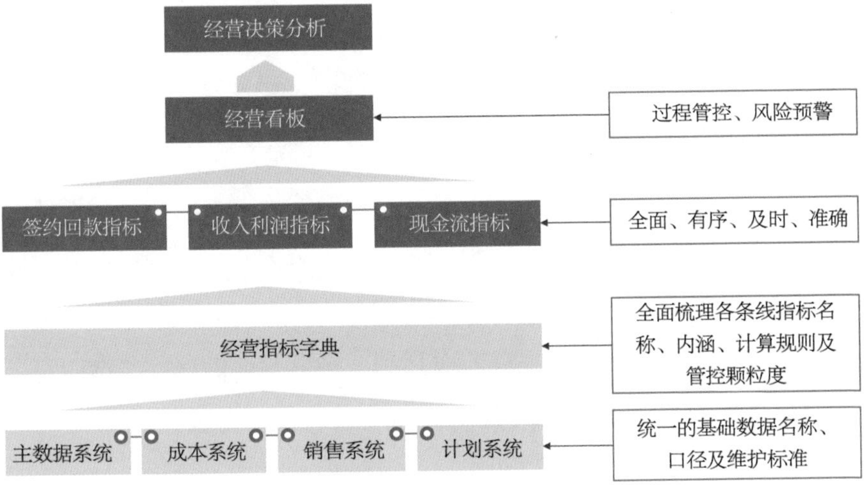

图 3-19　经营指标体系

经营指标体系的设计要遵循聚焦、关联、简单和动态 4 个原则。

- **聚焦**　梳理并确定对公司经营结果有重大影响或需要管理层重点关注的经营指标，切忌贪大求全，失去管控重点。
- **关联**　建立指标之间的关联关系，确保体系结构完整，避免杂乱无章。
- **简单**　经营指标的梳理应从易于落地和实用的角度出发，便于理解，操作简单，可测算，方便相关部门对其进行监控与分析。
- **动态**　经营指标应保持一定的灵活性，体现公司年度关注的经营重点和主要管理要求，可以逐步完善并持续优化。

一、经营指标体系构建逻辑

经营指标是明确经营责任的前提，是公司总体战略得以实现的基础。经营指标体系构建的一般步骤是对公司战略目标和经营计划进行纵向或横向的解构，分解至各层级与各部门，形成公司级和项目级经营指标及各专业条线的业务指标。

战略目标和经营方向不同的企业，经营指标分解的逻辑与关注点也有所不同。追求规模扩张的企业，更关注货值和资金管理经营指标的分解；追求稳健发展的企业更关注复合增长率和 ROE 经营指标的分解；追求资产增值的企业更关注净利润率经营指标的分解。例如，某企业追求有质量的增长，其公司级和项目级指标分解逻辑如图 3–20 所示。

其中在途比、供销比和存销比 3 个公司级管理指标可综合反映公司整体供销存动态。

下文介绍两个常用的经营指标。

1. 内部收益率

内部收益率常被简写为 IRR（Internal Rate of Return），就是资金流入现值总额与资金流出现值总额相等且净现值（NPV）等于零时的折现率。房企对该指标的应用主要有两类：全投资 IRR 和自有资金 IRR。

所谓全投资 IRR 是指在不考虑融资的情况下项目累计经营性净现金流量现值等于零时的折现率；自有资金 IRR 则是指在考虑融资的情况下项目累计净现金流量现值等于零时的折现率。IRR 是直接体现现金流贡献价值的指标，现金流贡献越大，IRR 较其他指标上升就越快。

全投资 IRR 是项目对资金成本的最大承担能力。当全投资 IRR 大于融资资金成本的时候，增加财务杠杆就可以提高自有资金 IRR。

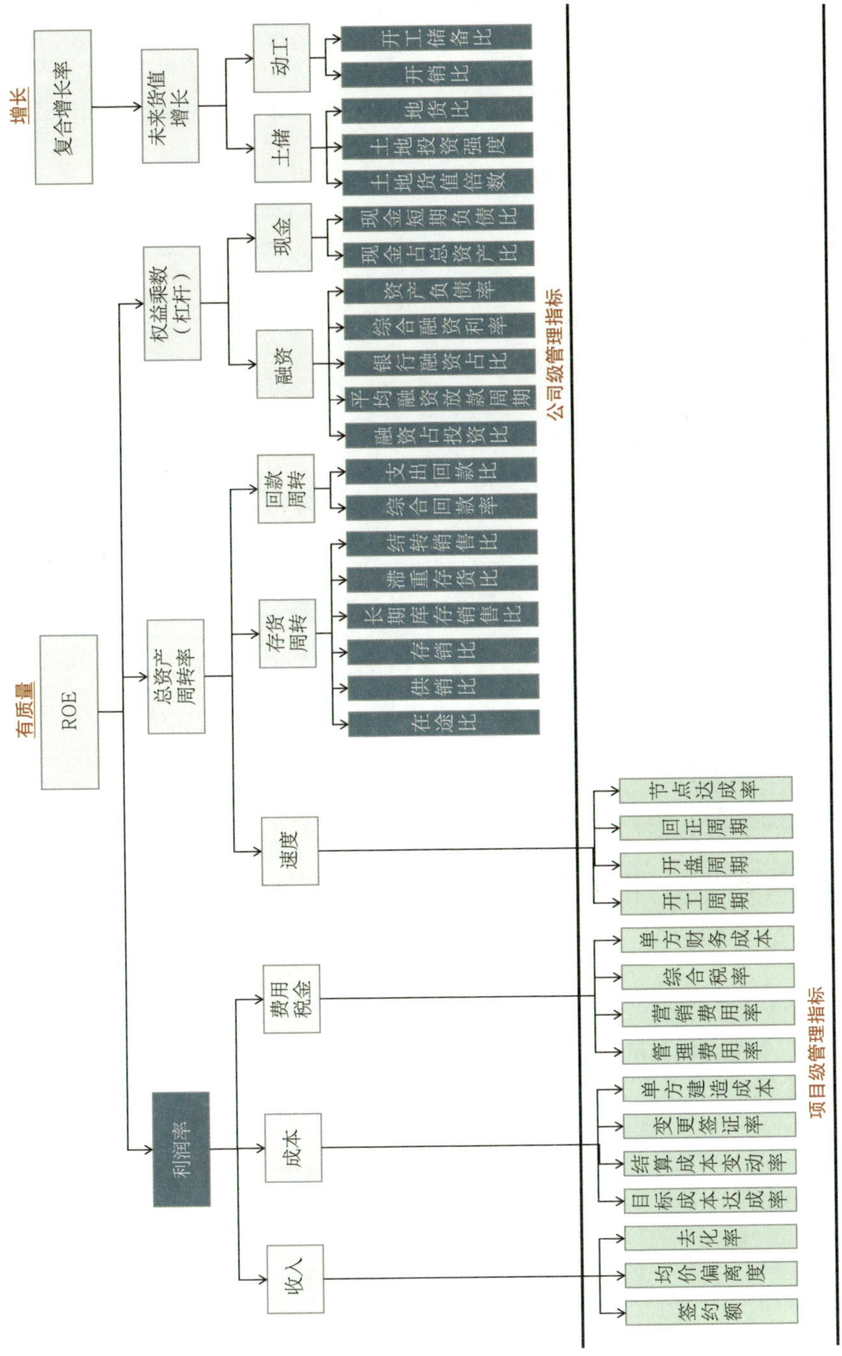

图 3–20　从战略目标分解公司级、项目级指标

2. 投入资本回报率

投入资本回报率常被简写为 ROIC（Return on Invested Capital），用来衡量投入资本的效率。

ROIC = 息税前收益（EBIT）×（1- 税率）/ 投入资本

其中，

投入资本 = 股东权益 + 有息负债

不含信用借款，即：

ROIC = EBIT ×（1- 税率）/（股东权益 + 有息负债）

实质上，ROIC 是生产经营活动中所有投入资本赚取的收益率，不论这些投入资本是债务还是权益。房地产项目进行 ROIC 统计时，分子为净利润加财务费用，分母为全年资金需求量除以 12（更精确的是全年资金需求量除以 365），便于分析的公式如下：

项目 ROIC =（净利润 + 财务费用）/（全投资投入均值 × 经营性现金流年回正周期）

不同的财务指标代表了项目不同层面的盈利水平。选择不同的财务指标进行考核，其背后的经营逻辑也会对项目实际经营活动起导向作用（见表 3-15）。

表 3-15　财务指标与不同经营导向公司的对应表

指标	指标含义	经营导向	适用公司
利润率（毛利润率、净利润率及成本利润率等）	项目收入扣除项目支出的盈余部分，没有考虑资金的时间价值	做高溢价、严控成本，除外部融资成本以外对时间周期的敏感度较低	利润型企业（注重盈利水平、外部融资比例小且成本低）

（续表）

指标	指标含义	经营导向	适用公司
现金流回正周期	项目前期投入资金完全收回使用的时间（包括自有资金现金流和经营性现金流两类）	降低前期投入，快速销售，快速回款	现金流型企业
IRR	资金流入现值总额与资金流出现值总额相等，净现值等于零时的折现率；相当于项目的年化收益水平（同样也有自有资金内部收益率和全投资内部收益率之分）	关注现金流的流向、大小和时间，综合体现项目预期的收益水平；相对而言对时间的敏感度较高	均衡偏现金流型企业
ROE	项目自有资本在单位时间内获取收益的水平	在净利润率的基础上，考虑项目资金效率及外部融资比例	均衡偏利润型企业
ROIC	项目总体投入的资本在单位时间内获取收益的水平	在净利润率的基础上，考虑项目的资金效率；不考虑外部融资	均衡偏利润型企业，同时外部融资偏保守

二、经营指标字典的建立与应用

为了使经营数据能更真实、全面而清晰地反映公司的经营状况并通过数据分析有效地指导公司的经营决策，房企应从各专业角度规范和统一经营指标的命名及其内涵与口径，以便实现部门间的联动。为此，房企需要做到 2 个清晰和 4 个明确。

- **2 个清晰**　清晰了解每一个指标的计算公式和数据来源，与各专业条线进行沟通；清晰了解指标来自公司现有的哪个业务系统或者说哪份报表，并确定需要线下测算和手动录入的指标，从而对各类经营指标进行及时的动态管控。

- **4 个明确** 明确指标统计的对象维度，如分期、项目、城市或总部等（根据指标数据产生的阶段及分析需求）；明确指标统计的时间维度，如月度、季度、半年度或年度等（根据指标的变化频率）；明确指标适合的管控方式，如监控或考核等（依据指标是否可精准量化等因素）；明确数据的出口部门和责任部门等。

经营指标字典管理框架由指标的确立、指标规则、指标应用和指标维护 4 个部分构成（见图 3-21）。

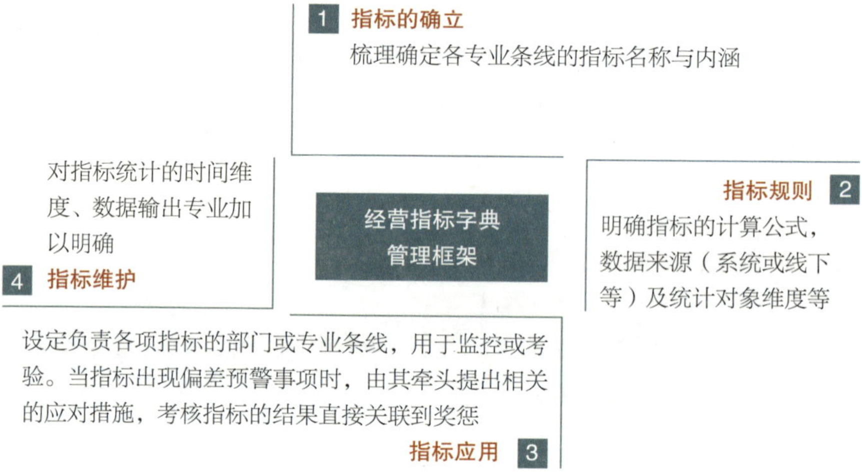

图 3-21 经营指标字典管理框架

房企有关团队在梳理经营指标时对口径规则的梳理尤为重要。由于不同房企在管理重点上有差异，可能拥有多种口径，因此明确口径规则的差异并确定不同指标是梳理经营指标的一项重点工作。

经营指标的测算可分为管理口径和会计口径两种：会计口径按照

会计准则计算，管理口径可以按照经营管理的需要调整经营指标的计算方法。两种规则对指标计算的影响主要体现在利润指标上，不同的计算规则实质上体现为经营导向的不同（见图3–22）。

在大运营背景下，房企应重点将管理口径作为经营分析和决策的依据。

假设某公司以年度利润作为考核和管理指标，会计口径的年度利润指标计算以交付为节点确认收入及对应的成本、费用和税金，在管理导向上鼓励加快交付而不看重当年的经营结果。那么，该公司当年的利润指标完成较好也不代表当年的开发和销售完成得好，有可能是往年的利润在当年的结转，因此按照会计口径来计算年度利润并将其作为考核和管理指标就具有一定的滞后性。管理口径的年度利润依据当年实际发生的收入及对应的成本、费用和税金进行计算，鼓励当期的贡献。

某项目第1年签约100亿元，结转20亿元，会计口径利润为2亿元，而第2年签约50亿元，结转80亿元，会计口径利润为8亿元。如果依据会计口径进行考核，项目团队当期的贡献难以得到公平的评价，他们受到的激励体现不出他们所做出的贡献（见表3–16）。

表3–16 会计口径与管理口径对比示意

（单位：亿元）

年份	签约	回款	结转	会计口径利润	管理口径利润
第1年	100	70	20	2	10
第2年	50	40	80	8	5

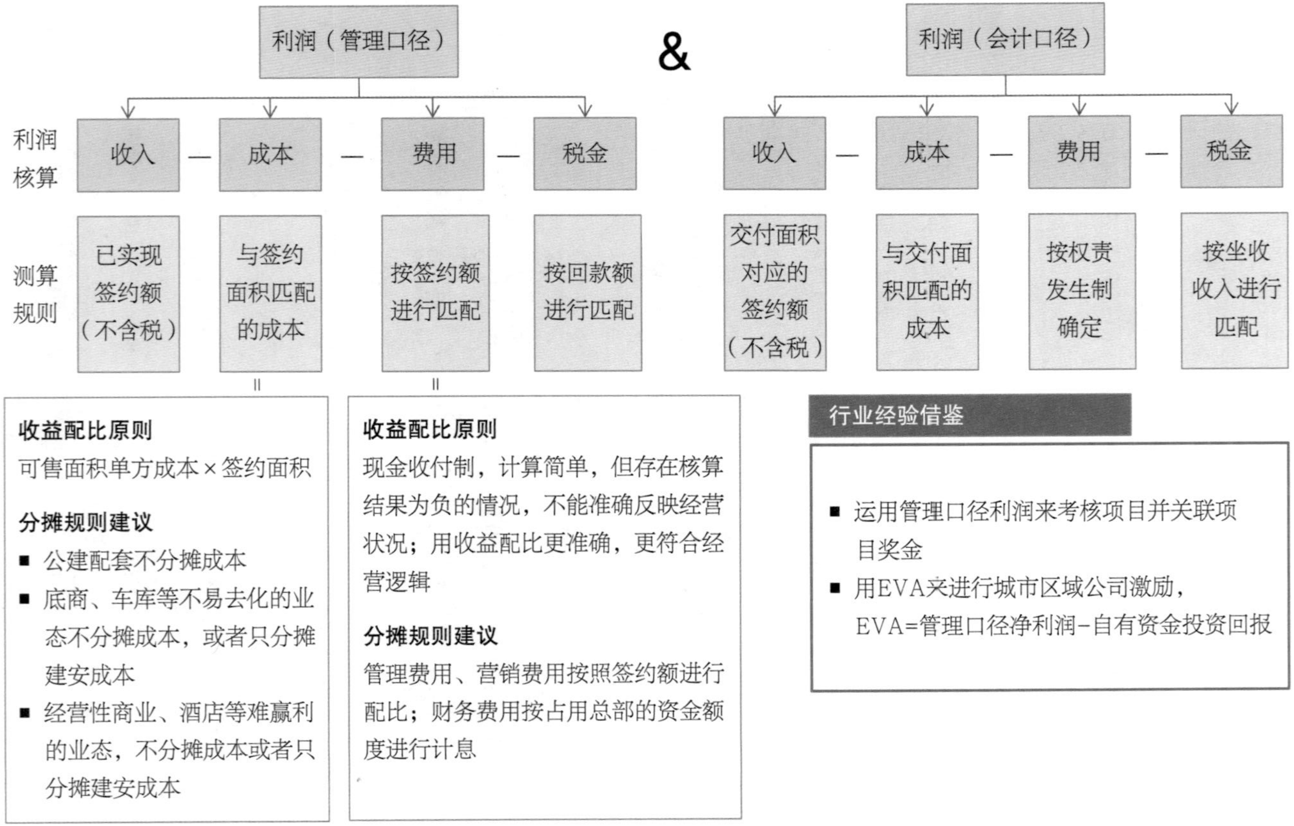

图 3-22　经营指标测算的管理口径和会计口径

同样是管理口径，不同的收入和成本确认方法也会产生不同的经营导向。如果以不含税签约金额计算收入，以签约面积和各业态单方成本计算成本，则导向为加快签约；如果以不含税回款金额计算收入，以签约面积和各业态单方成本计算成本，则是在鼓励回款。房企可以根据公司各个阶段的经营导向（冲签约目标或加速回款现金流等），灵活制定收入与成本的确认方法。

经营指标最终将形成指标字典。经营指标字典重点需要明确的事项包括：

- **指标名称** 每个指标有明确的指标名称，且名称唯一。
- **指标规则** 明确指标结算规则，且规则清晰准确。
- **数据来源** 明确数据源于哪些业务部门或系统。
- **数据维度** 明确数据统计维度与层级。
- **数据时间** 明确数据收集的时间频次。
- **管控方式** 确定指标考核、监控和预警的管控机制。
- **责任部门** 确定指标的责任部门。

经营指标字典包含管理层及各专业条线需要管控的指标，涵盖指标的名称、规则、数据来源、统计对象维度及时间维度、内控标准及管控方式与数据输出部门及责任部门（见表3-17）。

各项经营指标可以形成指标管控地图。房企可借此将经营指标落实到项目开发的全过程，明确各专业条线在项目开发的各个阶段的管控要点、评价标准、管控方式及管控部门，通过指标管控地图指导业务工作的开展。经营指标管控地图如图3-23所示。

表 3-17　经营指标字典示例

职能	指标分类	指标名称	指标内涵	指标规则或计算公式
成本	结算成本	结算总成本	以项目竣工为时点，总成本对应的结算金额之和（当月有结算则统计）	土地获得价款＋前期工程费＋建安工程费＋配套工程费＋配套设施费＋工程管理费＋开发间接费＋资本化利息＋销售费用＋管理费用＋财务费用（不含资本化利息）＋税金及附加＋土地增值税（以项目结算数据为准）
		结算开发成本	以项目竣工为时点，开发成本对应的结算金额之和（当月有结算则统计）	土地获得价款＋前期工程费＋建安工程费＋配套工程费＋配套设施费＋工程管理费＋开发间接费＋资本化利息（以项目结算数据为准）
		结算直接成本	以项目竣工为时点，直接成本对应的结算金额之和（当月有结算则统计）	前期工程费＋建安工程费＋配套工程费＋配套设施费＋工程管理费
		可售单方成本（结算开发成本）	平均每平方地上可售面积的结算开发成本	结算开发成本 ÷ 地上可售面积（取实测面积数据）
		建筑单方成本（结算直接成本）	平均每平方地上建筑面积的结算直接成本	结算直接成本 ÷ 地上建筑面积（取实测面积数据）
		结构单方成本（结算直接成本）	平均每平方地上结构面积的结算直接成本	结算直接成本 ÷ 地上结构面积（取实测面积数据）
		结算直接成本偏差率（与预结比）	结算直接成本与预结直接成本的偏差率	（结算直接成本－预结直接成本）÷ 预结直接成本
		结算总成本偏差率	结算总成本与目标总成本的偏差率	（结算总成本－目标总成本）÷ 目标总成本
		结算开发成本偏差率	结算开发成本与目标开发成本的偏差率	（结算开发成本－目标开发成本）÷ 目标开发成本
成本	结算成本	建筑单方资本化利息（结算）	平均每平方地上建筑面积的结算资本化利息	结算资本化利息 ÷ 地上建筑面积（取最新版本面积数据）
		可售单方资本化利息（结算）	平均每平方地上可售面积的结算资本化利息	结算资本化利息 ÷ 地上可售面积（取最新版本面积数据）
	成本管理	责任成本达成率	反映各部门分配的责任成本达成情况	实际发生成本 ÷ 分配责任成本
		项目成本累计支付比例	已审核的项目累计应付总金额与已审核的项目累计完成产值总金额的比率	累计应付总金额 ÷ 累计完成产值总金额
		事后变更率	事后变更签证数量与签证变更总数量之间的比率	事后变更签证数量 ÷ 签证变更总数量
		变更签证率	变更签证汇总金额占工程类合同总金额的比率	变更签证汇总金额 ÷ 工程类合同总金额
		变更签证估算偏差率	一单一估金额与对应的一单一结金额的偏差情况，反映一单一估的准确性	（一单一结金额－一单一估金额）÷ 一单一估金额
		结算计划完成率	反映结算按计划执行的完成情况	按计划结算完成合同数量 ÷ 列入结算计划合同数量

管控标准 内控标准或目标值	数据来源	统计时间维度	统计对象维度	管控方式	数据输出部门	责任部门
不超过二阶启动会目标	财务系统	项目结算完成	项目	监控	财务	项目总
不超过二阶启动会目标	成本管理系统	项目结算完成	项目	监控	成本	项目总
不超过二阶启动会目标	成本管理系统	工程结算完成	项目	监控	成本	成本
不超过二阶启动会目标	成本管理系统、项目主数据系统	项目结算完成	项目	监控	成本	成本
不超过二阶启动会目标	成本管理系统、项目主数据系统	工程结算完成	项目	监控	成本	成本
—	线下统计	工程结算完成	项目	监控	成本	成本
≤ 1%	成本管理系统	集中交付前一个月	项目	考核	成本	成本
—	财务系统	项目结算完成	项目	监控	财务	项目总
—	成本管理系统	项目结算完成	项目	监控	成本	项目总
—	财务系统、项目主数据系统	项目结算完成	项目－城市－事业部	监控	财务	财务
—	财务系统、项目主数据系统	项目结算完成	项目－城市－事业部	监控	财务	财务
—	成本管理系统	月度	项目	监控	成本	相关部门
—	成本管理系统	月度	项目	监控	成本	成本
—	成本管理系统	月度	项目－城市－事业部	考核	成本	项目总
总包≤ 3%，分包≤ 5%，景观装饰≤ 8%	成本管理系统	月度	项目－城市－事业部	考核	成本	项目总
≤ 10%	成本管理系统	月度	项目	考核	成本	成本
100%	成本管理系统	月度	项目	考核	成本	成本

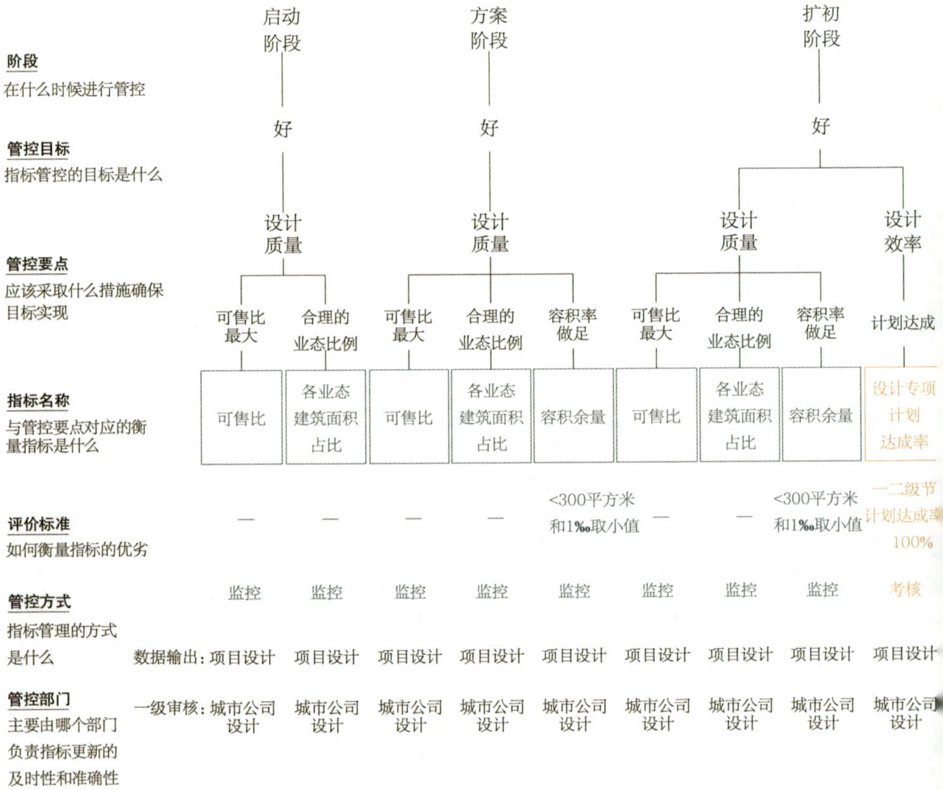
阶段
在什么时候进行管控
管控目标
指标管控的目标是什么
管控要点
应该采取什么措施确保目标实现
指标名称
与管控要点对应的衡量指标是什么
评价标准
如何衡量指标的优劣
管控方式
指标管理的方式是什么
管控部门
主要由哪个部门负责指标更新的及时性和准确性
启动阶段
方案阶段
扩初阶段
好
好
好
设计质量
设计质量
设计质量
设计效率
可售比最大
合理的业态比例
可售比最大
合理的业态比例
容积率做足
可售比最大
合理的业态比例
容积率做足
计划达成
可售比
各业态建筑面积占比
可售比
各业态建筑面积占比
容积余量
可售比
各业态建筑面积占比
容积余量
—
—
—
—
<300平方米和1‰取小值
—
—
<300平方米和1‰取小值
监控
监控
监控
监控
监控
监控
监控
监控
考核
数据输出：项目设计
项目设计
项目设计
项目设计
项目设计
项目设计
项目设计
项目设计
项目设计
一级审核：城市公司设计
城市公司设计
城市公司设计
城市公司设计
城市公司设计
城市公司设计
城市公司设计
城市公司设计
城市公司设计

图 3-23 经

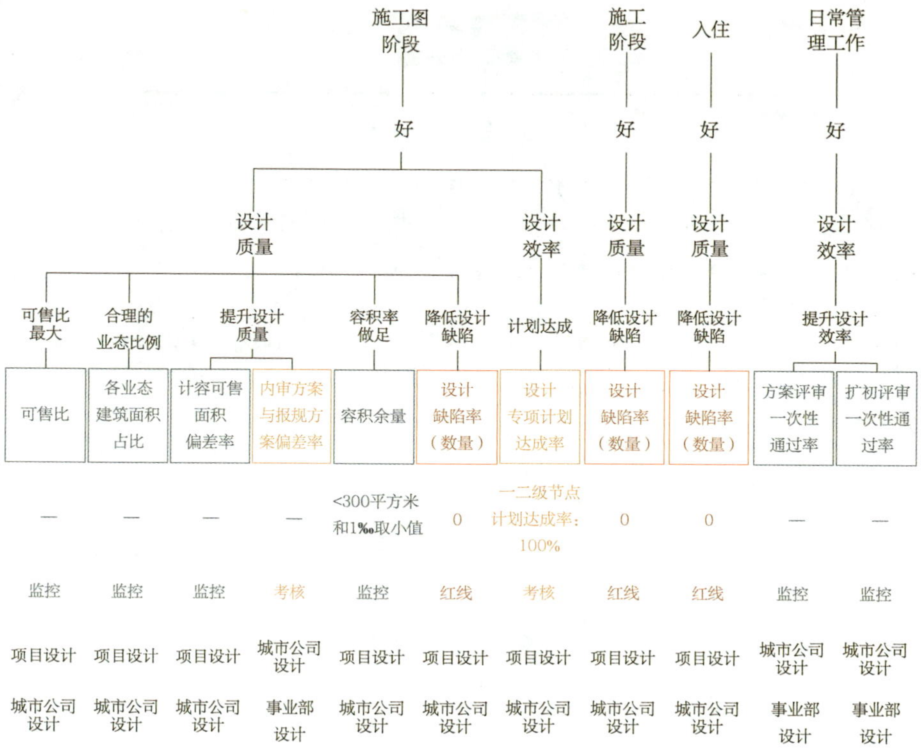
施工图阶段
施工阶段
入住
日常管理工作
好
好
好
好
设计质量
设计效率
设计质量
设计质量
设计效率
可售比最大
合理的业态比例
提升设计质量
容积率做足
降低设计缺陷
计划达成
降低设计缺陷
降低设计缺陷
提升设计效率
可售比
各业态建筑面积占比
计容可售面积偏差率
内审方案与报规方案偏差率
容积余量
设计缺陷率（数量）
设计专项计划达成率
设计缺陷率（数量）
设计缺陷率（数量）
方案评审一次性通过率
扩初评审一次性通过率
—
—
—
—
<300平方米和1‰取小值
0
一二级节点计划达成率：100%
0
0
—
—
监控
监控
监控
考核
监控
红线
考核
红线
红线
监控
监控
项目设计
项目设计
项目设计
城市公司设计
项目设计
项目设计
项目设计
项目设计
项目设计
城市公司设计
城市公司设计
城市公司设计
城市公司设计
城市公司设计
事业部设计
城市公司设计
城市公司设计
城市公司设计
城市公司设计
城市公司设计
事业部设计
事业部设计

图—设计类

经营指标的具体落地和应用可以通过“经营看板”的形式来实现。房企可根据每年的管控重点和各管理层及专业条线领导的管理逻辑，选取相应的经营指标，通过信息化处理形成管理层及专业条线领导的经营看板，实现过程监控（见图 3-24 和图 3-25）。

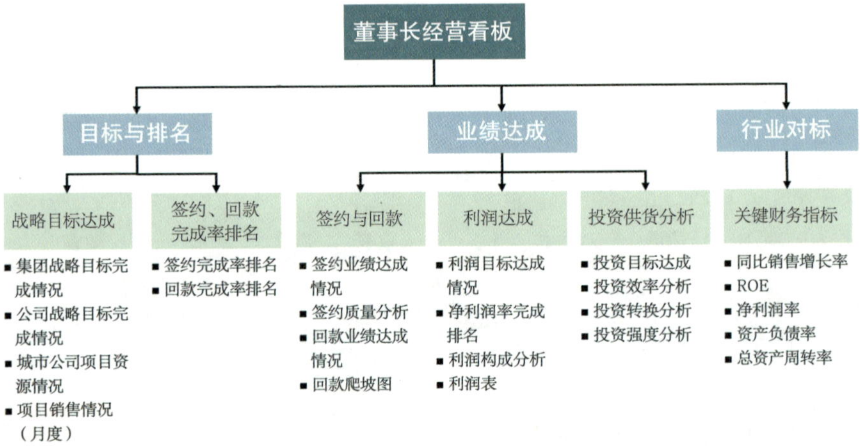

图 3-24　董事长经营看板示意图

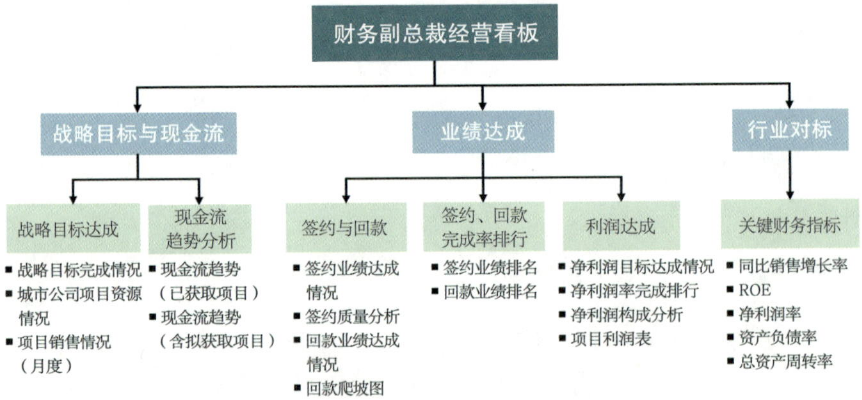

图 3-25　财务副总裁经营看板示意图

三、经营指标质量保证工具：主数据

主数据是指那些基础性的、统一的且共享的信息。打通主数据有助于从根本上确保经营指标的统一和准确。当前房企的数据管理有诸多痛点，常见的数据问题就是“三不”，即“不清晰”、“不统一”和“不共享”。

- **不清晰**　大多数房企中知道主数据且了解数据标准化的专业人员并不多；如果在信息化初期没有理顺主数据，将导致后续数据整合难度倍增。
- **不统一**　各类业务数据需要形成经营指标以辅助经营决策，但各大信息系统的数据口径、标准和来源不统一，导致经营指标不精准，数据质量差。如果营销的数据层级关系为项目—地块—楼栋，而成本的数据层级关系为项目—分期—业态，这种口径的不统一会造成同一层级上的收入与成本等数据无法获取，使房企无法在项目、分期和业态层级上进行毛利率与净利率等经营数据的分析。
- **不共享**　各个业务条线数据存在信息孤岛、底层数据没打通及数据不共享的情况，造成供销失衡等经营问题。

数据质量问题很大一部分来自主数据问题，房企需要重点关注的主数据包括项目主数据、面积主数据和组织主数据等。

1. 项目主数据

主数据不统一会导致经营指标无法形成，数据质量差，甚至造成经营指标没有价值。

项目主数据是指项目产品范畴的基础性的、统一的且共享的信息，包括项目层级结构、项目编码与命名规则等。一个项目的层级一般可分为项目、分期项目、楼栋、户等，项目结构主数据定义了项目统一的对象口径，可以确保各业务条线在项目口径上保持一致。

例如，在界定分期标准上，应明确分期与地块、标段及批次的区别。分期指的是运营分期，与各个业务条线的项目切分有差别（见表 3-18）。

表 3-18 界定分期标准

分类	划分原则	数据汇总关系	主要应用部门
分期	根据经营策略划分的运营分期范围，各个分期有独立的运营目标	楼栋—业态—分期—项目	运营、财务、成本、工程
地块	拥有唯一土地证件编号的土地区域	楼栋—地块—项目	营销、财务、成本、运营
标段	因工程施工进度关系进行区分管理，原则上按照总包施工范围进行划分	楼栋—标段—分期—项目	工程、招采、运营
批次	因交付时间差异进行批次划分，原则上以同一交付时间进行划分	楼栋—批次—分期—项目	工程、财务、运营

某优秀房企项目基础数据的层级结构如图 3-26 所示。

项目主数据可以通过向项目全周期各个业务条线分发来统一业务口径，且项目主数据将随着项目的不断明确而不断深化（见图 3-27）。

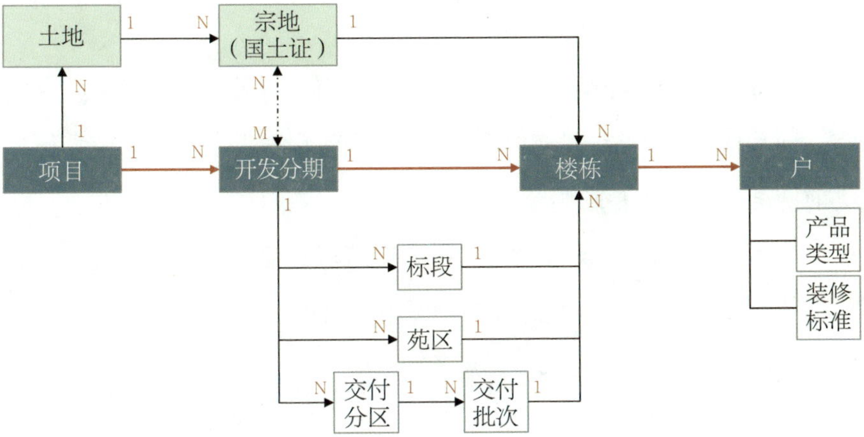

图 3-26　某优秀房企项目基础数据的层级结构

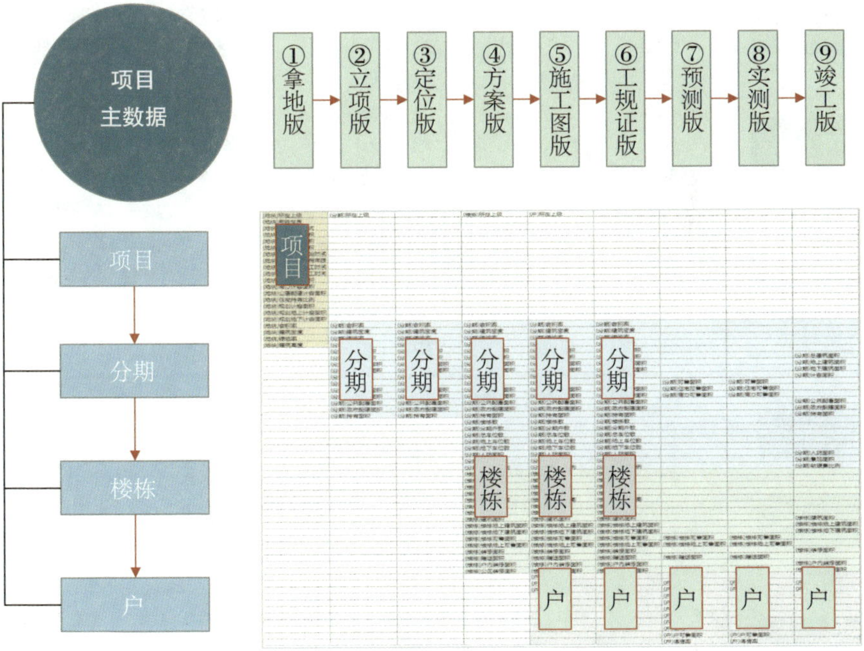

图 3-27　项目主数据全周期深化示意图

2. 面积主数据

房地产经营指标中的很大一部分都跟面积有关，而业务条线之间有关面积的数据不统一是常见问题。统一面积数据是明确经营指标这类前期准备工作的基础要求。

面积主数据应区分建筑面积和可售面积并明确责任，从而及时更新不同阶段的面积数据（见图 3–28 和图 3–29）。

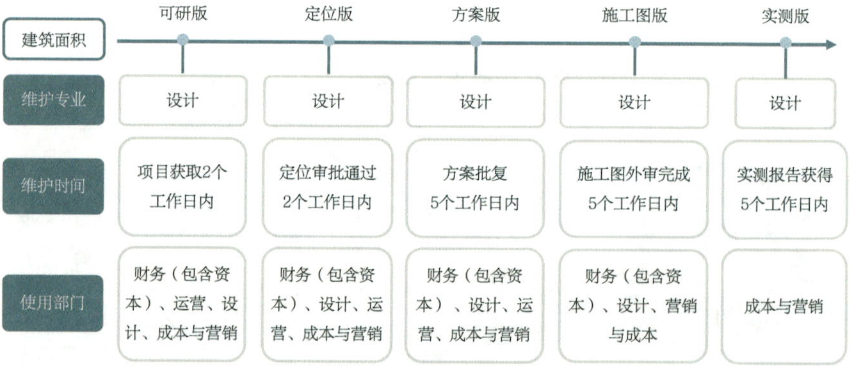

图 3–28　建筑面积主数据

图 3–29　可售面积主数据

3. 组织主数据

组织主数据是指组织范畴的基础性的、统一的且共享的信息，通常可以理解为“组织标准”，包括母子公司、部门和岗位的各类标准。

组织主数据按房地产开发项目的组织类别通常可以划分为两种：法人组织和管理组织。

- **法人组织**　指通过工商注册形成的实体公司，可分为房地产开发企业、物业企业和商业企业等，也可按国民经济行业标准分类。法人组织对外共享企业的基础信息、税务信息和诚信信息等。法人组织对外可作为核算主体，对内与管理组织匹配形成对应关系。
- **管理组织**　指集团内部实际的管理机构，可以是法人也可以不是法人。管理组织按企业层级可以划分为集团总部、区域公司、城市公司和项目公司等，按内部层级可以划分为公司、部门和岗位等，各层级有不同的经营目标、管理职责、工作任务和绩效指标等。

除此之外，主数据还包括供应商主数据和科目主数据等。

通过主数据的底层统一，房企可以按照主数据的统一口径进行各项经营指标的计算，最终形成经营看板，支持经营分析决策（见图 3–30）。

通过对主数据和经营指标的信息化处理（见图 3–31），房企管理层可将用于运营管控的精力从繁杂的数据处理中解放出来，投入更有价值的经营分析中去。

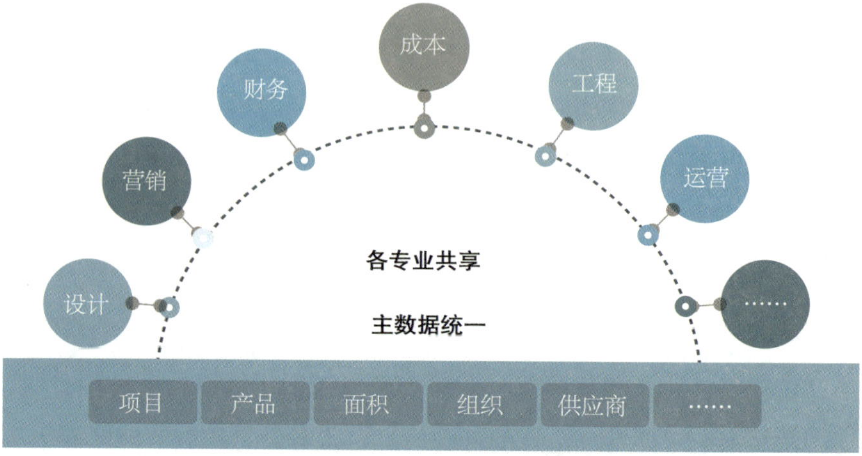

图 3-30　主数据平台

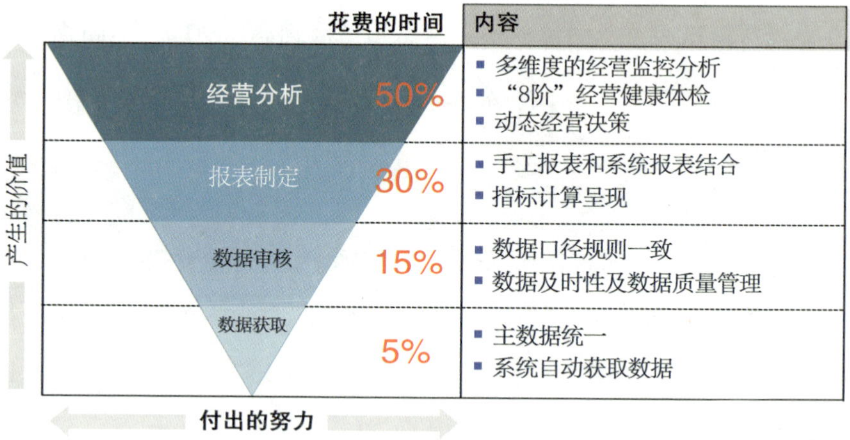

图 3-31　主数据和经营指标数据的信息化

只有统一主数据，实际的经营指标数据的质量才有保证。此外，经营指标在落地过程中还需要注意以下四个方面。

- **统一标准与口径**　经营指标建立之初，各专业条线应组织各层级的相关职能部门对现有系统、报表及汇报文件中的指标名称、内涵和口径进行调整与统一，统一公司内部话语并形成习惯。
- **打通各业务系统**　经营指标数据的及时性与准确性，需要底层数据和信息系统的支持。现有系统需要得到完善和进一步打通，以保证能够相互调取数据，而无信息系统的业务部门则需要加快信息化系统的上线，尽量实现大部分管控指标可以通过各个业务系统读取并自动计算得出。
- **测试验证准确性**　经营指标上线之初房企须投入一定的人力进行测试，通过指标数据的分析来测试计算规则实现的准确性及底层数据的准确性。经营指标上线运行之后房企须通过一些复合型指标的结果分析，进行同比、环比分析及行业对标分析，定期检验，异常结果亦可以反映出底层数据的问题。
- **设定管控标准，实现预警分析**　对于核心指标和考核类指标，管理团队可以结合公司大运营标准或通过大运营标准推导出来的数值设定其管控标准，如项目净利润率、去化率和回款率等。

>> 本节小结

“明指标”即制定公司经营指标，需要用到的工具包括：

- 经营指标字典，明确各层级经营指标的名称、规则、统一方式和管控机制。
- 指标管控地图，明确各业务条线全过程指标管控标准及方式。

- 经营看板，将经营指标进行信息化呈现，以便管理层进行经营分析与决策。
- 主数据字典，建立主数据规则，统一数据口径。

第四节　建标准：建立差异化的项目开发标准

通过建立差异化的项目开发标准，项目团队可以明确不同的开发路径、工期及运营标准，并针对不同定位的产品采用不同的标准，实现精准运营。

一、标准之差异化开发路径图

1. 开发路径匹配差异化拿地模式

拿地模式的差异化，是编制开发路径图首先需要考虑的因素。不同的拿地模式直接影响了项目开发主路径的选择，从而影响项目开发前准备工作的开展。当前各大房企往往是招拍挂、收并购和一二级联动三种拿地模式相结合，而非采用单一的拿地模式。

以 C 企的开发路径为例，其拿地模式兼有一二级联动、收并购和招拍挂三种模式。以拿地为基准点，在前置设计时间方面，C 企执行一二级联动＞收并购＞招拍挂的拿地模式。差异化的拿地模式直接影响了其主路径的选择。

在一二级联动的拿地模式下，方案设计之前的工作都可以在拿地之前完成，即“带着方案拿地”，所以 C 企的开发路径在拿地后直接进入“报建线”，继而进入“工程线”。

在收并购拿地模式下，C企在进行前期尽职调查的同时可以启动项目设计工作，这也为其工作前置提供了一定的时间基础。所以，大部分情况下C企拿地后虽然进入了“设计线”，但是从拿地到方案设计所需的时间不会太长。

在招拍挂的拿地模式下，从土地信息公布至土地摘牌一般都需要30~35天，而概念设计往往需要在投资决策通过后方能启动，所以C企在招拍挂拿地模式下拿地后才进入“设计线”，时间就会相对较长。

这三种拿地模式的路径差异如图3-32所示。

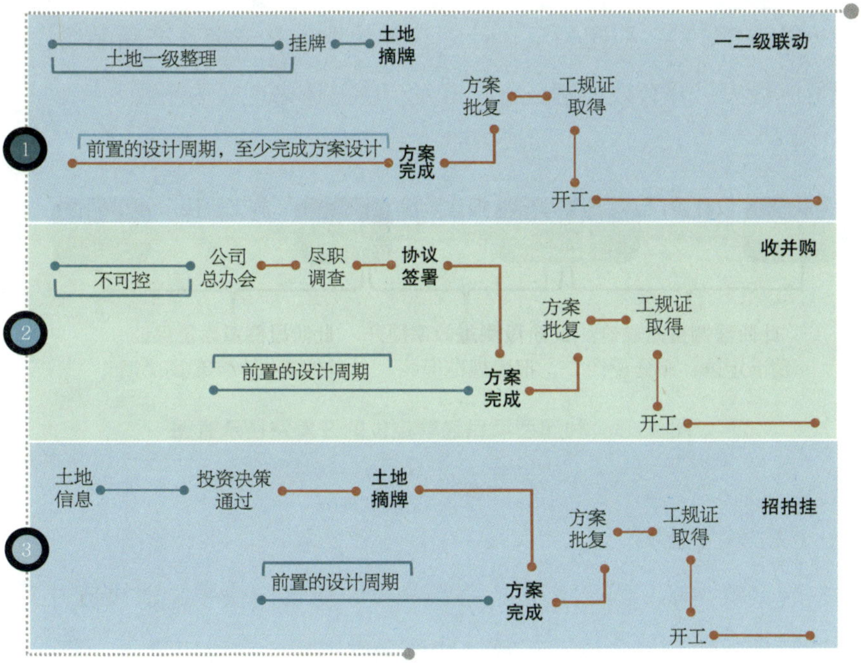

图3-32　“招拍挂、收并购和一二级联动”三种拿地模式的路径差异

2. 开发路径匹配差异化经营定位

由于项目经营定位的差异，项目开发路径图同样需要体现出差异，利润型、均衡型及现金流型项目的开发路径各不相同。以下重点分析利润型与现金流型项目经营定位在开发路径方面的差异。

（1）利润型

利润型项目经营定位应聚焦前端，监控后端，追求产品的高溢价，实现项目利润最大化。利润型项目在设计阶段应侧重产品高溢价，高度重视前端设计环节，预留充足的时间用于精准定位和充分设计；在报建阶段应侧重效率提升，在充分预留报建时间的前提下尽可能提效；在施工阶段则应侧重质量，通过有效的质量管理体系确保产品的高品质（见图 3–33）。利润型项目计划管理的重点在于提升产品品质，实现货值最大化并有效控制成本，开发节奏整体来说较为平稳。

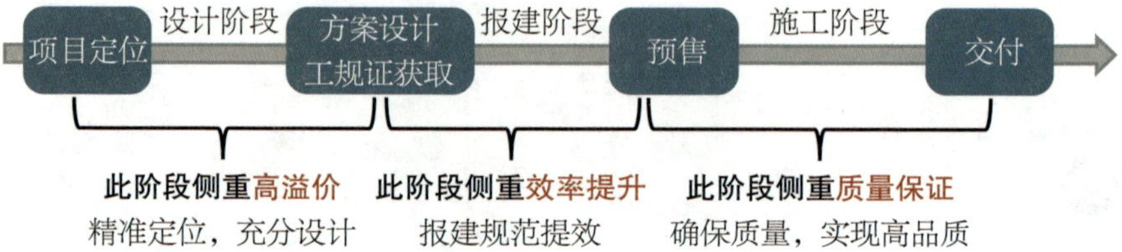

图 3–33 利润型项目经营定位的开发路径示意图

（2）现金流型

现金流型项目经营定位应强调快开、快售与快平，即快速开工、快速开盘、快速现金流回正及快速资金再周转。在可研阶段、获取土地阶段、动工阶段和预售阶段，项目团队通过“早起跑”“串改并”“控周期”等方式提升项目开发的效率，注重各阶段工作的衔接配合，尽一切可能快速销售。后期交付阶段的节奏可适度宽松，不过此阶段同样要保交付，求品质，追求客户满意度。总的来说，现金流型项目的开发节奏整体求快（见图 3–34）。

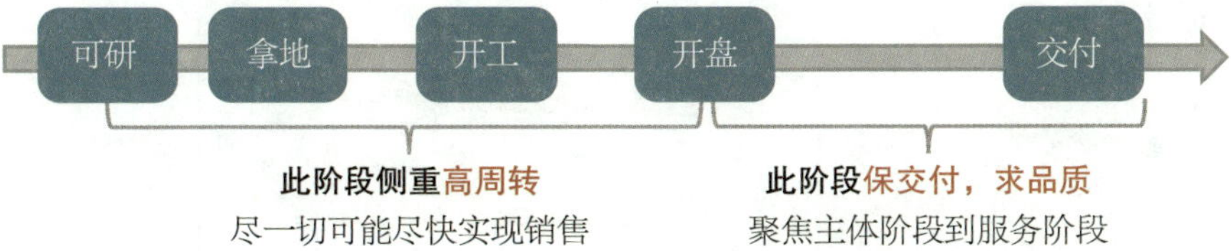

图 3–34 现金流型项目经营定位的开发路径示意图

3. “早起跑”、“串改并”与“控周期”

以现金流型项目为例，其开发路径图的特点是采用“早起跑”“串改并”“控周期”等方式优化开发路径，缩短开发周期，做到工作前置，实现效率提升，并通过提高项目周转效率实现资金快速再周转。某房企曾勾画了一份 9 个月开盘的开发路径图（见图 3–35）。

（1）“早起跑”

“早起跑”的常见做法包括拿地前完成定位和概念设计，可以缩短拿地后 30 天的设计周期；土方提前施工，走前期工程报建；总包提前进场，总包入围单位的考察以及发标准备工作前置到施工图出图前，在完成招标图后进行总包发标工作，合同计价方式采用综合单价；展示区的设计应单独立项，在概念设计完成后（展示区选址及定位确定）独立开展，可让展示区开放时间提前 1 个月；展示区至少要在开盘前 1 个月对外开放，方可有效保证蓄客量，从而加速项目去化速度。

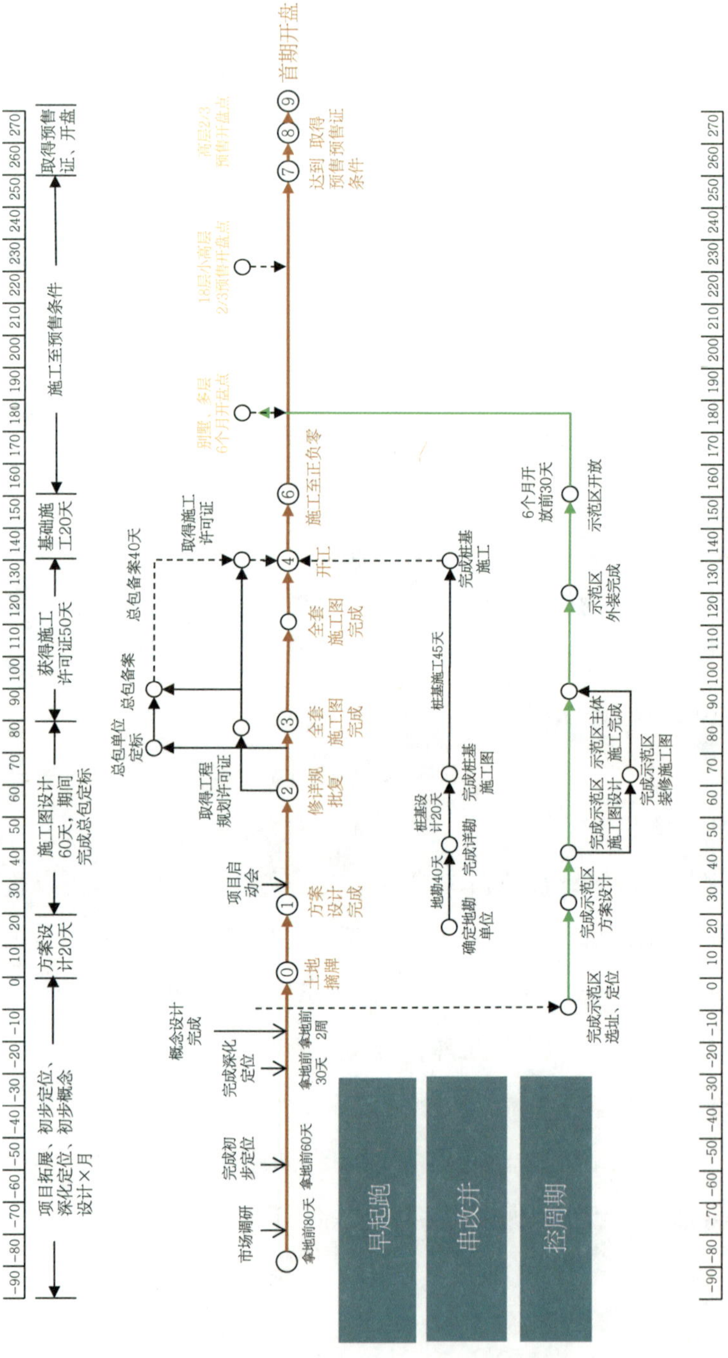

项目条件：非创新项目，高层，地上32层，1层地下室，预售条件进度2/3，首批10万m²以内，实体样板房。

图 3-35 某房企 9 个月开盘开发路径图

以G企为例，其提升项目开发效率的核心举措之一便是工作前置，即在拿地前进行各专业联动，做好定位策划前置和规划设计前置，提前开展招标，临设先行，提前进行投资测算分析等。G企项目开发工作的前置情况如图3-36所示。

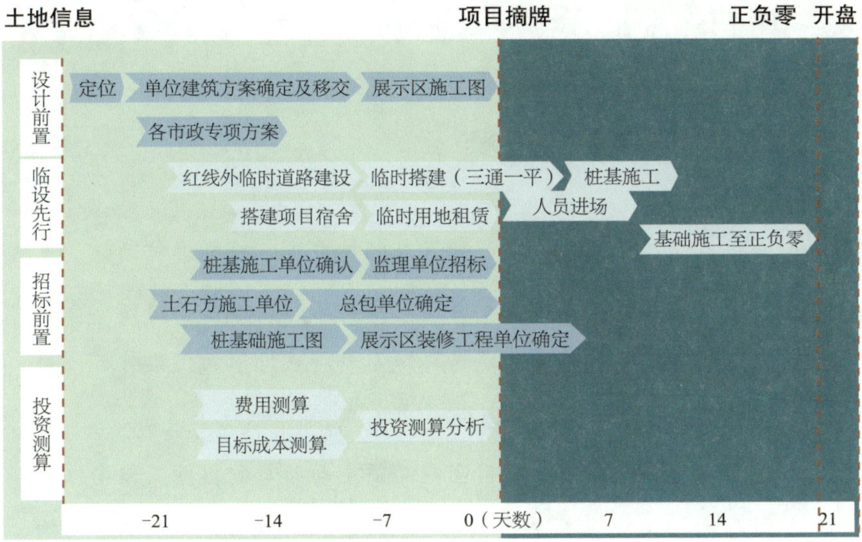

图3-36 G企项目开发工作前置示意图

规划设计前置的主要要求包括：

- 不得擅改公司高层批准的展示区红线（包括板房和核心景观）。
- 在项目临近城市道路、最有利的、能马上动工的地方安排销售展示区。
- 要特别重视产品选择，依据"去化率＞利润率"的优先原则来选择。

- 配套用房（包括综合楼和法规规定配套用房等）合理最小化。
- 控制规划户型的数量。
- 高层做好首层架空层的展示和体验，多层避免设置首层架空层。
- 避免在城市道路边缘受噪声影响较大区位设置大户型、别墅等高总价产品。
- 对于地价不高、楼面价不敏感的项目，宜设置多层洋房。

招标前置的主要要求包括：

- 提前启动：从土地挂牌开始开展招标立项、投标单位确认、发标、开标与定标工作；了解当地市场的材料价格、招标工程各专业的施工承包范围、现场环境及其特殊性和施工条件等，将相关信息提供给成本管理中心。
- 快速确定施工单位：项目团队必须主动参与到招标工作中，选用熟悉公司操作模式且合作过的施工单位，优选合作愉快的施工队承包展示区并扩标到货量区；展示区桩基宜采取分包方式。
- 详细约定合同：签订展示区与货量区施工合同时，务必分别约定工期；区域项目应积极参与到施工合同中关于“工程管理条款”的制定，尤其是“工期条款”。

报建前置的主要要求包括：

- 多个证件同步办理：从国土证到预售证，可先行审核已有资料，待前一个证件的手续办理好后再快速办理后续证件的手续。

- 规划整体报批，分项报审：先送审整体方案稿，得到批复后即可分项报审，这样即使有分项小调整，也不需要重新报批，从而缩短时间。
- 施工图审查灵活变通：召开专家初步审查会议，初审通过后可变通使用初审合同办理后续手续，重复户型不再审查，节省施工图审查时间。
- 提前做房屋预测绘：施工图纸出具后提前做房屋预测绘工作，争取政府部门的支持与配合，针对重复户型快速出具报告。
- 提前审核预售证资料：先行审核预售证资料，与前期的规划许可证和施工许可证的审核同步进行，审核通过后待补齐前期所缺证件即可办理预售证，节省审核时间。

（2）“串改并”

“串改并”的常见做法包括设计节点并行，方案设计阶段即确定施工图设计单位，取得方案设计审查意见通知书前并行桩基施工图设计；工程节点并行，土方施工与展示区施工穿插进行。其中，“五证”（国土证、建设用地规划许可证、建设工程规划许可证、建设工程施工许可证与预售证）的获取与开发周期中的各阶段有着密切的关联，而报建通常都是关键节点。“串改并”的一个重点在于，从通常业务要等报建结束后才能启动变成业务与报建工作同步开展。“五证”在开发过程中的先后关系如图 3-37 所示。

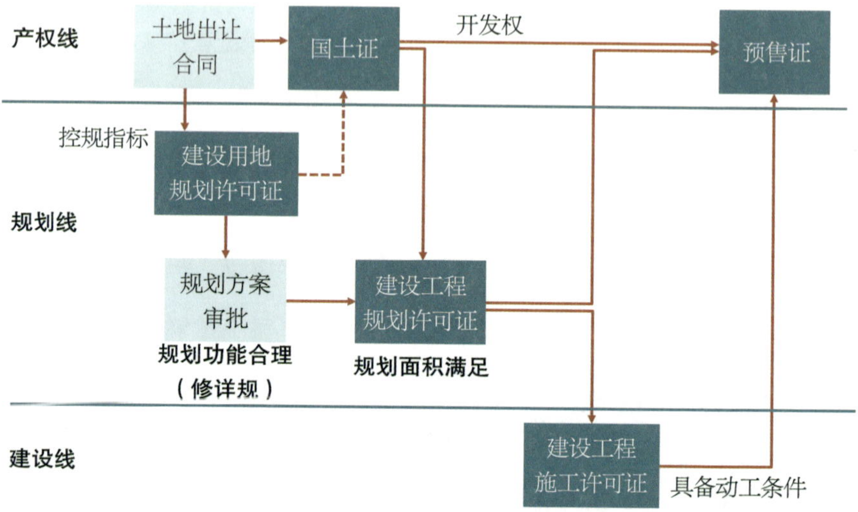

图 3-37 “五证”的先后关系图

（3）“控周期”

“控周期”的常见做法包括严控土方与桩基的施工周期，控制展示区施工工期及主体结构施工工期。

部分房企会因为担心浪费成本而以一种谨慎的态度看待工作前置，但从大运营管理体系下的财务经营的角度来看，有效的工作前置能够切实减少综合成本。

二、标准之差异化标准工期

房企建立的传统标准工期在实操性、灵活性及落地性等方面已凸显出一些问题。在大运营管理体系的构建及实施过程中，大部分房企的标准工期与经营定位并不匹配，因而在很多情况下，传统标准工期无法与计划管理形成联动，或者联动较弱，往往形同虚设。传统标准工期需要解决的问题包括以下 5 个。

- 当首开产品为多业态组合时，如何确定以哪个业务为准来测算工期？
- 当各项目经营定位有差异时，如何匹配差异化工期标准？
- 当影响工期的变量组合复杂时，如何快速合理地测算工期？
- 当所开发项目为大盘时，如何确定分期拿地时间及工期标准？
- 当工期测算完成时，如何将工期转化为开发计划并落地执行？

例如，A 企的标准工期主要以城市和产品业态两个维度进行差异化区分（各业态产品已实现标准化），首开产品的业态并非只有高层或小高层的单一业态，往往是多种业态组合同时开盘。但是各种业态的工期时长不一样，此时选择以何种业态作为从拿地到开盘的工期测算标准就变得十分棘手。

又如，B 企的标准工期的匹配性有所欠缺。尽管该企业已从经营定位上对产品进行了区分，分为现金流型、均衡型和利润型三种，但是其标准工期仍维持原有的一套通用标准，而这套标准对很多利润型产品而言过于严格，对部分现金流产品而言又过于宽松。

未实现产品标准化的房企如何进行工期测算？如何做到工期与经营定位、运营标准、计划管理及开发路径等相结合？大运营管理体系的构建过程可借助差异化标准工期模型来兼顾周转与质量，在变数中寻找定数，从而支撑经营目标的达成。

在大运营管理体系下，差异化标准工期模型的搭建有落定位、量业态、明变量、定工期、强执行五大要点。

1. 落定位：不同项目经营定位及城市等级下的标准工期

经营定位的差异化决定了开发路径的差异化，而开发路径的差异化决定了标准工期须与之相匹配，对运营管理也提出了差异化的要求。

标准工期根据城市等级和项目经营定位划定工期档位：城市等级划分为一线城市、二线城市与其他城市，项目经营定位类型划分为现金流型、均衡型及利润型。在此基础上，工期可以划分为 5 个工期标准档位（见表 3–19）。

表 3–19　根据城市等级和项目经营定位划分工期档位

城市级别	项目经营定位		
	现金流型	均衡型	利润型
一线城市	3	4	5
二线城市	2	3	4
其他城市	1	2	3

5 个工期标准档位中，1 档代表工期最短，5 档代表工期最长，工期的时间由短至长的排序为：1 档＜ 2 档＜ 3 档＜ 4 档＜ 5 档。

工期档位的设定主要用于设计周期及设计可以前置的周期。其一，差异化的工期档位决定了差异化的工期，而档位的差异化主要体现在设计阶段；其二，差异化的拿地模式决定了设计可以前置的周期的差异化，所以将设计周期与设计可以前置的周期结合，可以基本锁定从拿地到方案设计完成阶段的合理标准工期（见图 3–38）。

设计可以前置的周期

拿地模式＼档位	1	2	3	4	5
收并购	70	70	70	70	70
招拍挂	30	30	30	30	30
一二级联动	—	—	—	—	—

注：① 若为一二级联动拿地，启动-拿地时间=概念设计启动-土地挂牌时长+30天

② 若为收并购拿地，且收并购时已有方案或已为在建工程，则在计划铺排时仅考虑工规证办理和施工工期即可

③ 一二级联动启动以概念设计工作启动为启动点；收并购启动以公司总办会通过为启动点；招拍挂启动以土地出让信息公布为启动点；收并购拿地以签订股权合作协议为拿地时点；招拍挂拿地以土地摘牌为拿地时点

设计周期

阶段周期＼档位	1	2	3	4	5
档位下概念设计周期	20	20	20	20	20
档位下方案设计周期	50	50	55	60	60
复杂度修正概念设计周期	22	22	22	22	22
复杂度修正方案设计周期	55	55	60.5	66	66
概念+方案设计周期	77	77	82.5	88	88

图 3-38　工期档位应用

2. 量业态：不同业态组合下的合理工期标准

一般情况下，一个项目的首推产品是由多种业态组合而成的。当多种业态组合推售时，从正负零到主体结构封顶这一阶段应该选择何种业态来测算项目整体的工期？产品未实现标准化的企业又该如何进行工期测算？

通过差异化标准工期的"量业态"，项目团队可以明确合理的工期测算标尺。其基本逻辑是，通过综合考虑产品业态、预售条件和施工标准，判断各业态从正负零到预售阶段及从预售到主体结构封顶阶段所需要的施工周期，两段均选择各分段下最长工期所对应的业态作为

度量标尺（见图 3–39）。

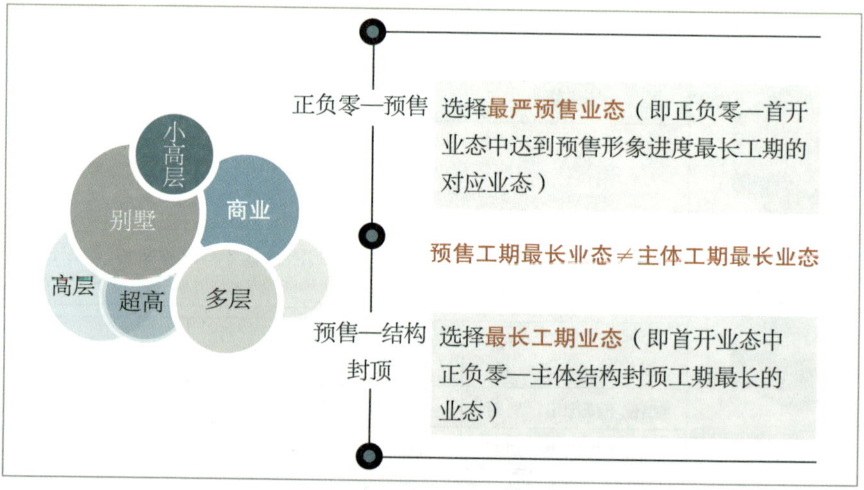

图 3–39　以多业态组合明确合理的工期测算标尺

举例来说，假设某项目的首次开盘为别墅、高层及多层这三种业态的组合。通过在工期测算表中录入首开业态及首开业态的层数，基于各业态的预售条件及各业态在不同经营定位和不同阶段的单层施工标准，项目团队借助差异化标准工期模型可以判断得出各业态从正负零到预售阶段的施工周期，以及各业态从预售到主体结构封顶阶段的施工周期。

若此时工期测算为从拿地到开盘阶段的周期（工期 1），则：

工期 1= 从正负零到预售阶段各业态中工期最长的周期

若此时工期测算为从拿地到主体结构封顶阶段的周期（工期 2），则：

工期 2＝从正负零到主体结构封顶阶段各业态中工期最长的周期

由此，也可以得出：

从预售到主体结构封顶阶段的周期＝工期 2－工期 1＝从正负零到主体结构封顶阶段各业态中工期最长的周期－从正负零到预售阶段各业态中工期最长的周期。

根据示例，在正负零到预售阶段以多层作为工期测算的标尺，在预售到主体结构封顶阶段以高层作为工期测算的标尺。那么，多业态组合工期的测算则如图 3-40 所示。

预售条件表

城市	昆明
别墅	100%
多层	100%
小高	7
高层	7
超高	7

经营定位下单层的施工标准表（天/层）

正负零—预售	别墅	多层	小高	高层	超高
现金流型	7	6	5	5	5
均衡型	8	7	5.5	5.5	5.5
利润型	8	7	5.5	5.5	5.5

预售—封顶	别墅	多层	小高	高层	超高
现金流型	8	7	5.5	5.5	5.5
均衡型	8	7	5.5	5.5	5.5
利润型	8	7	5.5	5.5	5.5

工期测算表

首开业态	别墅	高层	多层
首开业态层数（层）	3	18	9
对应预售条件	100%	7.00	100%
预售对应层数（层）	3	7	9
正负零–预售标准（天/层）	7	5	6
正负零–预售天数（天）	21	35	54
预售–封顶标准（天/层）	8	5.5	7
预售–封顶天数（天）	0	60.5	0
正负零–封顶天数（天）	21	95.5	54

正负零—预售　　预售—封顶

多层：54天　　高层：95.5-54=41.5天

注：预售条件表中的百分比表示“要求达到形象进度的比例”。若显示为100%，则表示要求形象进度为主体结构封顶；而整数表示“要求达到形象进度地上×层”，若为7，则表示要求形象进度为地上7层。

图 3-40 多业态组合工期测算示例

3. 明变量：多变量影响下各分段的合理工期标准

在“落定位”与“量业态”后，为了进一步梳理主路径上各分段工期受哪些变量的影响，项目团队需要明确影响工期的变量及其所影响的阶段。

通过“差异化标准工期模型”，我们可以梳理出 5 个顶层变量——城市或区域、运营标准、产品业态、预售条件与工程实施，并基于节点“开工”来切分，开工以前为“前期工作节点”，开工以后为“工程施工阶段”。在此基础上，我们可以进一步细分各子变量（共计 20 个变量）并最终将这些变量融入主路径的各个阶段（见图 3-41）。

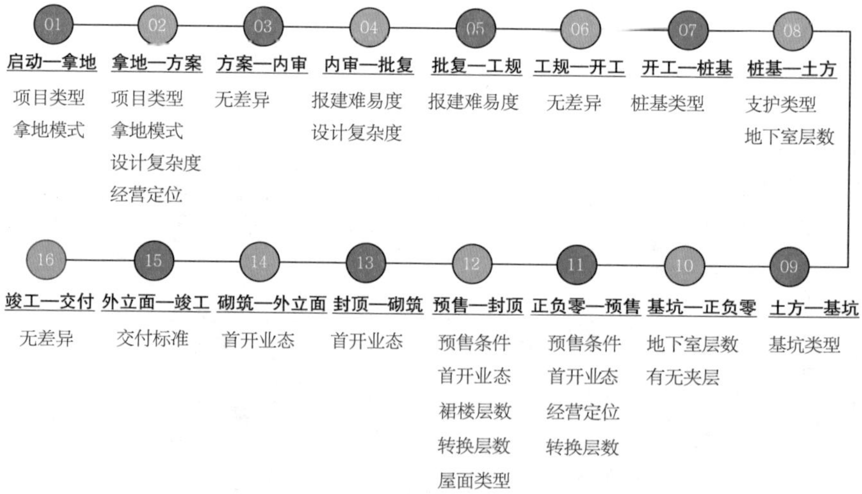

注：除固定变量外，冬歇期、雨季、跨年、春节及雾霾天气等时段的停工也会对工期（施工阶段）产生不利影响。

图 3-41　工期主路径各类变量融入各开发阶段

4. 定工期：基于各变量来定义不同情况下的工期的标准

在前三个关键要点的支撑下，房企定义不同情况下的工期要注意三个方面的标准。首先，搭建工期模型仅需要明确各分段及各变量影响下的差异化标准工期，例如在支护形式和地下室层各不相同的情况下，施工的周期标准也有所差异；其次，基于项目的实际情况对变量进行组合勾选，可得到各分段下的合理工期，如在地下室共有两层及有夹层的情况下，地下室的施工周期为 21 天；最后，进行项目分段式的工期汇总。基于各变量的标准工期表如表 3-20 所示。

5. 强执行：融合工期与开发路径输出开发计划

基于工期标准，项目团队应将所有开发路径节点与标准工期中的节点绑定，得出开发路径中各节点的时间，并在从拿地到各节点的时间确定后，明确项目的拿地时间（× 年 × 月 × 日），制订出项目开发计划与项目开发路径图，保障工期落地执行。

举例来说，某项目的节点“项目定价确定”绑定工期模型中的节点“开盘”，假设“项目定价”完成的对应标准为开盘前 15 天，且通过工期模型的测算从拿地到开盘的天数为 180 天。那么此时从拿地到项目定价确定的天数 =180-15=165，即开发路径图上该节点描绘对应的位置为 165。

若此刻拿地时间为 2019 年 3 月 20 日，节点“项目定价确定”的计划时间则自动在 2019 年 3 月 20 日的基础上加 165 天，得到该节点计划时间为 2019 年 9 月 1 日。

房企可通过落定位、量业态、明变量、定工期、强执行五大关键要点构建差异化标准工期模型。差异化标准工期模型有经营定位差异化、运营标准支撑化、计划管理精细化、变量组合灵活化及落地执行保障化 5 个特点（见图 3-42）。该模型一方面可以帮助企业在未实现产品标准化的情况下基于项目实际情况测算合理的工期标准，从而支撑计划铺排的合理性；另一方面对于所有房企而言，该模型可以帮助

表 3-20　标准工期表示例

阶段		前期工作阶段							桩基土方阶段		
阶段（细化）		拿地：启动	拿地：概念设计完成	拿地：报规方案完成	拿地：方案内部评审完成	拿地：用地证或方案内审完成：取得政府批复意见	用地证或取得政府批复意见：工规证取得	工规证取得：开工	桩基启动：桩基完成	桩基完成：土方支护完成	土方支护基坑完成
对应变量		拿地方式	档位、设计复杂度、拿地方式	设计复杂度、拿地方式	无	设计复杂度	无	无	桩基础	土方开发及支护	基坑类型
变量勾选		2	2	2	已设定	1.1	收并购	已设定	先土方		
			1.1	1.1		无倒款			灌注桩	-3 层	深基坑
		收并购	收并购	收并购		收并购				锚索腰梁	
工期档位	2	-70	-48	-4	1	49.5	8	1	35	45	15
签字核对确认		投资已核对签字确认：	设计已核对签字确认：			报建已核对签字确认：		工程已核对签字确认：			

主体工程阶段										景观配套及精装阶段	竣备及交付阶段		**浮动因素**			
地下室 - 预售			预售：主体封顶	主体封顶：砌筑完成	砌筑：外立面完成（含落架完成时间）	其他变量				外立面：毛坯或精装完工	完工：竣备	竣备：交楼	气候	节假	管控	跨年
地下室		正负零：预售														
地下室层数	夹层	首开最严预售业态	首开最长工期业态	首开最长工期业态	首开最长工期业态	裙楼层数	屋面类型	花架	转换层	交付标准	无	交付标准	季节	假日	尘控	跨年
-3层	无夹层	高层	高层	层 >3	高层	0	普通屋面	有花架	无转换层	精装或毛坯竣备	已设定	精装或毛坯竣备	雨季	春节	有尘控	2
24	5	100	55.0	20	110	0	0	0	0	70	40	15	0	0	0	0
													工程已核对签字确认：			

其做到工期与经营定位、运营标准、计划管理及开发路径等相结合，这也是大运营管理体系的重要组成部分。

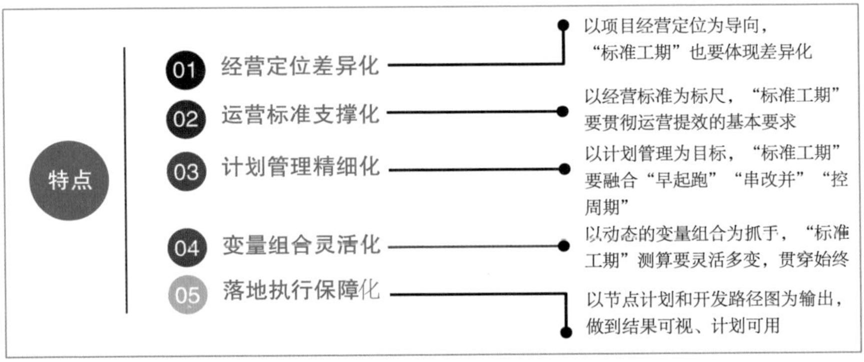

图 3-42　差异化标准工期模型 5 个特点

三、标准之大运营数字标准

大运营数字标准实质上是一种数字化的、简单明确的大运营数字密钥，它是基于企业不同的项目经营定位总结形成的大运营标准。该标准的一般构成要素有计划标准、现金流回正标准、营销推货及去化回款标准等。

1. 大运营数字标准的推演

大运营数字标准中的计划标准（如开工或开盘时间）可基于差异化标准工期的构建标准来确定，但若要梳理适配公司的运营标准，最为关键的则在“现金流回正标准”的确定。

在不考虑开工、开盘占用周期的基础上，自有资金现金流若要回正，则首推货量回款加上融资须一次性覆盖前期的项目资金需求峰值，以及峰值点到回正点期间的成本支出；经营性现金流若要回正，则需要项目首推货量及加推货量的回款能覆盖回正前的全部成本支出。

由此可见，确定现金流回正的运营标准还需要综合考虑销售均价、建安成本、地货比、首推货量、加推货量、去化率和回款率等业务标准。通过行业对标或企业内部历史经验数据的模拟推演，房企可最终形成自己的大运营数字标准。

大运营数字标准是将各业务条线的工作目标及工作方式以简单的数字形式对生产链条上的全员进行灌输的工具，可以很简洁直观地明确项目操盘思路，统一经营意识，指导经营活动。

一套完整的数字标准依据对象不同可以分为 3 类，即业务标准、业务管理活动标准和综合管理活动标准。

- **业务标准**　将经营目标分解形成关键业务指标，关键业务指标的目标值即为业务标准。如“789”，即开盘一周内去化率达到 70%，首推货量比达到 80%，开盘一个月内去化率达到 90%。
- **业务管理活动标准**　为保证业务标准落地，针对各业务标准，房企需要开展相应的管理活动。如“1212”，即每 1 个月进行一次资金预算管理检查，每 2 周进行计划管理检查，每 1 个月进行工程质量检查，每 2 个月进行成本管理检查。
- **综合管理活动标准**　即企业管理制度的深度总结，涵盖多专业，跨越多阶段，是保障多项业务标准落地的综合管理活动。如 L 企的“6 前 2 后”管理会议（定位复核会或定位会、定案会、启动会、开发报建策划会、成本策划会、工程策划会、开盘后评估会与交付后评估会），Y 企的“8 前 4 后”会议体系等。

在这其中，业务管理活动标准和综合管理活动标准主要是房企基于管理模式，通过深化自身过去的管理经验并借鉴行业内的先进做法提炼总结而来的；业务标准则根植于企业战略发展目标，从经营目标倒推测算业务标准要求，并参考行业标准，这样形成的业务标准方能承接公司经营战略，辅助经营目标落地。

2. 大运营数字标准应考虑的 4 个因素

房企制定大运营数字标准应考虑 4 个因素：一是项目的经营定位，项目的经营定位不同，其数字标准不一样；二是项目业态，不同项目业态（如住宅与商业）的数字标准不一样；三是城市差异，各城市的预售条件与报建需求等规范不同，数字标准也不相同；四是自身的运营能力，数字标准的建立同样需要考虑企业自身的运营能力。

与开发路径图及工期标准类似，运营标准同样需要差异化地适配项目，即基于不同经营定位的计划标准（开工、开盘及交付等）、去化标准和回款标准进行差异化设计。不同定位的项目，其运营标准也应差异化（见图 3-43）。

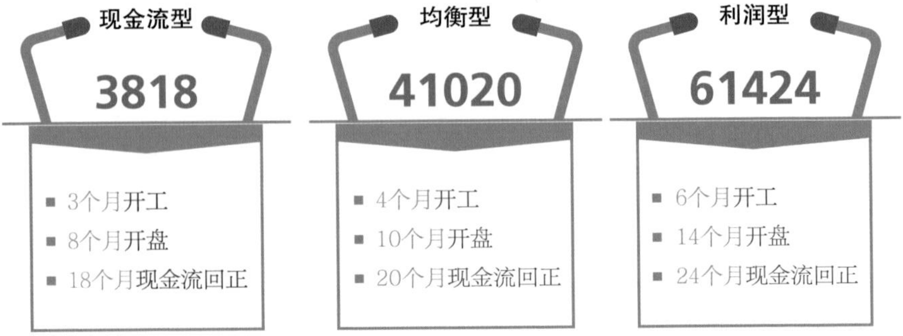

图 3-43　某房企经营定位不同的项目的大运营标准示例

例如，某优秀房企Y公司总体要求“456”（即4个月开盘、5.5个月现金流回正、6个月资金再周转），但各区域会根据自身的具体市场情况灵活调整，如某区域采用的“8910”模式，即土地获取后8个月开盘，9个月资金回正，10个月经营性现金流回正。

另一家优秀房企的大运营数字标准如图3-44所示。

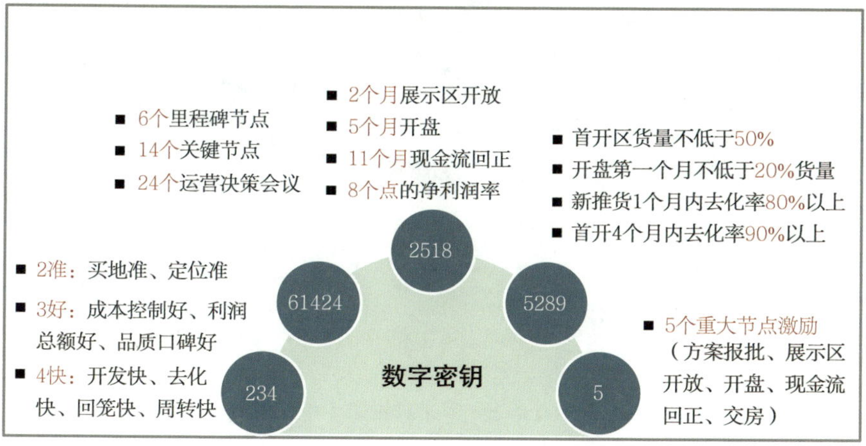

图3-44 某优秀房企的大运营数字标准

在明确关键的大运营数字标准（如开工时间、开盘时间、首推货量和去化标准）后，房企可以基于此进一步细化相关专业标准，以确保各专业条线有效协同与配合，进而达成关键指标标准要求。基于“开盘或成本费用支出”指标对开盘、推货节奏及品质管理与客户满意度3个指标的细化如表3-21）。

表 3-21 基于“开盘或成本费用支出”指标细化各专业标准示例

责任部门	业务标准
“开盘”指标分解	
设计中心	①设计：定位时间____；定案时间____；施工图出图时间____ （参考：定位时间 10 天；定案时间 40 天；施工图出图时间 100 天）
成本中心	②招采：勘探定标时间____；桩基单位定标时间____；总包定标时间____ （参考：勘探定标时间 7 天；桩基单位定标时间 60 天；总包定标时间 90 天）
运营中心	③开发报建： 总图批复时间____；工规证获取时间____；施工证获取时间____ （参考：总图批复时间 90 天；工规证获取时间 120 天；施工证获取时间 150 天）
运营中心	④工程：桩基开工时间____；达正负零时间____；开盘时间____ （参考：桩基开工时间 90 天；达正负零时间 180 天；9 个月开盘）
“推货节奏”指标分解	
运营中心	首推货量比____；后续推货比____；推货间隔周期____ 参考： ① 10 万平方米——首推货量比 60%，后续推货货量比 40%，推货间隔周期 2 个月 ② 10 万 ~20 万平方米——首推货量比 50%，后续推货货量比 20%，推货间隔周期 2 个月 ③ 20 万平方米以上——首推货量比 20%，后续推货货量比 10%，推货间隔周期 2 个月
“品质管理与客户满意度”指标分解	
工程中心	工程质量评估平均分____ （参考：工程质量评估平均分 90 分）
工程中心	一次性移交物业交付率____；集中交付期维修整改关闭率____ （参考：一次性移交物业交付率 90%；集中交付期维修整改关闭率 90%）
营销中心	交付后客户满意度____ （参考：交付后客户满意度 80 分）

数字标准
参考：设计节点141——10天定位，40天定案，100天施工图出图
参考：招采节点123——1周勘探定标，2个月桩基定标，3个月总包定标
参考：开发报建节点345——3个月总图批复，4个月工规证获取，5个月施工证获取
参考：工程节点369——3个月桩基开工，6个月达正负零，9个月开盘
参考： ① 5万~10万平方米推货节奏642——首推货量比60%，后续推货货量比40%，推货间隔周期2个月 ② 10万~20万平方米推货节奏522——首推货量比50%，后续推货货量比20%，推货间隔周期2个月 ③ 20万平方米以上推货节奏212——首推货量比20%，后续推货货量比10%，推货间隔周期2个月
（参考：全周期客户满意度9899——工程质量评估平均分90分；交付后客户满意度80分；一次性移交物业交付率90%；集中交付期维修整改关闭率90%）

在制定大运营数字标准的时候，房企也可以按照项目的开发阶段进行梳理，将其分解为投资阶段、运营阶段和交付阶段，不同阶段的运营工作重点有所差别（见图 3–45）。

投资阶段

- 土储规模（存续比和投资强度等）
- 土储结构（位置分布、规模分布和业态分布等）
- 优质土地（地货比、利润率、现金流回正周期和IRR等指标）

运营阶段

- 开发周期（开工、开盘周期及各专业线重要节点周期）
- 推货节奏（首期供货比与跟推节奏要求）
- 销售回款（去化率与回款率要求）
- 成本支付（成本偏差率与税金比例）
- 融资（融资规模和放款周期）

交付阶段

- 外部满意度（一次性交付成功率、客户满意度和维保期整修率等）
- 内部满意度（项目后评估）

图 3–45　大运营数字标准分解为 3 个阶段

投资阶段主要围绕公司战略目标对土储规模、土储结构与优质土地投资标准进行界定；运营阶段则是围绕项目经营效益的实现，将影响项目 ROE 的利润率、周转率（现金流回正周期）和融资杠杆 3 个指标分解为供货、推货、去化回款、成本支出与融资等各专业线业务活动的目标；交付阶段则是基于品牌战略对内外部客户满意度进行总结提炼。

通过以上步骤，房企可构建覆盖项目开发全链条和全过程的大运营数字标准，并产生 3 个方面的价值：

- 提升意识，简单清晰的标准便于员工理解记忆，从而帮助其提升大运营意识。

- 指导运营，作为项目运营的基本框架标准，数字标准能够指导每个项目的管理团队制定合理的运营目标，并促进这些目标的达成。
- 促进协同，通过关键数字标准及分解到相关专业的标准，促进专业之间的协同，提升运营效率。

>> 本节小结

“建标准”，即建立差异化的项目开发标准，需要用到的工具包括：

- 开发路径图：用以规范和统一开发节点与各专业条线之间的配合，实现运营提效。
- 标准工期：用以指导计划节点的排布，确保计划节点有效落地。
- 大运营数字标准：通过经营标准的建立，提升员工经营意识，指导运营方向，促进内部协同。

第五节 管动态：“两管两控”与经营健康体检

房企在经营监控方面普遍存在“三无”问题：

- **“无体系”** 运营部门负责节点监控，营销部门负责项目去化和价格监控，财务部门负责财务数据监控，但是缺乏一体化的经营监控体系。

- **“无动态”** 某些房企在进行经营监控时只能静态分析，无法进行实时的动态监控，导致在不同的时间节点只能重新收集项目全盘数据进行静态测算来监控项目的经营状况。
- **“无联动”** 进行经营监控时，过程操盘策略与经营监控结果之间没有形成即时一体化的联动，导致当项目计划发生变动时，房企无法及时预测这个变动对项目经营结果的影响。

经营监控模型需要将项目的销售、成本支付和融资等一系列与现金流相关的业务环节同项目开发计划进行动态关联，达到项目的开发节奏发生变化时能够自动计算由此引起的现金流变动情况的效果，从而基于业务活动动态模拟项目全周期的现金流。同时，房企应建立以两管两控为核心的关键指标的跟踪月报，将动态模拟的现金流结果呈现在运营月报中，从而实现动态经营管理。

房企应构建四位一体的动态管控系统，其包括动态管理计划和货值，动态监控利润和现金流，即两管两控，同时增强业务协同以实现经营计划。

一、管计划：计划管理与考核

1. 计划监控：对计划预警性监控

很多房企对于计划执行过程的监控力度不够，未能及时发现和解决问题，导致计划在执行过程中出现较大偏差。这主要是因为房企管理团队的过程管控意识不强，监控制度或工具缺失，也未形成规范的、行之有效的手段对计划执行过程进行预警性监控。

红绿灯预警机制是房企计划监控的常用手段，能够比较形象地表示计划节点在当前阶段的达成状况：如果该计划节点能按期达成或提前达成，用绿灯显示；如果该计划节点可能会延误或延误 3 天以内，则用黄灯显示；如果该计划节点已经延误 3 天以上，则用红灯显示。

在实际考核过程中，房企可按照节点类别和节点重要度赋予不同分值，用当期实际完成节点的总分值除以计划完成节点的总分值得出当期计划节点达成率，再对达成率进行深入的分析，从而明确偏差原因，及时制定改善措施（见图 3-46）。

序号	节点类别	标准分值	考核管控层级
1	里程碑：开售、交楼联合验收	100分/节点	集团主导考核
	里程碑：工程规划许可证、竣工验收备案表	30分/节点	
	里程碑：规划设计方案确定、开工、展示区开放	15分/节点	
	里程碑：土地获取	不赋分值	
2	一级节点、重点工作项	5分/节点	区域（职能/部门）主导考核
3	二级节点	2分/节点	
4	三级节点	1分/节点	

节点标准分值	绿灯分值	黄灯分值			红灯分值
		延误1天	延误2天	延误3天	
A	A	A*80%	A*50%	A*10%	0

图 3-46　某领先房企的红绿灯预警机制及节点赋分

另外，房企可设置预警反馈递进机制，根据节点延期情况提高预警程度（必要时可组织召开协调会），采取措施保证计划节点按时完成。例如，某领先房企设置了“1—10—20”三个反馈预警机制：

- 节点延期 1 天，系统会通知地区公司总经理、运营负责人和对应地区职能负责人。

- 节点延期 10 天，系统会通知集团运营中心负责人、对应集团职能中心负责人和运营中心运营经理。
- 节点延期 20 天，在每季度末发布的《集团项目计划公告》中给予通报批评；节点延期超过 20 天，集团运营中心视情况组织集团相关职能总经理及中心负责人召开运营专题会。

2. 计划考核：建立与计划体系匹配的奖惩制度

考核激励是强执行的催化剂，但往往很多房企不重视考核激励的作用，而且欠缺考核激励机制，导致员工内在的积极性不能得到激发。例如，某房企虽然有一整套针对计划管理的制度，并通过模板和工具强化了过程监控，整个计划体系非常规范和完善，但是由于缺少与之匹配的考核激励制度，导致计划的执行力度越来越弱，计划的达成率越来越低，从而对项目的经营结果产生了负面影响。

从考核维度来看，首先，房企应该明确各级计划节点的管控考核主体，原则上可围绕“分级管控、逐级细化、分级考核”这个核心思想进行考核。例如，领先房企 B 企对项目开发全过程的各项工作计划进行了分级，实现了对项目全计划进度的精细化管理（见表 3–22）。

表 3–22　B 企计划节点分级与分级管控

计划节点分级	术语	分级管控	意义
里程碑	项目里程碑节点（7 个）	集团考核	主要体现项目影响公司经营和现金流的重要节点
一级	项目一级节点（29 个）	区域考核	主要体现项目现金流、重要阶段性成果和重大形象进度的节点

（续表）

计划节点分级	术语	分级管控	意义
二级	项目二级节点（118 个）	一线公司考核	主要体现项目重要阶段性成果、主要形象进度、质量管控点、专业衔接和会议决策等节点

其次，房企应适当加强节点考核力度。例如，某领先房企将当期直接影响经营结果的重要节点匹配到项目经营目标责任书中，通过与薪酬奖金强挂钩的考核评价体系来促进计划达成（见表 3-23）。

表 3-23　某领先房企的项目经营目标责任书

<table>
<tr><th colspan="3">主要内容</th><th>分值</th><th>优秀版</th><th>卓越版</th></tr>
<tr><td rowspan="5">经营指标</td><td colspan="2">销售金额情况（含长期库存完成情况）</td><td>15</td><td></td><td></td></tr>
<tr><td colspan="2">回款天数与逾期户数</td><td>15</td><td></td><td></td></tr>
<tr><td colspan="2">净利率</td><td>10</td><td></td><td></td></tr>
<tr><td colspan="2">成本考评</td><td>10</td><td></td><td></td></tr>
<tr><td colspan="2">工程或质量考评</td><td>20</td><td colspan="2"></td></tr>
<tr><td rowspan="8">关键节点</td><td>开工</td><td>一期 1~3# 土方施工</td><td rowspan="8">20</td><td></td><td></td></tr>
<tr><td rowspan="4">展示区</td><td>一期售楼中心（会所）开放</td><td></td><td></td></tr>
<tr><td>一期景观（展示区）开放</td><td></td><td></td></tr>
<tr><td>一期 7~8# 样板间</td><td></td><td></td></tr>
<tr><td>一期 1~3# 搭建样板间</td><td></td><td></td></tr>
<tr><td rowspan="2">开盘</td><td>一期 7~8# 楼开盘</td><td></td><td></td></tr>
<tr><td>一期 1~3# 楼开盘</td><td></td><td></td></tr>
<tr><td colspan="2">重要运营事项完成（同事业部）</td><td colspan="2"></td></tr>
<tr><td>管理维度</td><td colspan="2">由管理层及人力资源部针对组织氛围、团队建设和人才输出进行综合评分</td><td>10</td><td colspan="2">根据评分表打分</td></tr>
<tr><td>加减分项</td><td>客户维度</td><td>客户满意度事项的支持工作</td><td>扣分项</td><td colspan="2">客户关系中心评价</td></tr>
</table>

从激励维度来看，激励是与考核相辅相成的重要促进手段。一方面，房企设立的专项奖（如工程进度奖、开发效率奖或开盘奖等）通常会附带计划节点类要求。另一方面，房企可以通过单独的计划节点激励机制助力关键节点达成，如某领先房企设定的“600 工期”标准下的交付激励办法（工期提前量须扣除制度规定的停工期）：

- 按照里程碑计划，符合项目基准工期且按时或提前完成交楼联合验收节点的（必须是未曾进入集团黑色预警名单的），按 2 元 / 平方米进行奖励。
- 若提前跨半年度或跨年度完成（确认对集团业绩有实质贡献）且实际总工期较集团基准工期提前的，按提前时间进行奖励——提前半个月 ~1 个月（含）的按 3 元 / 平方米进行奖励，提前 1~3 个月（含）的按 4 元 / 平方米进行奖励，提前 3 个月以上的按 5 元 / 平方米进行奖励。
- 项目当月存在逾期交楼联合验收且总工期超过基准工期的，按 0.2 元 / 平方米进行处罚；逾期后每增加一个月则按 0.1 元 / 平方米在当月进行即时处罚，直至项目完成为止。

中小房企的计划达成率往往偏低，除了缺乏计划管理经验外，它们的计划考核结果未兑现和未能有效运用也是造成这种情况的重要原因。计划考核若不和薪酬激励制度挂钩，往往就会导致房企的中高层管理者对计划的重视程度不够，计划形同虚设。计划考核可以与绩效工资和项目节点奖进行挂钩。当然，从大运营角度来说，最有效的方法是基于经营结果（如超额利润和投资收益）的强激励与开发进度进行强挂钩，如行业里的项目跟投及碧桂园的“成就共享”，从而实现员工的自我驱动（详见本章第六节“配机制”）。

二、管货值：全周期货值管理

对于房地产开发企业来说，最重要的产出就是“房产”，而体现产值的指标就是“货值”。因此，只有算好“账”和算对“账”，房企才能够走得更远。大运营管理体系以财务经营为导向，以经营节奏和各条线之间的配合衔接为重点，强调储、建、供、销、存的平衡。同样，房企也应该站在经营的视角来管理货值。

房企的货值管理存在诸多难点和痛点，例如，货值盘点费时费力，口径不统一导致数据失真，供货不及时而错过市场销售最佳时点，市场风向未及时传达到生产环节而导致大量库存。有效的货值管理可以帮助房企灵活应对市场变化，及时调整开发策略并为动态收益的全过程监控提供依据。

第一，对外来看，有效的货值管理可以帮助房企清晰地判断货值变化、货值构成及货值比例，灵活应对市场变化，及时调整投资及销售策略。房企应从战略目标出发判断当前的土地资源是否存在缺口，并基于既有的资金状况、土地的可行性分析和投资测算结果等来判断是否需要补充土地储备。

第二，对内来看，货值管理是实现“以销定产”的重要路径。销售速度决定了推货速度，而生产速度应跟上推货速度。例如，如果预计产品 A 会在某年某月开始走俏，而在原计划中产品 A 在该月的后一个月才能拿到预售证，那么房企就需要对产品 A 投入更多资源，加快产品 A 的建设进度，以缩短其取证时间，赢得最佳的市场时机。

同样，如果预计某一类产品或某几类产品在未来一段时间内的销售状况不会太理想，或者备案价格不理想，那么房企可以减缓该类产品的建设速度，甚至调整产品组合策略。及时调整开发策略，有助于房企的资源向最有利的方向分配。

第三，货值管理能为动态收益的全过程监控提供依据。经营视角的货值管理强调货值的最大化以及货值的周转速度，房企在进行货值管理时应基于"储备—融资—建设—供货—销售—存货—回款—结转"的经营价值链来展开，最终实现储、建、供、销、存的平衡，减少房企资金占用，实现收入最大化。管好货值的关键在于把控好经营价值链的每个环节，即只有对每个环节的货值状态都了然于心，并基于此调整开发策略，才能够实现经营目标。

1. 进行货值盘点：盘点土地储备及货值资源，对供货能力做到心中有数

货值盘点是货值监控及分析的基础。不同阶段的货值管理重点不同，房企首先需要统一全周期货值状态划分口径（见图 3–47）。

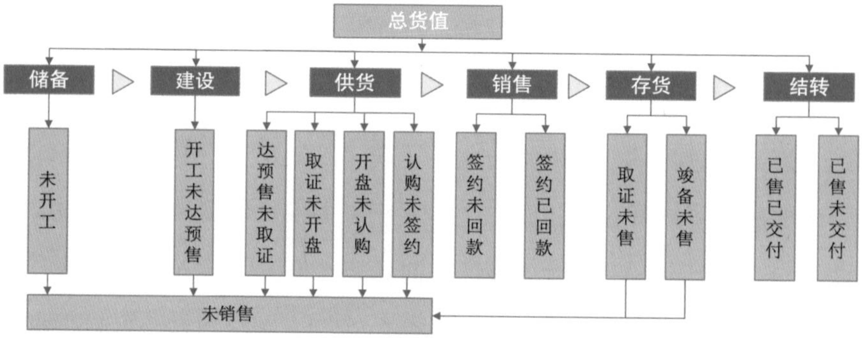

图 3–47　全周期货值状态划分

货值盘点的目的在于及时掌握经营价值链上各环节的货值状态，对货值的数量及短期内的供货能力做到心中有数，从而为制定经营目标和进行货值分析提供数据支撑（见表 3-24）。

表 3-24　存货盘点示例表

待建（拿地未开工）		开工未达预售		达预售未取证		取证未开盘（存货）		开盘未认购（存货）		认购未签约（存货）		竣备未售（现货）		已认购货值		已售货值	
面积/个数	货值	面积/个数	货值	面积/个数	货值	面积/个数	货值	面积/个数	货值	面积/个数	货值	面积/个数	货值	面积/个数	货值	面积/个数	货值

2. 货值动态管理：加强供货监控，对产、供、销是否平衡进行监控和预判

货值的计算公式为：货值 = 面积 × 价格。货值每天都可能发生变化，而且货值规模越大，其每天的变动可能性也就越大。由于货值随时间变动，所以对它的动态管理是货值管理的核心内容之一。

全周期的货值管理就是要在开发的各个阶段对面积、价格和节点完成时间这三类信息进行跟踪，跟踪数据用于货值监控，为进一步调整开发及营销策略提供依据。而对这三类信息进行动态的跟踪、维护与分析就是货值动态管理。

面积、价格和节点完成时间这三类信息，又可以按事件触发和时间触发两个方面来进行维护。事件触发指的是产品定位完成、项目方

案设计完成、施工图设计完成、开盘、结算等事件一旦发生，就需要进行数据更新；时间触发指的是按月度或季度进行定期的数据更新。一般来说，开盘后即进入时间触发阶段，因为在这之后价格信息会持续变动，而在这之前一般是面积信息发生阶段性的变动。节点完成时间可根据面积和价格调整的阶段来进行实时维护（见图 3-48）。

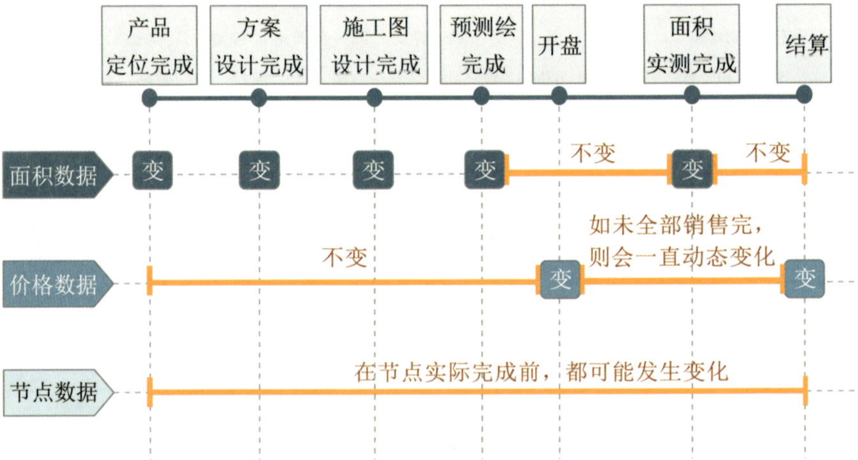

图 3-48　节点数据与面积、价格数据联动

计划销售额超过期初可供与计划新增的合计数额，表明供销不平衡；有供货计划而产品未达到预售条件，表明产供不平衡。因此，只有生产节奏、供应节奏与销售节奏趋于平衡，才能既保障销售目标的实现，又不至于过度积压产品和占用资金。

房企可以运用监控表之类的工具来监控和预判产供销平衡。例如，供货情况监控表可针对各产品业态，按一定周期来监控新增货量情况、已售货量情况、可售货量情况乃至预计新增供货情况等（见表 3-25）。

表 3-25 供货情况监控示例表

产品业态	2017 年结转货值		1~6 月新增货量				1~6 月已售货量				截至 6 月末可售货量								下月预计新增供货	
			计划		实际		计划		实际		达预售未取证		取证未售		现货（竣备未售）		竣备未售（现货）			
	面积或个数	货值	面积或个数	货值	面积或个数	货值	面积或个数	货值	面积或个数	货值	面积或个数	货值	面积或个数	货值	面积或个数	货值	面积或个数	货值	面积或个数	货值
高层																				
洋房																				
别墅																				
商业																				
写字楼																				
公寓																				
车位																				

又如，断货情况监控表可以反映包括车位在内的各种产品业态在各监控周期（如每个月）的产供是否平衡，提前发现断货风险，以便积极应对（见表 3-26）。

表 3-26 断货情况监控示例表

一级产品业态	二级产品业态	可售面积（车位填个数）	2018 年 1 月	2018 年 2 月	2018 年 3 月	2018 年 4 月	2018 年 5 月
普通住宅	小高层	25 789	供销平衡	断货风险	断货风险	供销平衡	供销平衡
			产供平衡	产供平衡	产供平衡	产供平衡	产供平衡
			供销平衡	供销平衡	供销平衡	供销平衡	供销平衡
			产供平衡	产供平衡	产供平衡	产供平衡	产供平衡
			供销平衡	供销平衡	供销平衡	供销平衡	供销平衡
			产供平衡	产供平衡	产供平衡	产供平衡	产供平衡

基于大运营管理体系，房企可通过“一横一纵”来落地货值动态管理要求，这一落地过程要注意如下 3 个要点。

- 横向关注货值主价值链的综合安全性，思路是：开工储备比 + 在途比 + 供销比≥安全值。其中单个关键数据出现异常并不代表价值链出现问题，如供销比低，但在途比高，则在途货值能快速补充供货缺口，保证价值链的整体安全。
- 纵向关注货值主价值链关键数据的结构质量。例如，在途比除了监控数值本身，在途货值的结构也同样需要监控，1 个月内变为供货和 3 个月内变为供货的价值显然是不同的。
- 运用全过程动态货值管理工具，其中包括销售计划、货值偏差分析与断货风险监控等。这三者之间环环相扣，货值偏差分析以销售计划为依据，重大的货值偏差会通过断货风险监控工具体现出来并及时预警，该工具能预测断货的月份及具体的断货情况分布等（见图 3–49）。

3. 做好货值分析：分析货值状态，为后续灵活调整开发策略提供支撑

货值结构分类及动态维护保证了货值统计的质量。当货值统计完成后，房企需要对货值状态进行分析，而货值分析的结论将决定后续开发策略的调整。

货值分析通常应从货值状态入手，而“投—产—供—销”的联动分析往往会基于土储比、在途比和存销比三个指标：土储比反映当前土地储备全部供货后可支撑销售的期限；在途比常与标准供货周期相对比，反映在途货值供货后可支撑销售的期限，是一个供货保障性指标；存销比则反映当前存货可支撑销售的期限，是一个去化指标（见图 3–50）。

动态货值管理表				当前年份	2018年										
产品序号	产品名称	2017年及以前			2018年			2019年			2018年1月			2018年2月	
		销售面积（m²）	均价（万元）	货值（万元）	销售面积（m²）	均价（万元）	货值（万元）	销售面积（m²）	均价（万元）	货值（万元）	销售面积（m²）	均价（万元）	货值（万元）	销售面积（m²）	均价（万元）	货值（万元）
XX项目		—	—	—	—	—	—	—	—	—	—	—	—	—	—	—
1		—	—	—	—	—	—	—	—	—	—	—	—	—	—	—
2		—	—	—	—	—	—	—	—	—	—	—	—	—	—	—
3		—	—	—	—	—	—	—	—	—	—	—	—	—	—	—

销售计划

动态货值偏差分析										
序号	产品名称	考核版			动态版			动态版对比考核版偏差分析		
		销售面积（m²）	均价（万元）	货值（万元）	销售面积（m²）	均价（万元）	货值（万元）	销售面积（m²）	均价（万元）	货值（万元）
合计	产品1	50 000	7 000	35 000	40 000	7 300	29 200	-10 000	300	-5 800
1	产品2	120 000	6 300	75 600	98 000	6 900	67 620	-22 000	600	-7 980
2	产品3	75 000	5 100	38 250	75 000	6 200	46 500	0	1 100	8 250
3	—	—	—	—	—	—	—	—	—	—

货值偏差分析

<table>
<tr><th colspan="2" rowspan="2">货值监控表</th><th colspan="12">2017年</th><th colspan="12">2018年</th></tr>
<tr><th>1月</th><th>2月</th><th>3月</th><th>4月</th><th>5月</th><th>6月</th><th>7月</th><th>8月</th><th>9月</th><th>10月</th><th>11月</th><th>12月</th><th>1月</th><th>2月</th><th>3月</th><th>4月</th><th>5月</th><th>6月</th><th>7月</th><th>8月</th><th>9月</th><th>10月</th><th>11月</th><th>12月</th></tr>
<tr><td rowspan="4">XX项目</td><td>第一批供货</td><td></td><td></td><td></td><td></td><td colspan="4">4A公寓供货28 360㎡
4B公寓供货33 940㎡</td><td></td><td></td><td></td><td></td><td></td><td></td><td></td><td></td><td></td><td></td><td></td><td></td><td></td><td></td><td></td><td></td></tr>
<tr><td>第二批供货</td><td></td><td></td><td></td><td></td><td></td><td></td><td colspan="5">4A写字楼供货268 14㎡
4B写字楼供货26 814㎡
4#地下商业供货5 455㎡
4#地上商业供货8 298㎡</td><td></td><td></td><td></td><td></td><td></td><td></td><td></td><td></td><td></td><td></td><td></td><td></td><td></td></tr>
<tr><td>第三批供货</td><td></td><td></td><td></td><td></td><td></td><td></td><td></td><td></td><td></td><td></td><td></td><td colspan="2">断货风险</td><td colspan="4">5A公寓供货24 948㎡
5B公寓供货33 458㎡</td><td></td><td></td><td></td><td></td><td></td><td></td><td></td></tr>
<tr><td>第四批供货</td><td></td><td></td><td></td><td></td><td></td><td></td><td></td><td></td><td></td><td></td><td></td><td></td><td></td><td></td><td></td><td></td><td></td><td colspan="3">断货风险</td><td colspan="4">其他供货</td></tr>
</table>

断货风险监控

图 3-49　全过程动态货值管理工具

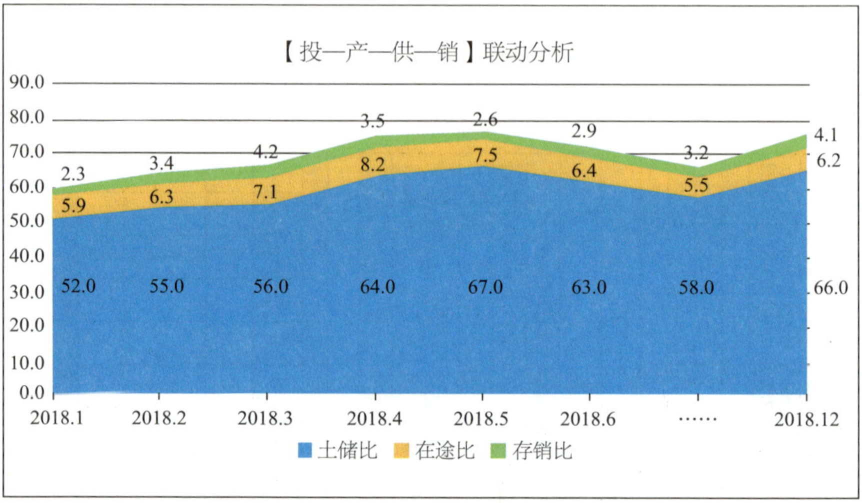

图 3-50 “投—产—供—销”联动分析

（1）储备分析

房企可以把已获取土地但是还未进入开工阶段的货值定义为待建货值（储备货值）。待建货值相当于房企的“粮草”，粮草不充足肯定会影响房企“行军打仗”，但“粮草”过多也会占用企业的资金，在一定程度上拖累房企的发展。因此，待建货值的数量需要与生产节奏和销售节奏相匹配。

（2）供货分析

供货货值表示正式推向市场进行认购及销售的货值。供货分析主要是分析供货的及时性及供货的节奏能否满足销售的需求。当前，很多房企不注重供货计划的编制或是重编制轻管控，而且缺乏灵活性，不仅不能反映实际的经营情况和供货情况，也不能及时应对瞬息万变的市场行情。

例如，某房企缺乏经营意识而忽视了供货计划，造成了首次开盘货值不足的问题。该企业很多项目开盘快、回正慢，仅有不到1/3的项目首次取证时的货值覆盖了地价，甚至有部分项目首次取证的货值不足地价的5%，无法覆盖前期的投入，更不能实现现金流回正，快而无效，存在着为了开盘而开盘的现象，因而难以通过快速开发带来有效的经营提升。

因此，房企在生产上要结合市场与开工计划管控好开工节奏和节点，前置到项目方案设计、报批报建等阶段，因需而动、灵活反应，及时调整供货计划；在销售上应注重供货量、首开去化率与现金流的回笼，基于货值管理灵活且有策略地进行定价，提升去化率，消化占据大量资金的存货，规避现金流风险。此时，生产计划与销售计划之间需要环环相扣，且储—建—供—销需要高度匹配，从而避免存货和土地占据大量资金。

房企在进行供货总量及销售总量对比分析的时候，不仅要分析供货总量与销售总量的关系，还需要将其细化到月份或产品类型。供货分析细化到月份，可以防止表面上看供货总量能满足销售总量，但是实际上每个月的供货量与销售量却并不匹配，即可能会存在某一个月的供货量严重不足，不满足销售量，但后一个月的供货量又远大于销售量的情况；供货分析细化到产品类型，则是因为不同产品类型的供货量与销售量同样要实现匹配。

（3）断货分析

当供货量不能满足销售量时，就存在断货风险。建设阶段的货值状态分为三类：开工未达预售、达预售未取证与取证未开盘。货值状态越往后表示能及时转为供货的可能性越大，此时就需要通过加快建设速度或取证进度来增加供货量。

值得注意的是，还有一种断货风险是由于生产节奏跟不上供货节奏，进而影响销售节奏而产生的。根据房企对断货风险的不同接受程度，产供不平衡有三种典型表现：一是有供货计划时推货量不满足计划供货量，二是获取预售证的货量不满足计划供货量，三是达预售条件的货量不满足计划供货量。房企针对这三种情况，结合自己对断货风险中产供不平衡风险的接受程度来选择断货预警的触发点，触发点越往后，表示房企对断货风险的控制越及时。

（4）存货分析

存货表示已经取得预售证但还未销售的货值。存货是资金周转最大的“敌人”，一般表现为土地和现房。土地库存能通过调整开工计划迅速“消化”，但现房销售却往往依赖市场。存货一旦成为滞重存货，则会导致资金沉淀及周转变慢。

在对存货进行分析时，房企一定要用积存期来分类管理。积存期表示获取预售证后到统计时间之间的时长，一般以 0.5 年或 1 年为一个档位。根据房企对存货的接受程度，可以把达到一定积存期的存货叫作“滞重存货”。

存货分析主要是对存货进行滞重分析。通过对不同滞重期存货的统计，房企可以清晰地了解存货积压的时间，并对每类滞重期下的产品结构进行分析，进而结合公司的发展战略及年度目标制定差异化的营销策略（见图 3-51）。

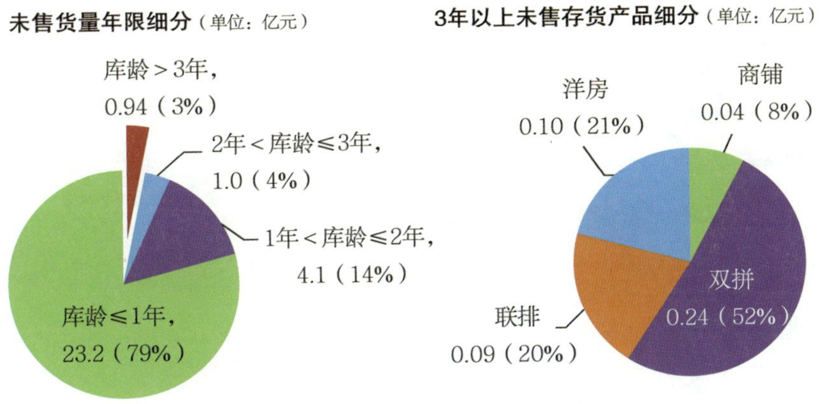

图 3-51 滞重存货的划分示意图

（5）现货分析

现货分析主要是对现货及准现货进行分析。准现货的分析结果可作为销售的预警指标，而现货分析则需结合房企三年经营计划及市场情况进行合理的去化分析，因为现货一旦销售出去便可以马上结转利润。如果当年的利润尚未达标，则可以通过销售现货马上获得利润，当然前提是产品有利润空间；如果当年的利润目标已经达成，且预计在未来一段时间内当前的现货产品会涨价，那么就需要等待合适的时机对现货进行销售。

总之，货值的关键管理手段是以销售目标为核心，构建储、建、供、销、存监控体系，通过明确当年的销售目标值，基于销售规模明确储备要求，反向推算年度拓展任务，同时实时监控存货、现货及销售情况。房企应以年度交付目标为核心，根据项目全周期销售计划的动态变化情况，分析分期的整体动态货值偏差及量价变化趋势，从而实现总货值预测的准确性，加强总货值排布的准确性，建立总量控制机制和预警机制。同时，货值分析需要结合房企发展战略、经营目标、市场政策和销量等进行具体分析，具体指标的控制值也需要结合各类因素来设定，因为只有分析出具体的原因才能够针对性地制定应对措施。

综上可知，全周期货值管理能够反映经营价值链各阶段存在的问题，并为灵活调整开发策略提供重要依据。

三、利润与现金流监控：动态反映财务经营状态

建立以利润和现金流为主的经营监控体系有两个目的：

第一，项目初期，借助项目经营监控体系，房企可根据既定的操盘方案预知项目所能产生的利润和现金流结果，以此作为项目总控指标；

第二，在项目经营监控过程中，当项目进展与既定方案产生偏差时，房企可及时预知这一偏差对项目经营结果的影响，从而倒推项目操盘方案的优化和调整办法。

全周期及时跟踪指标的达成主要是通过三种方式，即节点跟踪、定期跟踪和事件跟踪（见图 3-52）。

- **节点跟踪**　对影响项目经营结果的关键节点进行跟踪、分析和预警，如定位、方案、开盘、回正、去化、后评估等。节点跟踪相当于节点触发的跟踪管理，即“抓重点”。
- **定期跟踪**　对固定周期的管理节点进行跟踪、分析和预警，如月度跟踪、季度滚动、年度预算等。定期跟踪相当于时间触发的跟踪管理，即“抓例行”。

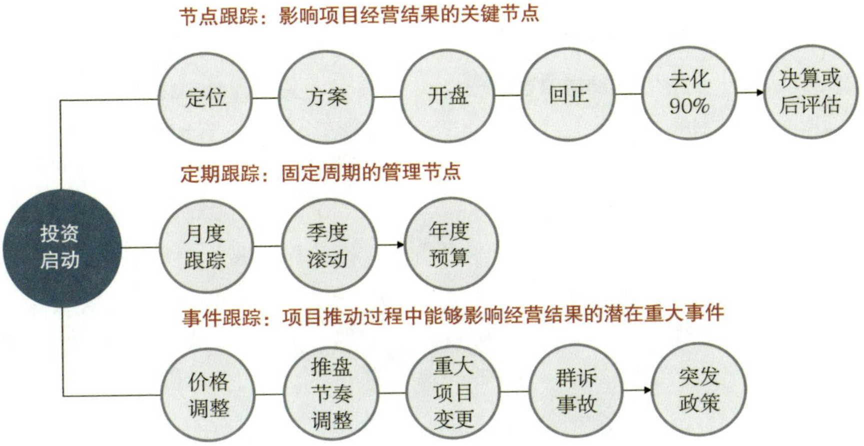

图 3-52　现金流与利润的全周期监控方式

- **事件跟踪**　对项目推动过程中能够影响经营结果的潜在重大事件进行跟踪、分析和预警，如价格调整、推盘节奏调整、重大项目变更、群诉事故、突发政策等。事件跟踪相当于事件触发的跟踪管理，即“抓异常”。

无论是节点、时间还是事件的跟踪管理，都要与经营指标相结合。

赛普管理咨询在协助 J 企向大运营管理体系升级的过程中，除了建立经营测算分析模型，还提供了货值管理表、监控排名表及风险控制表等多类表单和一系列决策会议与报告模板，以支撑其大运营管理体系下的利润与现金流管理。同时，针对利润型项目或现金流型项目，则在整个开发周期的各个管控节点有针对性地设置了利润管控要点和现金流管控要点（见表 3-27）。

表 3–27　项目经营目标书考核指标

<table>
<tr><th rowspan="2">优化后节点</th><th colspan="4">利润型项目管控要点</th><th colspan="4">现金流型项目管控要点</th></tr>
<tr><th>利润管控要点</th><th>对应指标</th><th>现金流管控要点</th><th>对应指标</th><th>利润管控要点</th><th>对应指标</th><th>现金流管控要点</th><th>对应指标</th></tr>
<tr><td>项目投资拿地测算完成</td><td>利润测算</td><td>净利润率</td><td>投资收益评估</td><td>IRR
ROE
资金峰值
现金流回正周期</td><td>利润测算</td><td>净利润率</td><td>投资收益评估</td><td>IRR
ROE
资金峰值
现金流回正周期
现金流贡献</td></tr>
<tr><td rowspan="2">签订项目《运营目标书》</td><td rowspan="2">利润考核</td><td rowspan="2">交付金额
净利润率</td><td>现金流激励</td><td>ROE</td><td rowspan="2">利润考核</td><td rowspan="2">交付金额
净利润率</td><td>现金流考核</td><td>现金流回正周期</td></tr>
<tr><td></td><td></td><td>现金流激励</td><td>ROE</td></tr>
<tr><td>支付土地款</td><td></td><td></td><td></td><td></td><td></td><td></td><td>土地款支付时间</td><td>地价支付贴现比</td></tr>
<tr><td>获取《预售许可证》</td><td></td><td></td><td>开盘周期监控</td><td>预售证获取时间</td><td></td><td></td><td>开盘周期监控</td><td>预售证获取时间</td></tr>
<tr><td>建筑及规划方案内部审批</td><td>利润评估</td><td>净利润率
净利润</td><td></td><td></td><td>利润评估</td><td>净利润率
净利润</td><td></td><td></td></tr>
</table>

……

1. 现金流监控

针对经营定位各不相同的项目，房企需要制定差异化的运营标准，包括计划标准、去化标准和回款标准等，如碧桂园的“456”、万科的“5986”。现金流回正周期的常见分解路径如图 3–53 所示。

在项目运行过程中，房企需要对项目全周期的现金流进行监控，及时了解现金流状况，以便及时调整经营策略，防范资金风险。房企监控现金流的工作可以由运营部门牵头，财务相关人员负责编制。

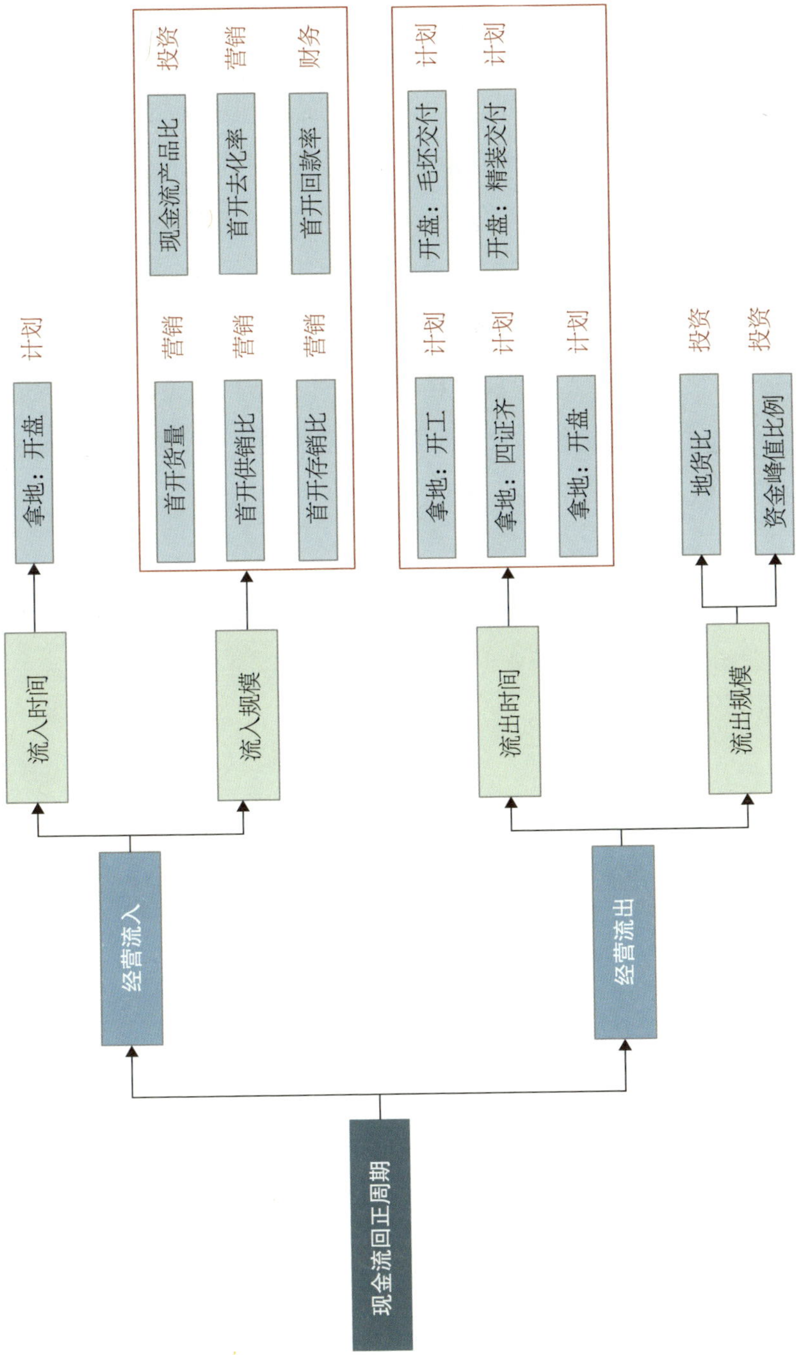

图 3-53　现金流回正周期的常见分解路径

通常，对现金流之类的经营指标进行监控的方式有三种：按节点监控、按周期监控或按事件监控。按节点监控是指按定位、方案、开盘、去化（如 90%）、结算等节点进行的监控；按周期监控是指按月度、季度、年度等定期进行的监控；按事件监控则是指通过月报、季报、经营看板、项目例会、运营会议等形式进行的监控。

具体来说，房企可通过 3 个步骤来监控现金流等经营指标。

第一，定期召开经营会议，对现金流等经营指标进行监控分析。房企可通过运营决策会议体系，保障各专业线的充分交圈，支撑业务管控运作（见图 3-54）。

例如，某优秀房企以季度例会为周期，通过动态现金流量表开展现金流动态分析，从而监控项目的供销平衡、量价平衡、收支平衡和费效平衡（见表 3-28）。

表 3-28　现金流监控及评估

公司		当月执行情况			年度累计执行情况			全年预算达成情况		下月计划
		计划	实际	偏差	计划	实际	偏差	预算	达成率	
经营性支出	建造成本									
	期间费用									
	税金支出									
	融资利息									
	其他支出									
经营性收入	销售回款									
	其他收入									
经营现金净流量										
项目评估	口供销平衡　× 量价平衡　口收支平衡　口费效平衡（√平衡；× 不平衡） 问题说明：									

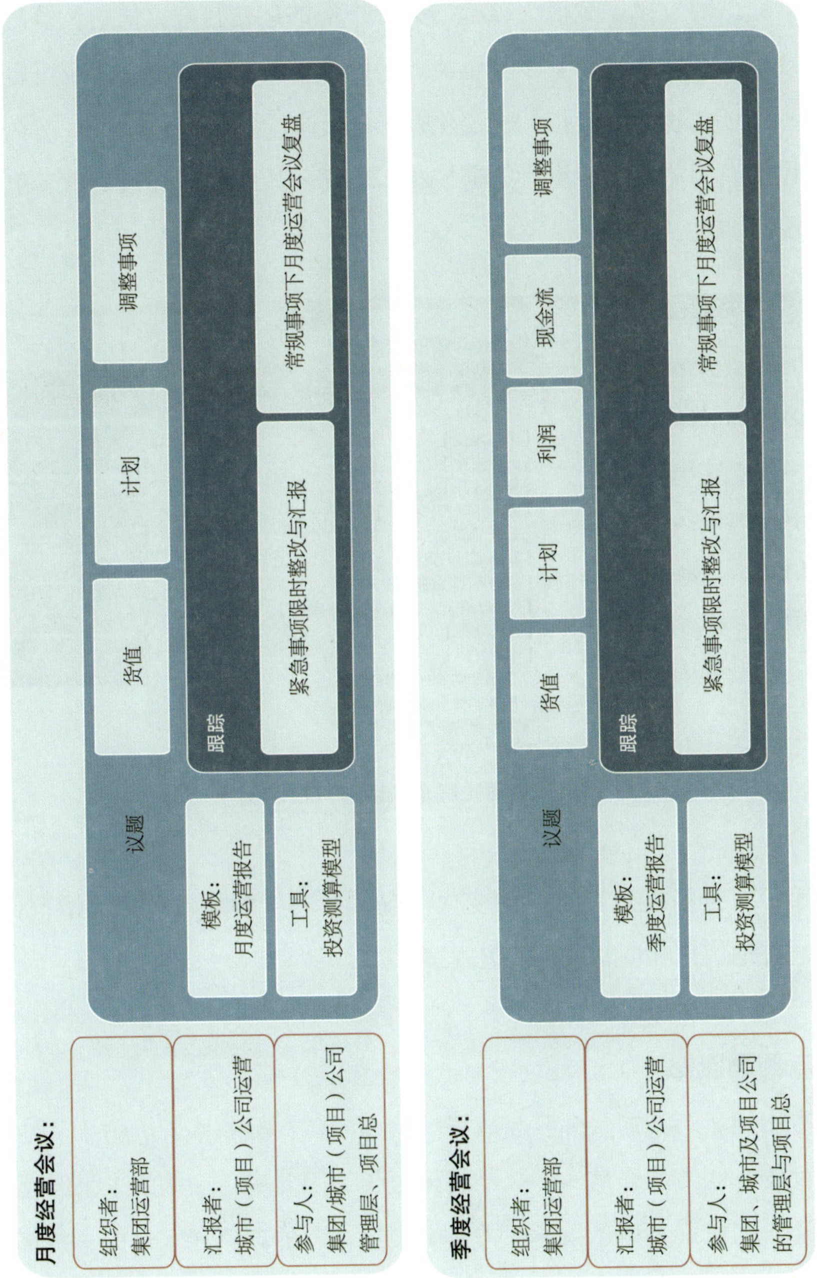

图 3–54　运营决策会议体系示例

第二，建立以现金流为核心的关键指标的运营月报，借助运营月报实现动态经营管理。基于现金流的关键指标的运营月报，房企可以强化不同项目核心关键指标的变化差异以及现金流的变化情况。房企可通过运营月报的“6 看”实现 TVPC 四位一体的动态经营管理（见图 3-55 和图 3-56）。

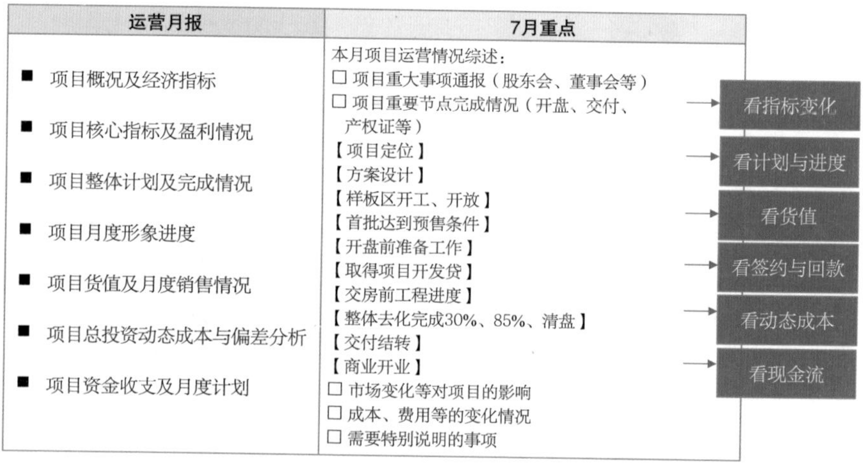

图 3-55　某领先房企的运营月报示例

第三，分析现金流指标的变化情况，及时了解项目现金流情况，有针对性地优化和调整项目操盘方案。

2. 利润监控

房企设定的利润目标应与战略规划和经营目标相匹配。由于房地产项目的时间跨度通常为 2~3 年甚至更长，因此房企预测的未来经营情况及盈利情况可用于指导相关人员制定合理的项目利润目标，并督促运营部门加以执行，确保各层级经营目标的实现（见图 3-57）。

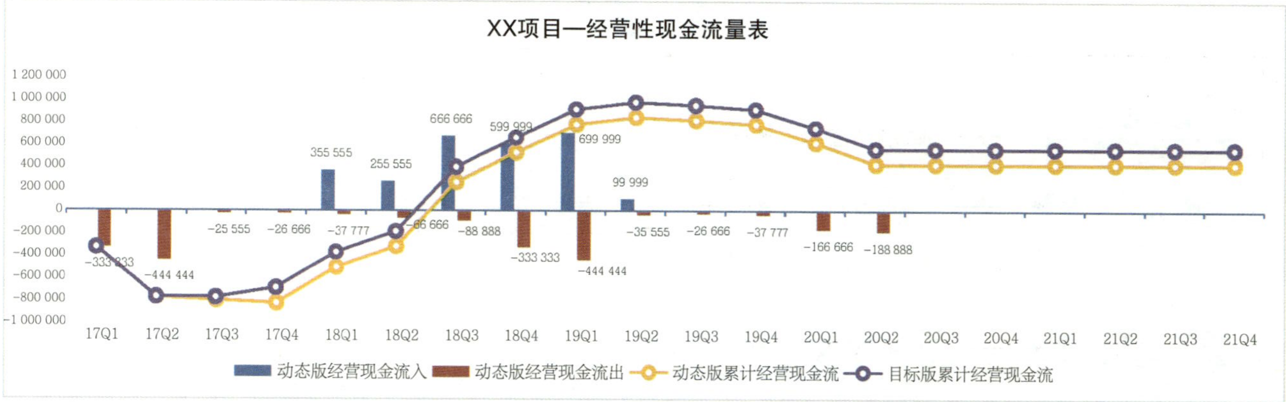

□ 项目现金流情况自评估：口供销平衡　口量价平衡　口收支平衡　口费效平衡（√平衡；x 不平衡）

问题说明：

注：现金流指标季度分析的分析频率应与经营计划模型的更新维护频率保持一致。

图 3-56　某房企项目（分期）现金流情况分析的月报模板

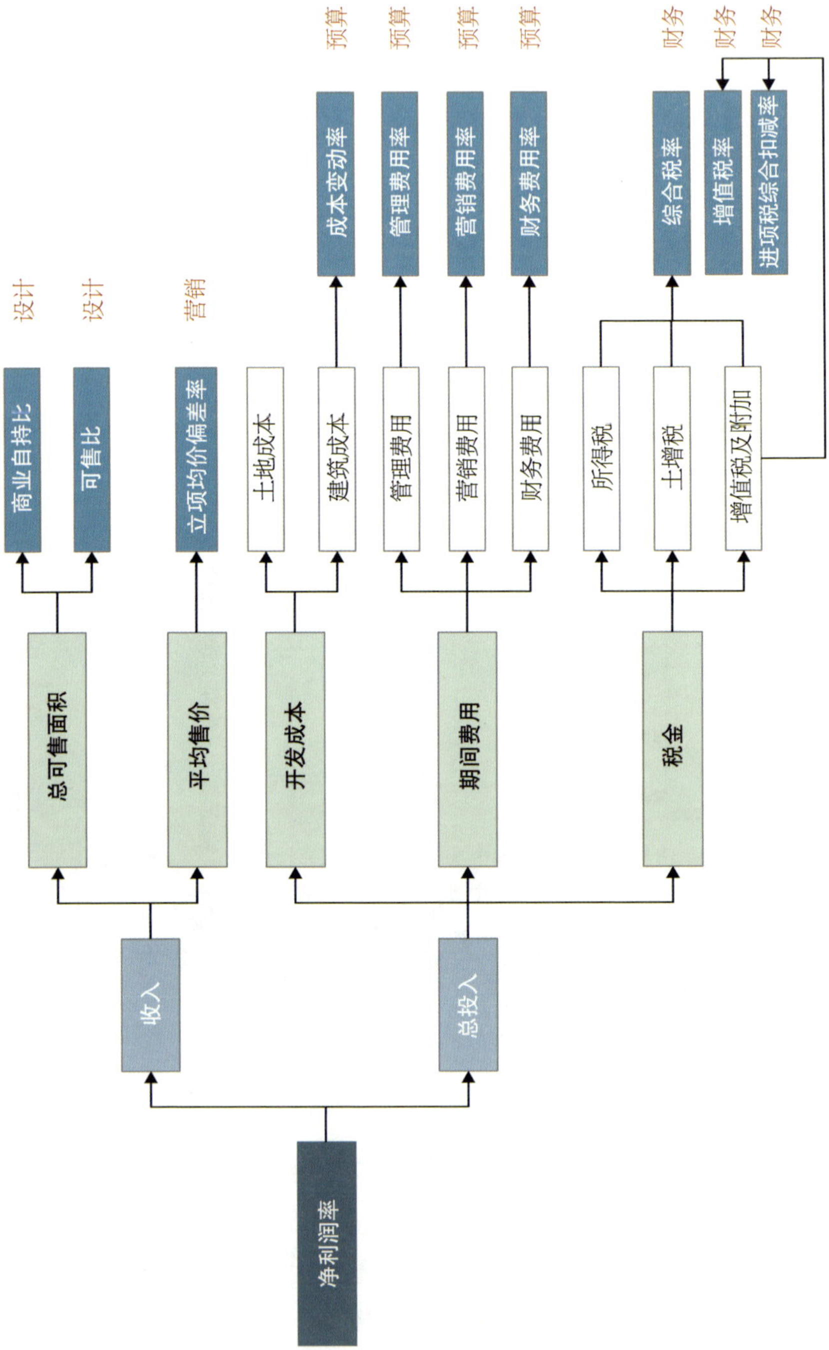

图 3–57 净利润率的常见分解路径

（1）基于全过程开发价值链建立利润管控地图

利润是投资定位、设计、采购、施工、销售和交付等各方面综合影响的结果。其计算公式为：

利润＝收入－成本－费用－税金

然而，设计和工程等部门的日常工作结果并非都能用与利润直接相关的指标来衡量，那么，如何确保各专业的工作都围绕项目利润目标来展开？项目全生命周期中的哪些重要业务活动会对利润产生重大影响？能否找到与其关联的指标并建立评价标准？

房企可按开发价值链梳理各阶段影响利润的关键因素，并将关键因素转换为可量化的指标，再结合实际经验总结，提炼指标的评价标准。房企应梳理出与利润强相关的业务要点，如投资、设计、营销、成本、采购、工程、运营与财务等，形成利润管控地图，以明确各职能业务开展过程中的利润管控重点，并借助量化的指标体系衡量业务工作的质量（见图 3–58）。

从利润管控地图的横向来看，指标体系覆盖投资拓展、定位策划、方案设计、施工图设计、工程管理、销售管理和交付等阶段；而从利润管控地图的纵向来看，房企应明确影响利润的重要业务活动并将其转换为相应的指标，按照收入、成本、费用、税金和利润等进行归类。

利润管控地图的建立是以利润为主线的，目的是梳理出与利润相关的各条线的业务活动及指标，建立全项目、全周期、全专业的利润指标管理体系，使利润管理有抓手、易管理，帮助提高各专业条线的利润管理意识，确保每项业务的展开都关注利润，共同参与全组织范围的利润管理工作。

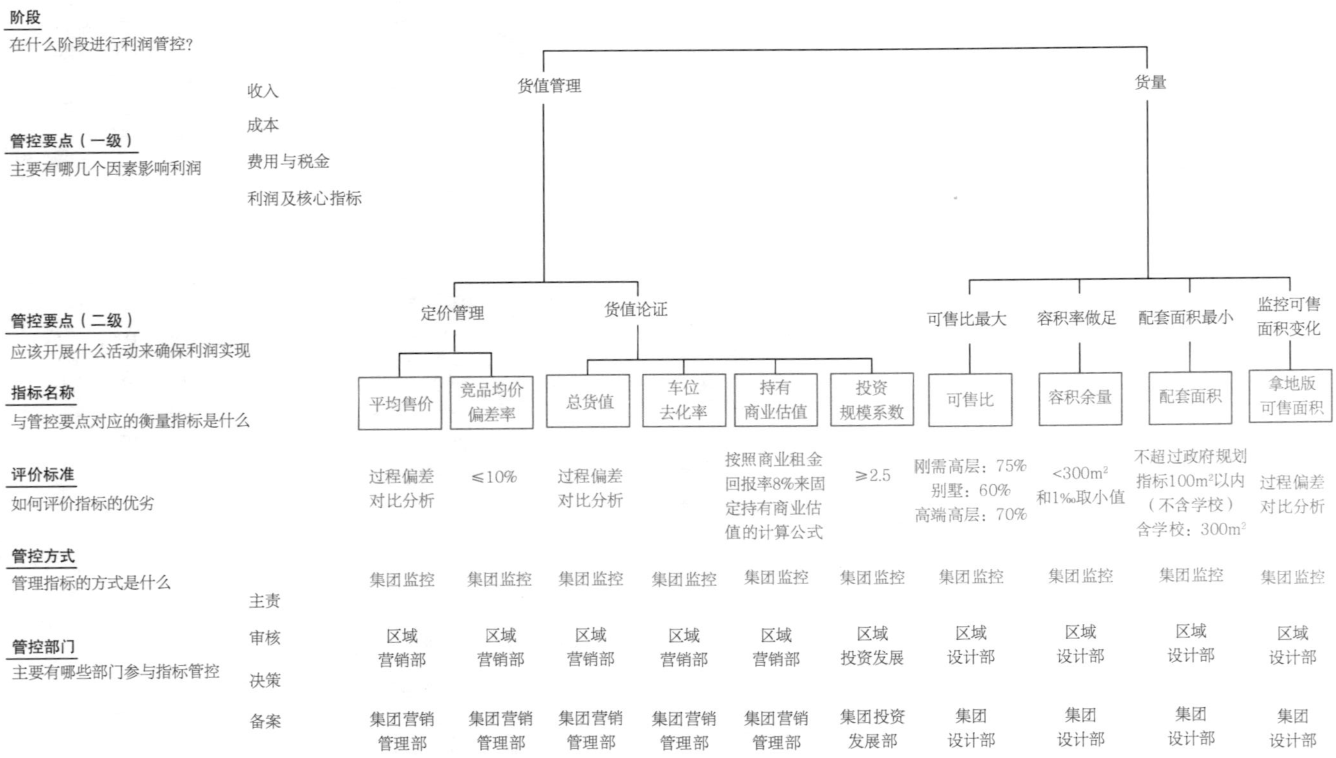
阶段
在什么阶段进行利润管控？
收入
成本
费用与税金
利润及核心指标
管控要点（一级）
主要有哪几个因素影响利润
货值管理
货量
管控要点（二级）
应该开展什么活动来确保利润实现
定价管理
货值论证
可售比最大
容积率做足
配套面积最小
监控可售面积变化
指标名称
与管控要点对应的衡量指标是什么
平均售价
竞品均价偏差率
总货值
车位去化率
持有商业估值
投资规模系数
可售比
容积余量
配套面积
拿地版可售面积
评价标准
如何评价指标的优劣
过程偏差对比分析
≤10%
过程偏差对比分析
按照商业租金回报率8%来固定持有商业估值的计算公式
≥2.5
刚需高层：75%
别墅：60%
高端高层：70%
<300m²和1‰取小值
不超过政府规划指标100m²以内（不含学校）
含学校：300m²
过程偏差对比分析
管控方式
管理指标的方式是什么
集团监控
集团监控
集团监控
集团监控
集团监控
集团监控
集团监控
集团监控
集团监控
集团监控
管控部门
主要有哪些部门参与指标管控
主责
审核
决策
备案
区域营销部
区域营销部
区域营销部
区域营销部
区域营销部
区域投资发展
区域设计部
区域设计部
区域设计部
区域设计部
集团营销管理部
集团营销管理部
集团营销管理部
集团营销管理部
集团营销管理部
集团投资发展部
集团设计部
集团设计部
集团设计部
集团设计部

图 3-58　利润管控地图

若想确保每个项目都实现利润目标，房企在确定项目经营目标时就应针对项目的利润要求制定相应的管理措施并将其落实到具体的责任部门，即形成净利润目标分解示意图（见图 3–59）。如果是利润型项目，则相应的责任部门应基于此目标下的指标分解来明确管理要点，例如设计部门就要考虑做足容积率和增加可售比，营销部门考虑高低配提高均价或是通过精装修产生溢价等。同时，相关责任部门的工作重点都要紧扣相应的开发阶段。

（2）将利润管理指标分解到相关部门

在利润管控地图形成后，为保证指标体系的落地，房企应结合其整体授权体系制作利润管控责任表，明确利润指标体系的管控方式、管控措施和责任划分，从而确保每个业务指标责任清晰、落实到位，各项指标“有人担、有人看、有人管”。设计部门的利润管控责任表如表 3–29（第 187~192 页）所示。

3. 监控工具

经营监控体系的两个落脚点在于目标责任书确定时的经营测算和实质操盘阶段的经营监控。

经营看板是在经营指标字典的基础上结合各级管理层及各专业线的管理需要，按照一定的业务逻辑量身设计的模块化的看板。房企可通过看板直观地展示各管理层关注的指标数据，从而协助管理层及时了解经营状况，及时调整经营方向并进行经营决策。其中，经营看板呈现的指标均从经营指标字典中选取（见图 3–60，第 193 页）。

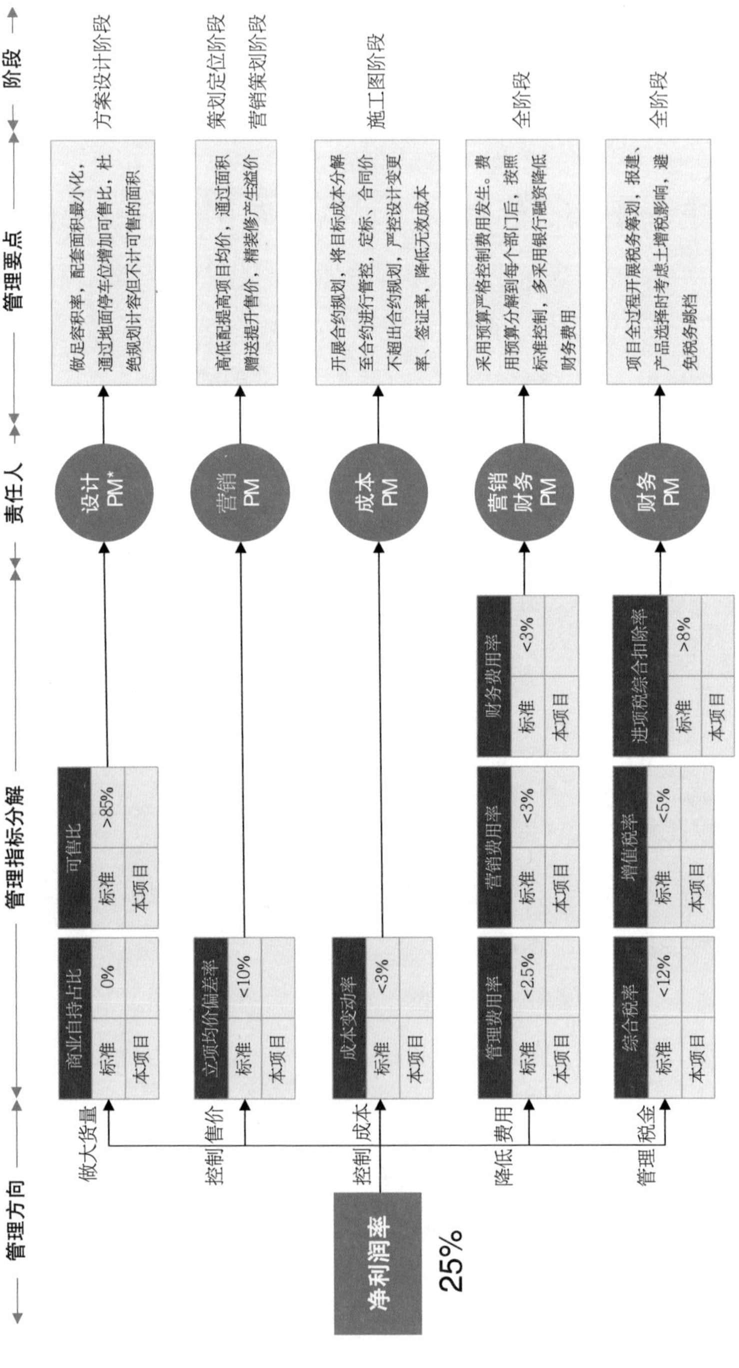

图 3–59　某房企净利润目标分解示意图

*PM 是指项目经理。

表 3-29　利润管控责任表—设计类

阶段	管控要点			指标名称	计算公式	评价标准	管控方式	管控动作	主责	审核	决策	备案
	维度	名称										
投资阶段	收入类	货量	可售比最大	可售比	可售面积 / 总建筑面积	刚需高层：75% 别墅：60% 高端高层：70%	区域控制	投资可研报告	区域设计部			集团设计管理部
			容积率做足	容积余量	用地面积 × 容积率 - 计容建筑面积	< 300 平方米和 1‰，取小值	区域控制	投资可研报告	区域设计部			集团设计管理部
			配套面积最小	配套面积		不含学校：不超过政府规划指标 100 平方米 含学校：不超过政府规划指标 300 平方米	区域控制	投资可研报告	区域设计部			集团设计管理部
			可售面积	投资拿地版可售面积			区域控制	投资可研报告	区域设计部			
				建筑密度	基底面积 / 用地面积	按照控规指标做足	区域控制	投资可研报告	区域设计部			集团设计管理部
			地面停车位比例合理	地面停车位比例	地面车位数量 / 总车位数量	10% ~ 30%	区域控制	投资可研报告	区域设计部			集团设计管理部

（续表）

阶段		管控要点			指标名称	计算公式	评价标准	管控方式	管控动作	主责	审核	决策	备案
		维度	名称										
设计阶段	定位阶段	收入类	货量	可售比最大	可售比	可售面积 / 总建筑面积	刚需高层：75% 别墅：60% 高端高层：70%	区域控制	设计评审会	项目设计	区域设计部		集团设计管理部
				容积率做足	容积余量	用地面积 × 容积率 − 计容建筑面积	＜ 300 平方米和 1‰ 取小值	区域控制	设计评审会	项目设计	区域设计部		集团设计管理部
				配套面积最小	配套面积		不含学校：不超过政府规划指标 100 平方米 含学校：不超过政府规划指标 300 平方米	区域控制	设计评审会	项目设计	区域设计部		集团设计管理部
				可售面积	定位版可售面积			区域控制	主数据系统	项目设计	区域运营部 区域设计部		
					建筑密度	基底面积 / 用地面积	按照控规指标做足	区域控制	设计评审会	项目设计	区域设计部		集团设计管理部
				地面停车位比例合理	地面停车位比例	地面车位数量 / 总车位数量	10% ~ 30%	区域控制	设计评审会	项目设计	区域设计部		集团设计管理部

（续表）

阶段		管控要点			指标名称	计算公式	评价标准	管控方式	管控动作	主责	审核	决策	备案
		维度	名称										
设计阶段	方案阶段	收入类	货量	可售面积	规划批复版可售面积			区域控制	主数据系统	项目设计	区域运营部 区域设计部		
			产品力	得房率合理	得房率	套内面积 / 建筑面积	首置首改≥ 75%，高端不低于竞品	区域控制	设计评审会	项目设计	区域设计部		
		成本类	设计成本	严控限额设计	限额设计达成率	限额设计达成项数 / 限额设计项数	100%	考核	部门业绩合同	区域设计部	区域成本部		集团成本管理部集团设计管理部
					可售比		参考限额设计指标控制表	区域控制	设计任务书	项目设计	区域设计部		
					赠送比例		参考限额设计指标控制表	区域控制	设计任务书	项目设计	区域设计部 区域成本部		

（续表）

阶段		管控要点			指标名称	计算公式	评价标准	管控方式	管控动作	主责	审核	决策	备案
		维度	名称										
设计阶段	方案阶段	成本类	设计成本	严控限额设计	体形系数		参考限额设计指标控制表	区域控制	设计任务书	项目设计	区域设计部 区域成本部		
					窗积比		参考限额设计指标控制表	区域控制	设计任务书	项目设计	区域设计部 区域成本部		
					标准层高		参考限额设计指标控制表	区域控制	设计任务书	项目设计	区域设计部 区域成本部		
					地下汽车库层高（米）		参考限额设计指标控制表	区域控制	设计任务书	项目设计	区域设计部 区域成本部		

（续表）

阶段		管控要点			指标名称	计算公式	评价标准	管控方式	管控动作	主责	审核	决策	备案
		维度	名称										
设计阶段	方案阶段	成本类	设计成本	严控限额设计	地下车库柱网		参考限额设计指标控制表	区域控制	设计任务书	项目设计	区域设计部 区域成本部		
					地下车位平均面积（平方米 / 个）		参考限额设计指标控制表	区域控制	设计任务书	项目设计	区域设计部		
					外立面装饰材料		参考限额设计指标控制表	区域控制	设计任务书	项目设计	区域设计部 区域成本部		
					结构设计指标		参考限额设计指标控制表	区域控制	设计任务书	项目设计	区域设计部 区域成本部		
					景观标准		参考限额设计指标控制表	区域控制	设计任务书	项目设计	区域设计部 区域成本部		

（续表）

阶段		管控要点			指标名称	计算公式	评价标准	管控方式	管控动作	主责	审核	决策	备案
		维度	名称										
设计阶段	方案阶段	成本类	设计成本	严控限额设计	大区精装标准（单价控制）		参考限额设计指标控制表	区域控制	设计任务书	项目设计	区域设计部 区域成本部		
		费用类	进度	优化设计周期	设计周期	拿地至方案审批通过	≤ 3.5 个月	考核	设计专项计划	项目设计	区域设计部 区域运营部	区域	集团设计管理部
	施工图阶段	成本类	设计成本	严控限额设计	限额设计达成率	限额设计达成项数 / 限额设计项数	100%	考核	部门业绩合同	区域设计部	区域成本部		集团成本管理部集团设计管理部
		费用类	进度	优化设计周期	设计周期	方案审批通过至施工图完成	≤ 2 个月	考核	设计专项计划	项目设计	区域设计部 区域运营部	区域	集团设计管理部

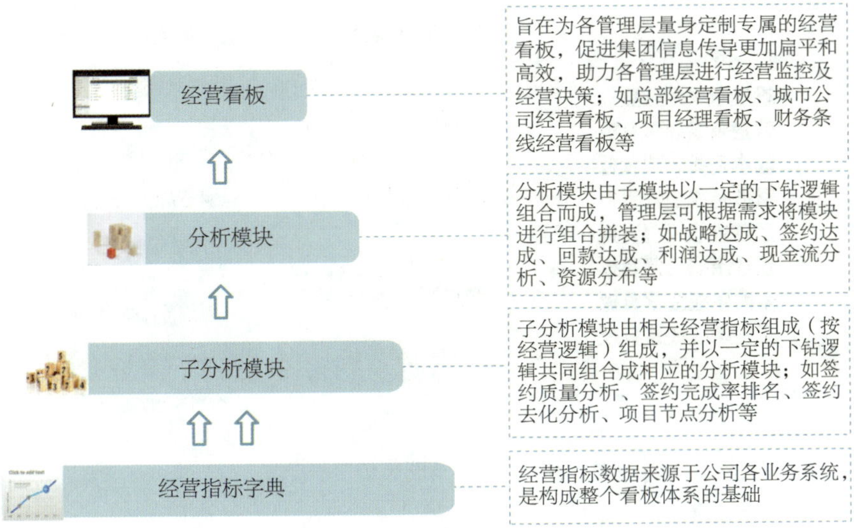

图 3-60 经营看板呈现的指标取自经营指标字典

以 A 企的利润监控为例，其利润监控指标体系已经形成成熟的主数据统一管理标准，包括项目分期、产品类型、可售面积和建筑面积等，从而保证了各业务条线基础数据的归集口径保持统一，确保了及时、准确、有效地获取利润管理指标数据。A 企结合已有的主数据统一管理标准构建各条线三层级的利润监控经营数据看板（见表 3-61），实时监控各层级影响利润的经营指标，并开展偏差分析和预警推送，从而在数据口径统一的基础上，面向集团、区域和项目形成了多维度的经营数据看板，可以实时监控利润变动及其影响因素。

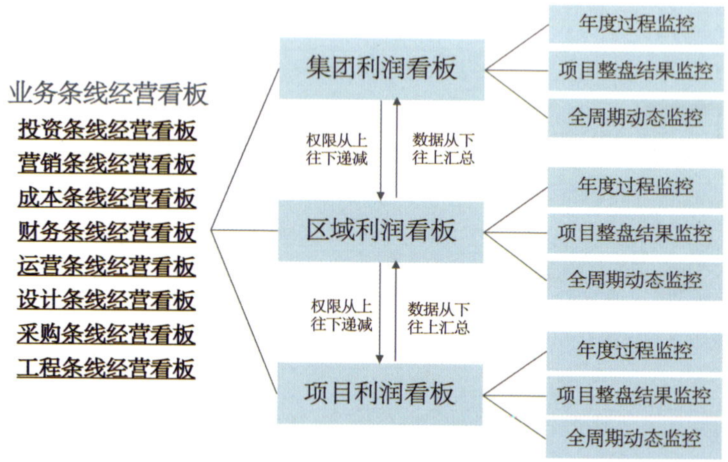

图 3-61　多维度的经营数据看板

经营监控体系可基于特定的逻辑，将各类过程指标与经营结果指标在不同的时间维度内进行关联，对规划指标和参数的设置、成本支付区间、销售铺排计划及可能产生的费用等进行关联和实时更新，从而动态地监控利润和现金流的变化（见图 3-62）。

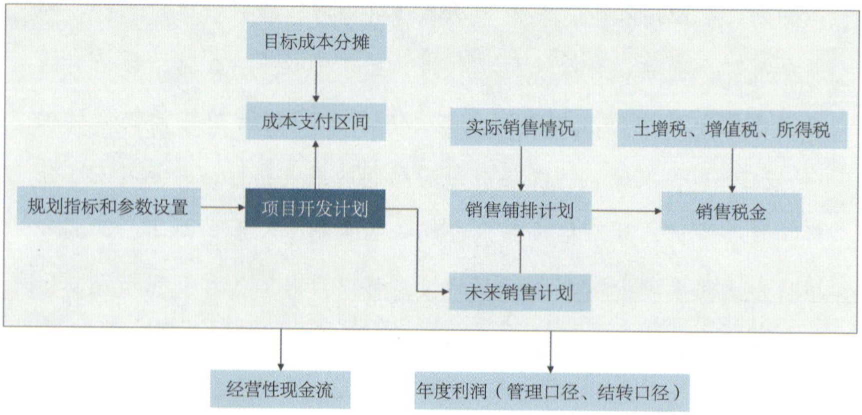

图 3-62　经营监控体系的逻辑：过程指标与经营结果指标联动

多维度的经营数据看板可应用于不同的场景。

应用场景1：在方案确定后，将开发、销售和成本的铺排方案通过模型转化为经营结果进行评审。如果不能满足结果指标，则倒推开发方案进行调整；如果经营指标达标，则根据测算结果签订目标责任书，作为后续考核的依据。

应用场景2：在项目进入实质操盘阶段后，根据开发节奏、销售节奏和成本支付节奏的变化，动态调整模型数据，监控经营结果的变化。在月度运营会上定期汇报项目动态经营结果，将过程管控转变为结果管控。

以X项目的经营数据为例，其拿地到开盘的时间跨度为6个月，开发效率较高，但净利润率仅为2%，现金流18个月回正，IRR为3%（见表3–30）。

通过对X项目的利润指标进行分析，我们发现其项目总货值为23亿元，而不含费用和税金的总成本为22亿元，基本没有盈利空间，其原因主要有两点：一是政府限价，售价过低；二是地价过高，地货比达到66%。从利润指标的经营分析逻辑来看，解决这个问题较为简单，一般为提高收入并降低成本、费用和税金（见图3–63）。

第一，影响收入的因素可分解为销售均价和总可售面积。政府限价和降价销售均会对收入产生影响，而是否做足容积率，地上配套的面积是否过大及商业自持比是否过高，均会影响项目的总可售面积。

表 3-30　项目经营测算简表

核心经营指标							
总收入（元）	2 357 513 907	净利润（元）	47 371 420	净利润率	2%	拿地：开工	现金流贡献峰值（元）
总成本（元）	2 280 568 862	期间费用（元）	58 425 183	税金（元）	30 682 889	6 个月	255 742 476
现金流回正周期（个月）	18	项目资金峰值（元）	1 728 464 052	地货比	66%	拿地：首批开盘	现金流贡献时间
全投资 IRR	3%	ROE	3%			6 个月	2019/5/31
一、基础数据							
综合财务费用率		增值税清算时间	2019-5-5	土增税清算时间	2019-5-5		
二、开发计划							
节点	第一批次	第二批次	第三批次	第四批次	第五批次	第六批次	第七批次
土地获取	2017-1-10						
开盘	2017-7-16	2017-11-20	2017-11-20	2018-2-19	2018-2-19	2018-5-20	2018-5-20
推货比例	18%	11%	17%	12%	13%	12%	17%
三、开发成本	含税成本	进项税率	专票获取比例	不含税总成本	均价调整	单方精装成本	
土地成本（元）	1 565 900 117	10%	100%	1 423 545 561		1 000	
前期费用（元）	497 57 257.5	10%	100%	45 233 870.45			
建安成本（元）	428 657 581.2	10%	100%	389 688 710.1			
精装成本（元）	120 513 740	10%	100%	109 557 945.5			
配套费用及开发间接费（元）	57 314 983.38	10%	100%	52 104 530.35			
销售费用（元）	46 851 166.7	10%	100%	42 591 969.73			
管理费用（元）	11 574 016.68	10%	100%	10 521 833.34			
合计	2 280 568 862			2 073 244 420			

（续表）

成本支付区间	开始节点	完成节点	支付比例	开始节点（时间）	完成节点（时间）	每月支付比例	每月支付金额
土地成本支付区间 1	土地获取	土地获取	100%	2017-1-10	2017-1-10	100%	1 565 900 117
前期费用支付区间 1	土地获取	开盘	70%	2017-1-10	2017-7-16	10%	4 975 725.75
建安成本支付区间 1	土地获取	开盘	30%	2017-1-10	2017-7-16	4%	18 371 039.19
精装成本支付区间 1	土地获取	开盘	0%	2017-1-10	2017-7-16	0%	0
配套费用及开发间接费支付区间 1	土地获取	开盘	30%	2017-1-10	2017-7-16	4%	2 456 356.431
四、第一批次销售计划							
推盘批次	第一批次	第二批次	第三批次	第四批次	第五批次	第六批次	第七批次
推货面积（平方米）	22 563.7	13 523.34	20 560.28	15 020.86	15 020.86	13 742.8	20 081.9
产品均价（元/平方米）	19 082.14	19 190.77	19 093.14	19 241.3	19 840.47	20 064.53	20 520.07

注：相关文件规定，在计算销项税时，可用含税销售额减去可抵扣增值税的土地成本后的差额计算销项税，此处为了简化计算逻辑，转化为赋予土地成本 10% 的进项税率，其计算结果不变。

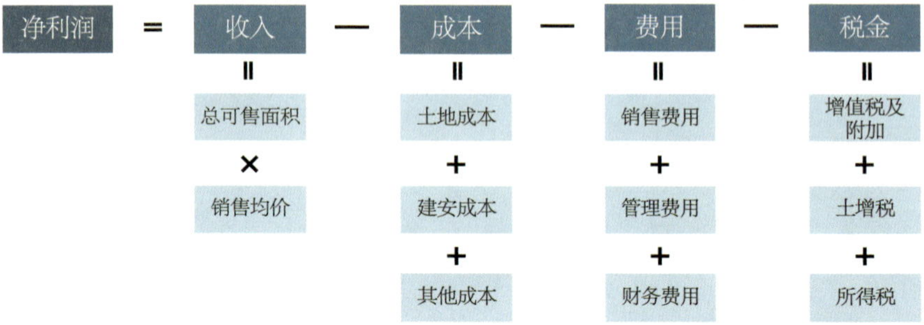

图 3-63　利润指标的经营分析逻辑

第二，房地产开发成本可分为土地成本、建安成本和其他成本（包括前期费用、配套费用和开发间接费等），成本的追加和结余会直接影响项目最终的利润。

第三，费用中的销售费用和管理费用一般是根据销售额的一定比例计提，以便进行费用控制。部分房企采用费用包干制控制，即考虑到不同地区价格因素的差异，将费用的计提比例与销售均价进行负向挂钩，比如，均价在 1 万元以下的项目，按销售额的 3.2% 提取销售费用；均价在 3 万元以上的项目，按销售额的 1.8% 提取销售费用。这样既能保证不同地区不会因销售均价的差异而导致费用的绝对值偏差过大，又能保证去化量所需的资金支持。

第四，税金的控制逻辑主要是税务筹划，比如，营改增后，提高进项税抵扣比例，严格进行“清算前、清算时、清算后”的土地增值税测算以预防“跳点”，并进行合理的成本分摊。

综上可知，在经营监控中，如果利润指标出现偏差，均可从收入、成本、费用和税金四个维度分析原因，并提出利润管控优化措施。

运营管理部门作为经营监控体系的实施主体和过程监控主体，须通过项目经营监控体系、经营看板和月度经营分析会对利润和现金流指标进行评价，倒推项目开发策略并进行相应的调整。

利润和现金流监控体系是基于“利润 = 收入 - 成本 - 费用 - 税金”的公式建立的。房企只需将收入、成本、费用、税金的产生与时间维度相关联，基于一定的成本、费用、税金分摊规则，即能实时测算利润指标和现金流指标。

将成本支付与开发节点相关联形成成本支付区间。例如，建安成本从拿地到开盘累计支付了20%，从开盘到交付累计支付了70%，从交付到质保期完成累计支付了10%，可以看出，当开发节点变动时，成本支付会随之发生关联性变动，而由于开发节点与时间相关联，成本支付通过开发节点就可与时间维度进行挂钩。

将销售计划与开盘节点相关联，即可生成开盘后各月的去化面积。通过销售均价即可生成签约额，通过设定当月签约额在后续各月的回款比例，即可计算每个月的回款金额。

另外，将税金的计算与销售回款的节奏关联后，当销售节奏变化时，各项税金也随之发生变化。

通过以上数据的关联构建联动的经营监控体系，当开发计划、成本支付节奏、销售去化或回款节奏等发生变化时，房企就能实时监控利润和现金流指标的变化。

四、经营健康体检：及时知悉并防范经营风险

房地产项目运营的“储—建—融—供—销—存—回—结”类似一个人的肌体：“储”相当于人的头部，用以判断行走的方向，同时也是

食物入口，用以提供行走的能量来源；“建”和“供”相当于人的心肺和消化系统，消耗食物以提供行走的能量；“融”相当于人的手臂，提供行走的辅助力量；“销”和“回”相当于人的两条大腿，是行走或奔跑的终极动力；“结”相当于人的落脚点，脚踏实地，一步步地实现终极目标；“存”相当于人走路时遇见的凹凸不平之处，处理不当会减缓行走的速度。

1. 房企经营的常见问题

房企经营的常见问题如下：

- **“近视”** 拿地时只看到短期市场，看不到长期市场变化，行情高点拿地甚至拿“地王”。
- **“贪吃”** 拿很多地，超出企业当前发展阶段的承受能力。
- **“消化不良”** 建设运营能力弱，地块不能有效转化为供货，供货不能及时跟上。
- **“手臂无力”** 融资能力弱，不能给建设运营提供更多助力。
- **“腿部无力”** 市场遇冷导致销售回款不好，发展速度下降甚至就此“摔倒”。
- **“迈不动腿”** 存货过多拖后腿，影响企业的稳健发展。

可见，上述的“近视”和“贪吃”是土储问题；“消化不良”是开工及供货问题；“手臂无力”是融资问题；“腿部无力”是销售及回款问题；“迈不动腿”是存货问题。

但是，“8 阶”健康体检呈现出的问题可能不仅仅是某一个点的问题，因此，房企应进行全局的系统性分析。例如，“腿部无力”的原因可能是市场不景气，可能是建设及供货能力不足（“消化不良”），也可能是存货过多拖后腿（“迈不动腿”）；建设供货“消化不良”的原因可能是土储过大（“贪吃”），而土储过大的原因可能是只看到短期市场行情（“近视”）。

因此，房企进行经营的健康体检时应“全身”排查，找到核心病症并对症下药。

2. 房地产运营需要周期性体检

就像人体可能会出现这样或那样的问题一样，房地产运营也需要进行周期性体检，找出风险点，并采取应对措施。房地产运营的“储—建—融—供—销—存—回—结”每个阶段都有其经营管控重点，而这也可能正是带来经营风险的点。“8 阶”的任何一个阶段出问题，都可能导致运营出问题，从而引发“病症”（见图 3-64）。

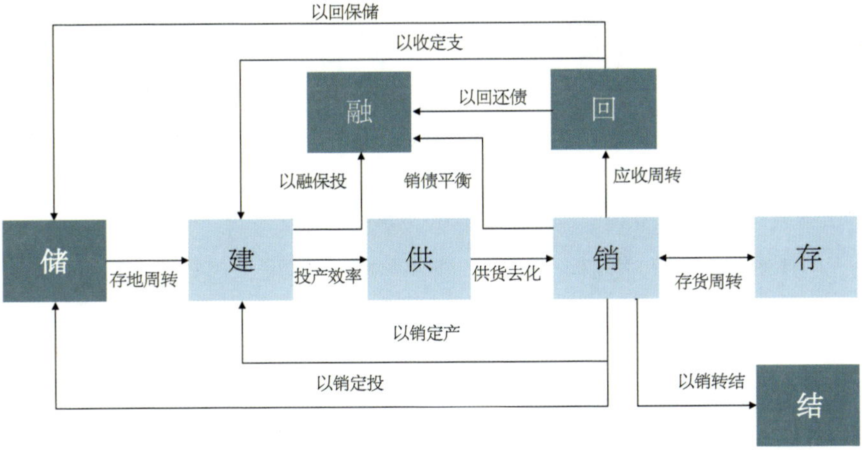

图 3-64　房地产运营“储—建—融—供—销—存—回—结”关系示意图

如前所述，公司经营是一整盘棋，牵一发而动全身，某一个业务环节出问题，可能是其他业务环节关联影响导致。例如，现金流问题可能是由于回款或支出出了问题，回款问题可能是去化不力或产品滞重，而支出问题可能是投资拿地过多；又如销售去化差可能是市场本身的问题，也可能是前期开工供货量过大，而开工供货量过大可能是在市场高点拿了过多的土地。

公司土地储备是否足够？开工量能否满足未来销售量的要求？公司库存是否处于高位？回款是否合理？现金流是否存在风险？能否支撑公司进一步发展？……房企判断公司的经营问题不能从某个点、某个业务直接判断，而应该从全局判断，从具有关联性影响的业务条线综合判断。

（1）储：土储管理

土地储备不仅应当满足公司规模发展的要求，还应满足土地投资额占用销售回款合理的要求，即一方面做到以销定投，另一方面做到以回保储，同时关注土地质量。房企可用土地货值倍数（年新增土地货值 / 年销售额）反映以销定投，用土地投资强度（年新增土地投资额 / 年回款额）反映以回保储，用地货比（年土地价格 / 年土地货值）反映土地质量。

（2）建：开工管理

开工管理不仅应满足房企当期销售额的要求，还应合理消耗土地储备，即一方面做到以销定产，另一方面做到销储合理。房企可用开销比（年开工面积 / 年销售面积）来做到以销定产，用开储比（年开工面积 / 年土储面积）衡量销储是否合理。

（3）融：融资管理

房企的融资管理需兼顾三个方面：一方面融资应保障开工建设，另一方面应平衡负债与销售的增长，同时兼顾资金安全。“以融保建”用融投比（年度新增融资 / 年度投资额）来反映，销债平衡用销债比（年销售额 / 负债额）来反映，资金安全用现金短债比（现金 / 短期负债额）来反映。

（4）供：供货管理

在建货量应满足未来供货要求，体现出供货效率，该效率可用在途比（年在建未供面积 / 年供货面积）来反映。

（5）销：销售去化

销售去化应重点关注供销平衡及去化效率，销售去化情况可用去化率（年销售面积 / 年供货面积）来反映。

（6）存：存货管理

存货管理应重点关注存货去化和周转效率，以及滞重存货风险。存货去化效率用存销比（存货货值 / 年销售货值）来反映，滞重存货风险用长期库存比（长期库存货值 / 存货总货值）来反映。

（7）回：回款管理

回款管理一方面应关注应收周转效率，另一方面应关注收支平衡。应收周转效率用回款率（年回款额 / 年销售额）来反映，收支平衡用（年回款额 / 年支出额）来反映。

（8）结：结转管理

结转管理主要关注的是结转效率，用结转比（年结转面积 / 上年销售面积）来反映结转效率。

此外，房企的经营风险更多是未知风险，如未来可能销售不乐观或融资缩紧。房企分析公司经营风险不能仅仅停留在对当前已经发生的业务的判断上，更应该基于未来趋势对当前经营风险进行前置分析。例如，未来市场可能会遇冷，从而导致“腿部无力”和“迈不动腿”，那么土储、开工、建设和融资都应该做相应调整。

3. 进行系统性诊断，对症下药

“8 阶”公司经营健康体检的目的在于打通“经脉”，避免头痛医头，脚痛医脚。通过建立健康体检模型对“储—建—融—供—销—存—回—结”进行联动分析，房企可以快速找到房企经营问题的症结所在，采取准确的应对措施。

在进行健康体检时，房企应给每个体检指标建立健康区间，设定上限和下限，当实际指标超出上限或下限时，予以预警。例如，土地货值倍数的健康区间下限为 1，上限为 1+ 增长率。当其低于下限 1 时，表示未来土地储备可能不能满足销售要求；当其突破 1+ 增长率的上限时，可能出现“贪吃”病，超出房企当前发展阶段的承受能力（见表 3–31）。

表 3–31　房企经营健康体检表

“8 阶”	体检内容	健康指标	健康区间（下限）	健康区间（上限）	年度动态值	差异	健康状态
储	以销定投	土地货值倍数	1.00	1.60	0.89	(0.11)	土储少
	以回保储	土地投资强度	0.20	0.50	0.30		
	土地质量	地货比	0.10	0.40	0.31		

（续表）

“8 阶”	体检内容	健康指标	健康区间（下限）	健康区间（上限）	年度动态值	差异	健康状态
建	以销定产	开销比	1.00	1.30	0.81	(0.19)	开工量小
	存地周转	开储比	0.80	1.20	0.91		
供	供货效率	在途比	1.00	2.00	1.00		
销	供销平衡	去化率	0.60	0.90	0.74		
存	存货周转	存销比	0.10	0.40	0.36		
融	以融保投	融投比	0.30	0.70	0.50		
	销债平衡	销债比	1.00	2.00	1.41		
回	应收周转	回款率	0.75	0.95	0.92		
	以收定支	收支比	0.80	1.20	1.20		
结	结转预期	已售结转比	1.20	3.00	2.07		

同时，房企的经营健康体检可以与经营目标实现分析并行。经营目标实现分析的目的在于监控和判断房企的年度经营目标实现的程度（见表 3-32），而健康体检的目的在于分析房企经营的健康程度。

表 3-32　房企经营目标监控表

业务模块	指标	上年度数	年度目标	年度已发生	全年动态预测	动态—目标	已发生完成率	预计年度目标达成率
土储管理	新增土储货值（万元）		2 200 000	600 000	1 320 000	(880 000)	27%	60%
	新增土储面积（万平方米）		147	40	88	(59)	27%	60%
	新增土储地价（万元）			225 000	405 000	405 000		
开工管理	在建未供面积（期初）（万平方米）			80	80	80		
	在建未供面积（期末）（万平方米）	80		96	80	80		
	年新开工面积（万平方米）		30	40	80	50	133%	267%
供货管理	新增供货货值		150 000	360 000	1 620 000	120 000	24%	108%
	新增供货面积		70	24	80	10	34%	114%
销售管理	签约金额（万元）	1 000 000	1 300 000	450 000	1 488 000	188 000	35%	114%
	签约面积（万平方米）		100	30	99	(1)	30%	99%
存货管理	存货货值（期初）（万元）			400 000	400 000	400 000		
	存货货值（期末）（万元）	400 000		310 000	532 000	532 000		
融资管理	期初负债			1 500 000	1 500 000	1 500 000		
	新增融资		600 000		600 000	0	0%	100%
	期末负债	1 500 000			2 100 000	2 100 000		
回款管理	年度回款		1 040 000	360 000	1 363 200	323 200		
	年度经营支出		1 200 000	732 403	1 135 283	(64 717)	61%	95%
	年度经营性现金流			(444 403)	227 917	227 917		
结转管理	结转收入		800 000	0	840 000	40 000	0%	105%
	结转面积		53		48			
	结转利润		80 000	0	12 000	(68 000)	0%	15%

“8 阶”公司经营健康体检是大运营管理体系中的重要一环。有了“8 阶”公司经营健康体检，房企在发展的同时才可以同步关注经营健康，解决经营风险与问题，实现又快、又好、又稳的发展。

>> 本节小结

“管动态”需要运用的主要工具如下：

- 计划节点预警工具：计划节点完成监控预警与调整。
- 动态货值管理系列工具：包括与货值盘点、存货监控和动态货值等相关的表格，用以监控分析各类货值的变化。
- 利润及现金流监控模型：基于模型开展利润与现金流动态监控。
- 公司经营健康体检模型：“储—建—融—供—销—存—回—结”体检，关注经营风险，帮助房企进行决策。

第六节 配机制：匹配的支撑机制

一、会议决策机制

会议决策机制是大运营管理体系的重要组成部分。以财务经营为导向的大运营管理体系，必须通过更有效的会议机制做好前期策划、过程管控和后期评估。传统的运营会议管理多是以职能条线的各业务工作为主，很少从全局的经营视角来考虑，如对现金流、利润等问题的统筹跟踪等，也可能是由于缺乏数据支撑，无法科学、精准地决策。会议多但无效、会议机制不明确、会议效果不理想，这些问题是很多房企在会议管理方面面临的痛点。在大运营管理体系推行的过程中，要开哪些关键会议，如何开好会，如何跟踪好会议决策的落地，都是会议决策机制要考虑的重点问题。

1. 会议管理的管控思路

会议体系的设计思路是根据房企的战略关注点，结合对会议体系现状和现有管控体系的分析，梳理会议清单和会议标准，形成规范的会议体系。房企应严格执行会议议程和会议决议，使各部门充分交圈，从而保障经营决策和经营纠偏，为大运营管理体系落地保驾护航。

会议体系的策划原则是分级管理、标准明确、时间清晰和跟踪闭环。大运营管理体系下的会议体系更加重视对影响经营结果事项的决策和监控，会议召开的目的、内容和效果也更加聚焦，紧紧围绕经营结果开展。

例如，某房企的会议体系由三大类会议组成：综合决策类会议、专题决策类会议和运营管理类会议（见图 3–65）。

综合决策类会议是由流程触发的决策性会议。这类会议聚焦项目决策，着眼于项目开发流程上的关键点，完成项目开发思路和重大运营方案等工作成果的确认，以便推进项目的整体运营，保证项目计划和总体目标的达成。综合决策会议在项目的不同开发阶段可包括项目投资决策会、项目战略规划会与方案决策及项目启动会等。

专题决策类会议是由事件触发的决策性会议。这类会议聚焦项目开发过程的实际需要，针对性地组织集团及区域的职能部门进行沟通，

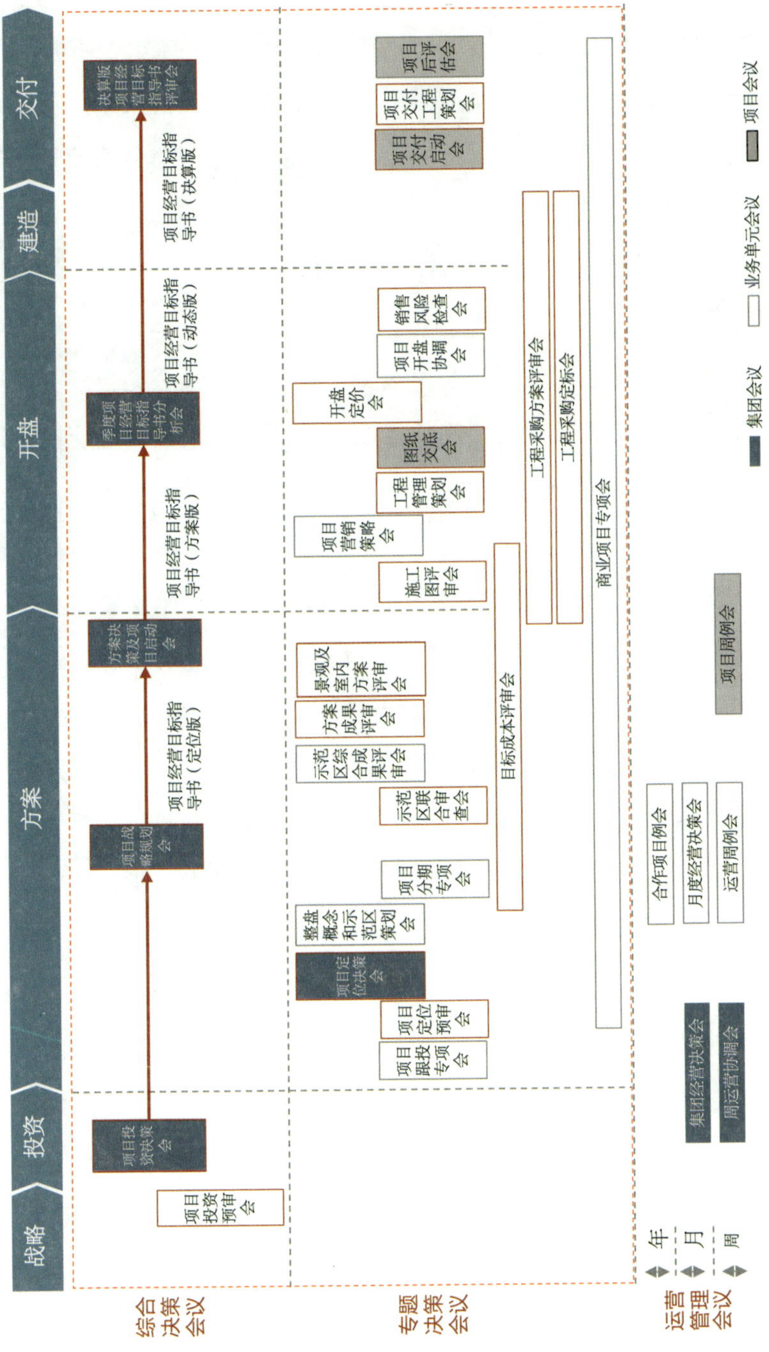

图 3-65 某房企决策会议体系

以便总结和解决专项议题。例如，开盘后评估会和专题协调会等。

运营管理类会议是由时间触发的例行会议。这类会议聚焦项目进程，通过定期召开集团及区域运营会议，汇报并分析项目的计划、货值、现金流和利润趋势等，协调解决各区域项目在实际运行中存在的问题，保证项目正常运营。例如，项目周运营会，公司月度、季度、年度经营例会等。

在上述三大类会议中，专题决策类会议和运营管理类会议更加聚焦经营结果，会议质量直接影响项目成果的质量和项目推进速度，进而影响项目整体经营目标的达成。

例如，某房企由计划运营向大运营转变的过程中对会议体系进行了优化。针对大运营的以财务为导向、以经营结果为目标的核心思想，该房企明确土地获取后 2 天内召开操盘启动会；通过综合分析周边环境、市场和客群来初判项目愿景与形象定位；通过拍地条件及城市公司经营定位对项目经营定位进行初判；运用土地、客户和产品金三角模型描述产品构想，提出竞品项目应对策略，进行业态分配分期推售初判，从而形成初步的操盘思路，为后续项目经营探好路径。

该房企在土地获取 15 天之内召开操盘方案会，以经营目标为主线，通过分析客群、市场、竞品和项目自身，明确了项目的户型配比、产品规划、开发节奏等实施路径，进而根据各专业条线明确的实施路径对操盘敏感点进行系统分析，形成多专业、全方位的操盘思路，为项目整体的运营打好基础。

综上所述，大运营管理体系中的会议将更加聚焦对经营结果影响较大的计划、货值、利润和现金流的监控，预测经营活动变化引起的现金流和其他核心指标的变动，并对其做出快速决策，以便经营活动产生积极的结果。

2. 会议管理的关键点

（1）策划先行

前期策划对项目后续的顺利推动有着至关重要的作用。根据拿地方式的不同，某房企结合自身开发的各项目的特点设置了差异化的会议机制（见图 3-66）。

第一，招拍挂项目拿地前完成一次产品研策上会，包括概念设计等。土地获取后快速召开启动会，对项目情况交底，初步确定项目开发策略，确定项目团队及后续工作重点和计划。

第二，城市更新类项目签订土地合同前有立项、专规、拆迁、确认实施主体等一系列工作，时间长达一两年之久。确认实施主体后立即召开项目启动会，在签订土地合同时完成所有设计工作。

第三，与政府合作类项目在获取土地之前，开发商与政府部门有较长的谈判时间，并且开发商须配合政府部门完成地块的规划设计，所以部分设计工作可前置。

（2）时间清晰

明确每类会议的时间要求。房企可以设定时间基准点，如土地获取、方案设计完成、开盘、精装进场及交付等，以时间轴的形式促进会议决议得到高效的执行。某房企针对通过招拍挂拿地的项目制定了专门的会议体系（见图 3-67）。

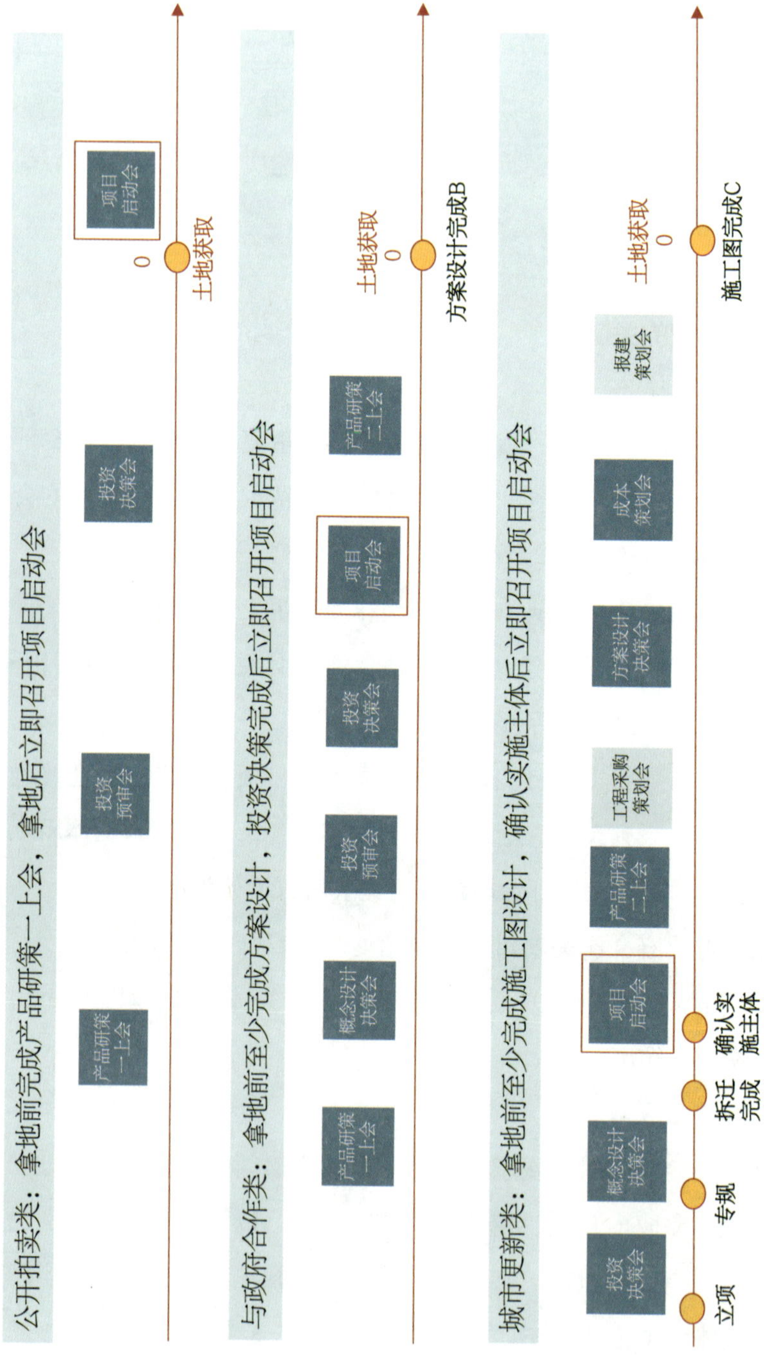

注：城市更新类以深圳为例。

图 3-66　拿地方式不同的项目的会议管控前置

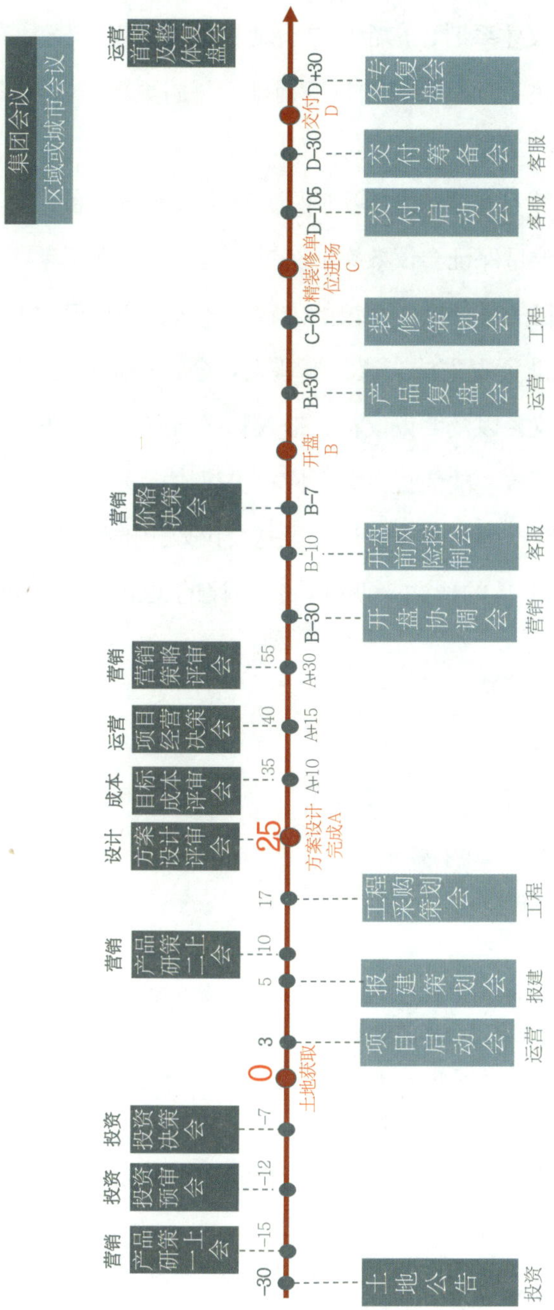

图3-67　某房企招拍挂项目会议体系

制定公司项目决策会议体系时，房企应结合项目进度。规模较大、项目数量较多的房企可以进行项目会议的月度铺排，每周更新。

（3）标准明确

召开会议的目的是高效且有质量地解决问题，而会前充分准备、会中高效决策、会后有效跟踪是保证会议效率的关键。因此，管理层须明确要开哪些会议，会议的目的是什么，会议的内容是什么，会议何时召开，哪个部门负责统筹，谁负责主持会议，哪些人参会，决策者是谁，会后谁负责跟踪和落实决议，以及会议议程、输入和输出资料，这些都是规范会议标准和提高决策效率的前提。会后应将决议执行责任落实到部门或个人，并由专人跟踪，因为落实会议成果是会议效果的保障。

例如，某房企以会议卡片的形式来明确特定会议的关键要素（见表 3-33）。

表 3-33　某房企的会议卡片

<table>
<tr><td>会议名称</td><td colspan="2">项目启动会</td></tr>
<tr><td>召开时机</td><td colspan="2">在土地取得后 2 周内召开</td></tr>
<tr><td>召开地点</td><td colspan="2">以会议通知为准</td></tr>
<tr><td>持续时间</td><td colspan="2">半天</td></tr>
<tr><td>会议目的</td><td colspan="2">宣布项目正式启动，项目发展部完成地块情况交底与资料交接，明确项目开发运营节点和前期运营策划工作安排</td></tr>
<tr><td rowspan="6">参会范围</td><td>组织部门</td><td>运营决策小组</td></tr>
<tr><td>主持人</td><td>运营决策小组负责人</td></tr>
<tr><td>汇报部门</td><td>项目经理部、总经理办公室</td></tr>
<tr><td>决策人</td><td>集体评议后总经理决策</td></tr>
<tr><td>会议纪要</td><td>总经理办公室</td></tr>
<tr><td>参会领导或部门</td><td>公司管理层、各部门及新项目发展小组</td></tr>
</table>

（续表）

会前资料准备及负责部门	■ 项目基本信息移交申请表——项目发展部 ■ 项目初步运营目标——总经理办公室 ■ 施工图完成之前的工作计划——项目经理部 ■ 展示区选址、定位、建造及开放初步计划——项目经理部
会议决策事项	■ 项目资料交接（项目发展部交接给营销管理部、设计管理部和项目经理部） ■ 项目初步运营资料 ■ 施工图完成之前的工作计划 ■ 明确项目前期运营策划工作安排
会议议程	■ 项目发展部进行地块资料移交 ■ 总经理办公室提报项目初步运营目标并进行讨论 ■ 项目经理部提报施工图完成之前的工作计划和展示区选址、定位、建造及开放初步计划并进行讨论 ■ 下阶段工作安排讨论 ■ 总经理明确项目整体经营开发设想与要求
会后输出成果	■ 会议纪要 ■ 土地移交资料清单 ■ 项目初步运营目标 ■ 施工图完成之前的工作计划 ■ 展示区选址、定位、建造及开放初步计划

（4）跟踪闭环

会议管理要形成闭环，重点关注会议决策的落实。会后要做好专项跟进，不完成不销项，与计划管理节点考核挂钩，并及时将相关成果文件报送相关部门存档，抽查会议决议的执行情况，确保相关决策落地执行。

大运营管理体系的落实在很大程度上要依靠会议推动和支撑。在会议决策体系的建设过程中，房企应重点关注上述四点，即策划先行、时间清晰、标准明确、跟踪闭环，通过科学的会议体系保障大运营管理体系的有效落地。

二、激励机制

激励机制是强化全员经营意识和促进大运营落地的重要举措。同时，它在激发团队活力，提升管理水平，促进业绩达成及保留优秀人才方面的作用也日益突显。房企在大运营管理体系下须引入强有力的大激励机制，促进自身的经营与发展。

经营导向下的激励机制呈现出四大趋势，具体见图 3-68。

图 3-68　房地产行业激励机制的四大趋势

1. 趋势一：激励范围更全面，从全过程到全专业

激励机制按照时间周期可以分为短期、中期和长期激励机制，不同周期的激励机制有不同的激励目的。一般来说，短期激励侧重阶段性工作的达成及当期难点任务的攻克，如现金流回正奖、融资奖或拓展奖等；中期激励侧重业绩目标的达成及项目运营目标的实现，如业绩提成奖、年终利润分享奖等；长期激励侧重长期发展和价值提升，如项目跟投、股权激励等（见图 3-69）。

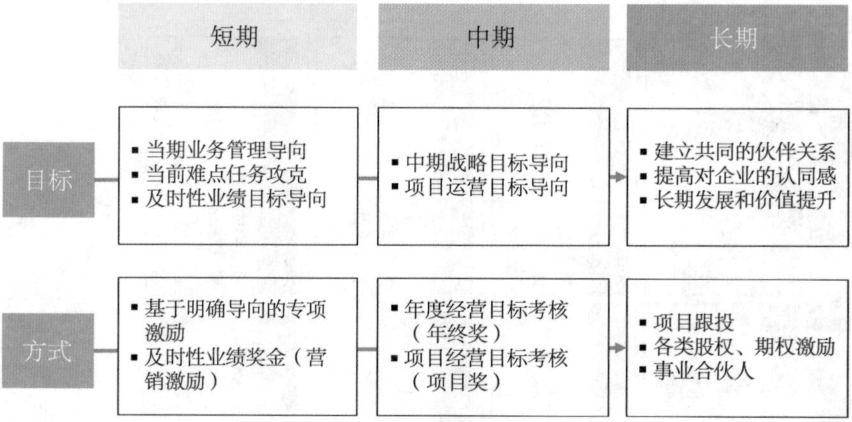

图 3-69 激励机制分类

从行业内的激励实践中可以发现，激励机制的使用不是机械式的照搬，而是根据房企的发展战略和关注点，更具针对性地进行组合拳式的短中长期的系统性设计。以 A、B、C、D 4 家领先房企关于短中长期激励的部分内容为例，我们可以看到专项奖的使用更加灵活，中期业绩激励与经营挂钩更加紧密，长期激励多引入了事业合伙人和项目跟投机制（见图 3-70）。

2. 趋势二：目标更聚焦，以经营价值为导向

在大运营管理体系下运用激励机制，房企要以经营价值为导向，配合房企重点任务设置针对性的激励体系。

例如，某优秀房企的单项奖紧扣战略经营敏感点，遵循“快增长、稳盈利、去库存、提去化、少投资、囤现金、减负债、调结构、提质量、树品牌”的方针，推动年度重难点问题得到优先的解决和激励（见图 3-71）。

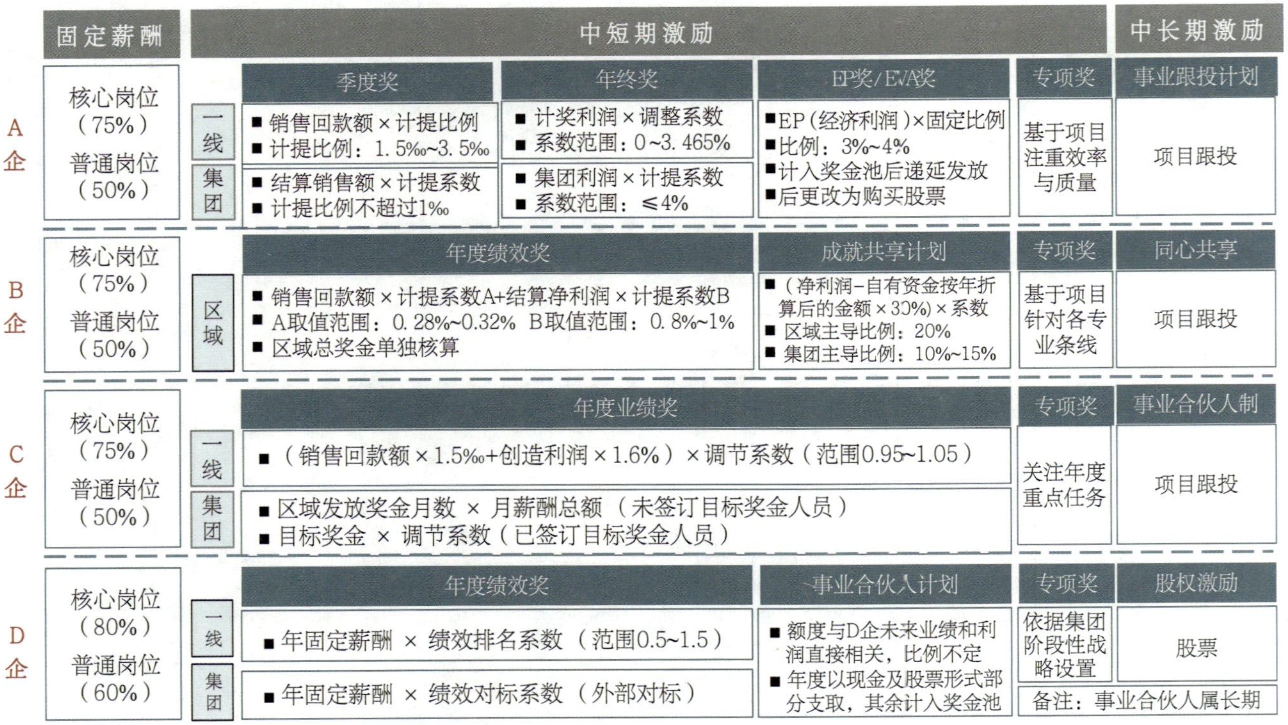

图 3-70　某领先房企激励组合示例

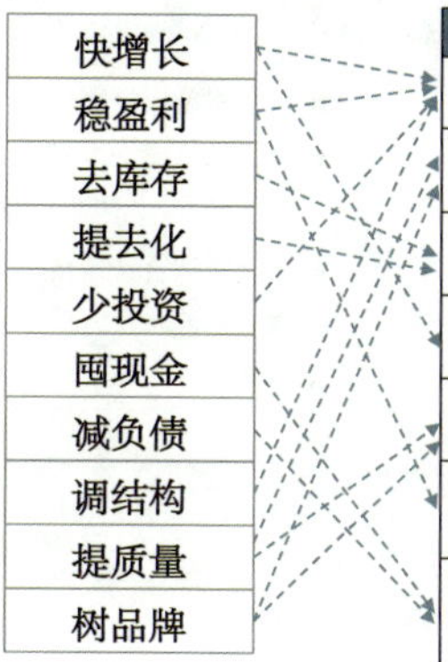

奖项名称	奖励金额	评价频率
投资贡献奖	20万~60万元/地块	即时
最佳体验区奖	20万元/项目 年底排名第一再奖10万元	即时＋年度
开盘成功奖	20万~80万元/地块 年底最佳开盘项目再奖50万元	即时＋年度
黄金运营奖或罚	奖：30万~40万元/项目；年底最优再奖50万元 罚：30万~40万元/项目	即时＋年度
最佳交付奖	住宅奖励：50万元/项目 商办奖励：50万元/项目	即时
费效比奖或罚——管理费率	奖：节约额的10%~20% 罚：超支额的20%	年度
卓越回款奖	奖金源于营销费用中预留的5‰ 滞重应收回款激励：回款额的1‰~5‰ 专项回款行动激励：10万~60万元 商办按揭突破激励：10万元/项目	即时＋年度

图 3-71 某领先房企激励制度示例

由于企业的战略工作重心每年都会有差异，因此激励奖项的设计也应有所区别。

以 Y 企的专项激励机制为例，为支撑公司经营思路逐年转型升级，Y 企激励机制的导向及内容每年都会发生变化。

在第 1 年和第 2 年，Y 企内部强调引导快速开盘和完美交楼，配合高周转运营策略，强化项目高周转思路；强调基于又快又好的运营管理要求，对计划、质量和成本进行过程控制。因此，Y 企在激励方面也更强调计划、工程质量、开盘和销售等环节的激励机制。

在第 3 年和第 4 年，Y 企内部逐年深化落实大运营管理体系的要求，强调现金流的重要性，所以设置了资金回笼及沉淀资金盘活临时奖励和大运营综合管理及考核奖励等激励机制。有针对性地配置激励机制，对大运营管理体系的有效推行会发挥重要作用（见图 3-72）。

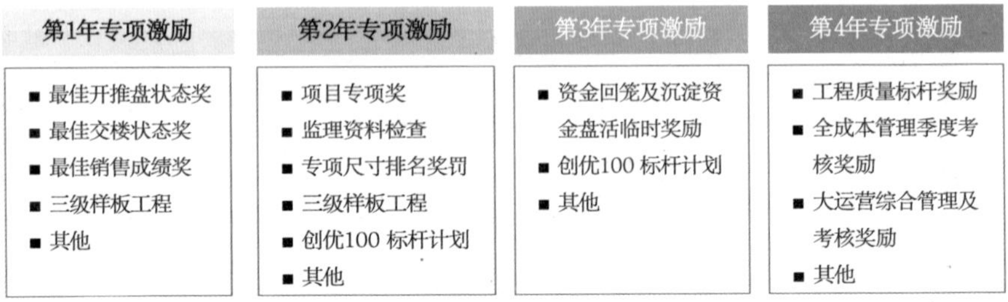

图 3-72　Y 企专项激励调整图

Y 企主要针对运营团队对项目运营提效所起的作用进行奖励，核心是促进“成就共享”。其中，区域以项目成就共享金额的 5% 计算奖金额度，将其作为额外奖金纳入各区域大运营奖金池；集团按区域大运营奖金池（成就共享金额的 5%）的 10% 计算奖金额度，将其作为额外奖金计入集团大运营奖金池（见图 3-73）。

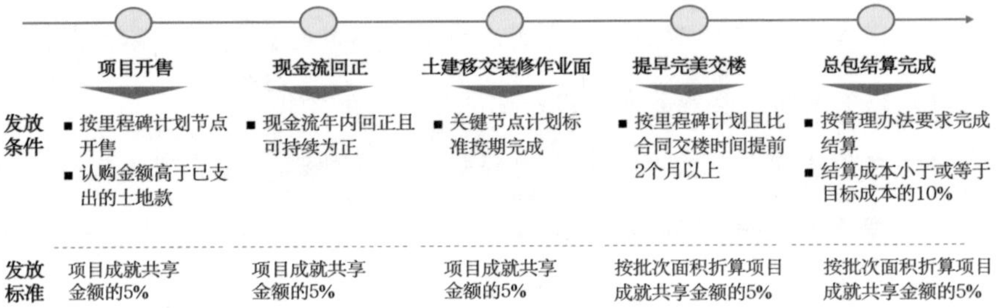

图 3-73　Y 企成就共享激励条件与标准

再以某房企大运营专项奖为例具体说明。该企业重点关注 ROE 指标，设置的激励条件为 ROE 不低于 20%，基础奖金包为净利润的 1%，之后 ROE 每提升 1% 就增加净利润的 0.1% 作为奖励，奖励上限为净利润的5%。同时，发放时间也直接与经营业绩挂钩，即销售面积达到95%后1个月内支付奖金总额的一半，在项目结算之后2个月内，支付奖金的另一半（见图3-74）。

使用变形公式测算项目ROE

$$\text{ROE}=\frac{\text{净利润}}{\text{自有资金投入均值}\times\text{自有资金回收周期}}$$

典型项目示例

自有资金投入均值	347 738万元
净利润	146 908万元
自有资金回收周期	2.50
ROE	16.90%

图3-74　某房企大运营专项奖示例

3. 趋势三：激励力度更强大，以业绩为导向

“一个项目的奖励金额就可能超过我20年的工资。”——这是碧桂园一位项目总对行业内大家所熟知的“成就共享”奖金的描述。

2012年年底，碧桂园集团董事局主席杨国强就提出：“碧桂园未来的项目总、区域总的年薪应该在百万元，甚至千万元以上，否则就不是一个称职的项目总、区域总。”这在行业内引起了巨大的反响，之后碧桂园呈几何倍数的规模增长也在一定程度上印证了激励机制的巨大作用。

特别是近几年，很多房企普遍加大了激励力度，一方面增加了奖项的种类，如超额激励、回款激励等；另一方面提高了奖项的计提比例，特别注重从业绩增量中计提更高比例的奖金激励团队成员。

以某优秀房企H公司为例，在其激励驱动总图中，

奖金金额 =（规模类奖金 + 利润类奖金）× 奖金调节系数 ± 单项奖罚 - 重大扣罚

其中，规模类奖金与利润类奖金的计算方式和提取系数是不同的。

规模类奖金以回款额为依据，回款固定提取系数为 1.5‰，具体见图 3-75。

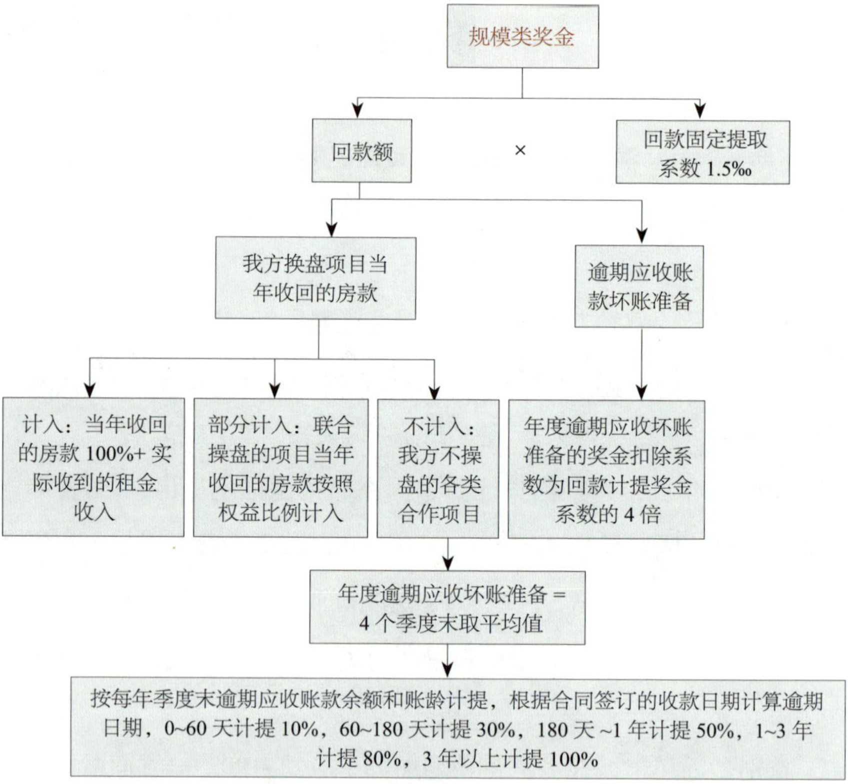

图 3-75　规模类奖金计量示意图

利润类奖金以创造的利润为依据，利润固定提取系数为 1.6%，

具体见图 3-76。

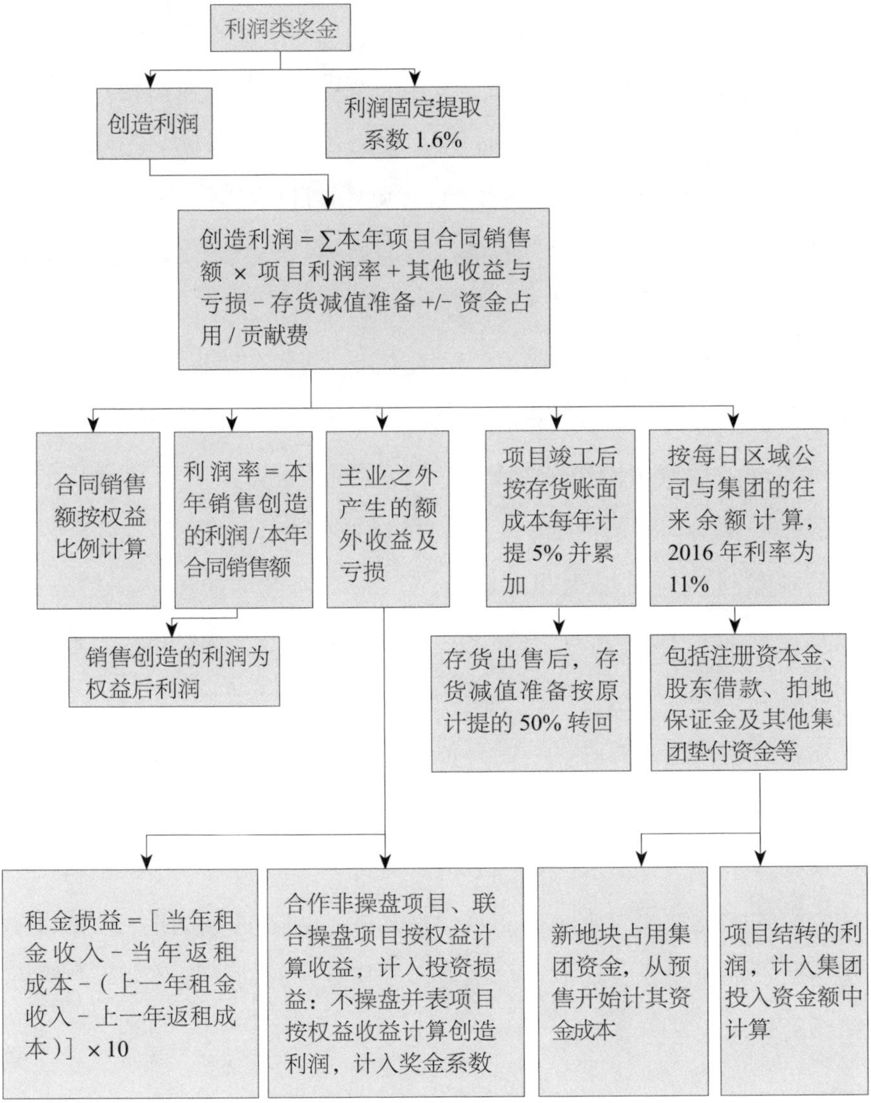

图 3-76 利润类奖金计量示意图

4. 趋势四：匹配更精细，激励差异化与大运营充分融合

随着大运营管理体系的成熟，房地产行业内的领先房企在设计激励机制时要更多地考虑如何契合公司的发展方向与经营目标，根据经营定位设计差异化的激励机制，即应针对不同战略目标、不同项目定位匹配相应的激励制度。例如，现金流型项目和利润型项目的激励机制差异化，不同经营定位项目的过程与结果激励差异化，以及不同城市或特殊项目的现金流回正标准差异化等。

现金流项目的经营思路主要强调快开、快售、快平，即快速开工、快速开盘、快速现金流回正。因此，现金流型项目的激励机制应注重运营效率的提升，围绕前端提效、后端提质展开。利润型项目的经营思路着重前端打磨品质，后端监控进度推进，追求产品的高溢价，以便项目投资收益最大化。因此，利润型项目更加注重产品品质，以及中长期利润的实现。总之，激励机制的设计应与项目类型相匹配。

在大运营配套激励机制的具体设计中，现实情况的复杂性远超上述两种分类差异。例如，即使同样是现金流型项目，也要考虑不同城市及项目本身的特殊条件等因素对现金流回正周期的影响。总之，不同公司的大运营配套激励机制是个性化、定制化的，会围绕经营目标的达成发挥拉动或驱动作用。用好激励机制，有助于提升大运营管理体系的落地效率和效果。

>> 本节小结

“配机制”的关键在于设计匹配经营模式的会议及激励机制，用到的工具或机制包括：

- 运营决策会议手册：保证决策的效率和效果。
- 大运营激励方案：激活组织与团队，提升经营意识与协同意识，促进经营目标的达成。

第四章
大运营管理体系落地保障

赛普观点 11

大运营组织的四大定位：

最强大脑、千里眼、中枢神经和超级分析仪。

运营管理部门的六大权限：

策划管理、绩效管理（目标）、计划管理、货值管理、数据统筹和经营监控。

赛普观点 12

实施大运营管理体系的三大保障：

组织机制保障、产品标准化保障和基础工具保障。

经营测算模型及经营监控分析模型是落地大运营管理体系的基础，而信息化手段是大运营管理体系落地的保障。

大运营管理体系的推进是一个系统性工程，因此传统运营升级为大运营的过程离不开强有力的配套机制来保障其落地。赛普管理咨询结合众多大运营咨询项目的实践经验，建议房企重点做好组织保障、产品保障和工具保障工作。

第一节　组织保障：大运营组织建设

大运营管理体系对房企的组织管理提出了新的要求。首先，房企要考虑大运营的工作任务在各层级落位的问题，充分权衡大运营的落地工作由谁承接更合适，例如由哪个部门主导推动，哪些部门配合协同，权责如何划分，各方如何协同等。其次，传统运营升级为大运营可能会引发一系列的权责调整，原来重视度不够的事项可能会被提升至重要地位，例如特别强调运营管理部门的策划管理、经营监控与货值管理等职能。最后，从一线公司落地的角度出发，房企应筹划在大运营管理体系下如何更充分地激活一线、更高效地赋能一线等工作，从而助力一线公司更好地承接大运营管理体系并让其真正落地。

一、机制构建：大运营工作小组助力运营升级

组织的使命紧扣经营目标的达成，大运营管理体系的有效落地需要一个高效的大运营工作小组，这也是很多领先房企成功推行大运营管理体系的关键一环。房企应通过构建“横纵贯通、专业合力”的大运营工作小组，强化内部协同、上下贯通及资源整合的能力，从而又好又快地推动运营升级。

那么，什么是大运营工作小组？大运营工作小组应该如何构建？

1. 横纵贯通的大运营工作小组

大运营工作小组的主要价值是通过横向整合同层级多条线专业能力，强化协同沟通；纵向打通各层级上下传递机制，实现战略目标逐级落地。同时，大运营工作小组是大运营管理体系的建立者与推动者，是房企经营的“驾驶舱”，是决策的“参谋团”，向上承接集团总部战略，向下监控经营活动，预警经营风险。大运营工作小组是“最强大脑 + 千里眼 + 中枢神经 + 超级分析仪”的集合体，具体见图 4-1。

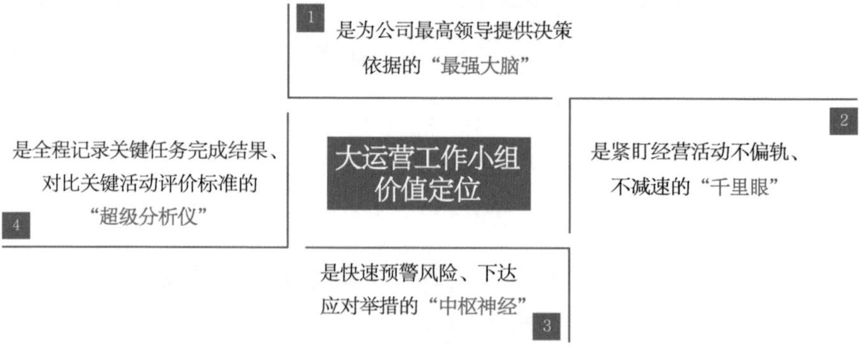

图 4-1 横纵贯通的大运营工作小组

大运营工作小组的架构需要从横纵两个方向来考虑。横向上，大运营工作小组应整合运营、投资、设计、招采、成本、工程、营销、报建和财务等职能，保障各专业条线间的横向“对话”畅通；纵向上，对于多级管控的房企而言，需要在集团总部与区域层面分别设置大运营工作小组，保障层级间的纵向“对话”畅通（见图 4–2）。

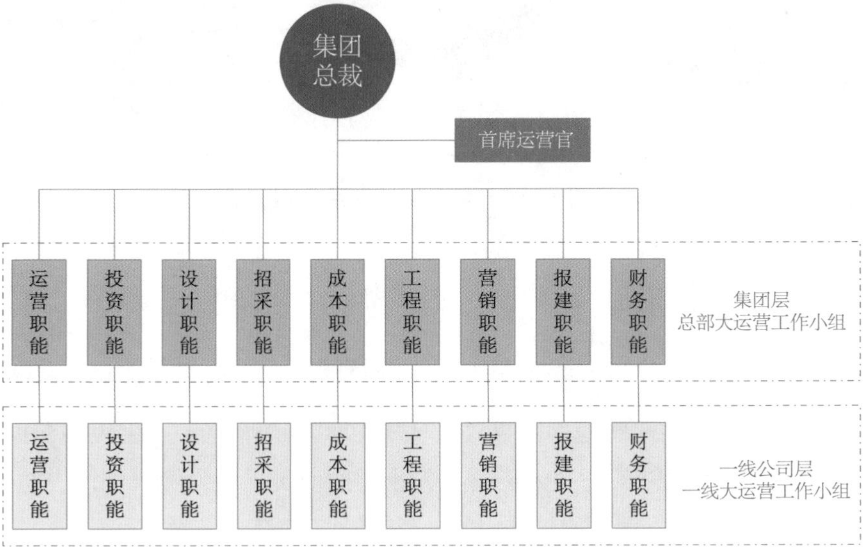

图 4–2　大运营工作小组架构

2.“四定”到位构建大运营工作小组

在明确大运营工作小组的价值定位和职能构成后，房企应进一步将大运营工作小组的权责细化落实到具体岗位，并尽可能实现运行过程的责权利一致。这一具体细化过程可以通过定组织职责、定成员职责、定运行规则和定激励机制“四定”来实现（见图 4–3）。

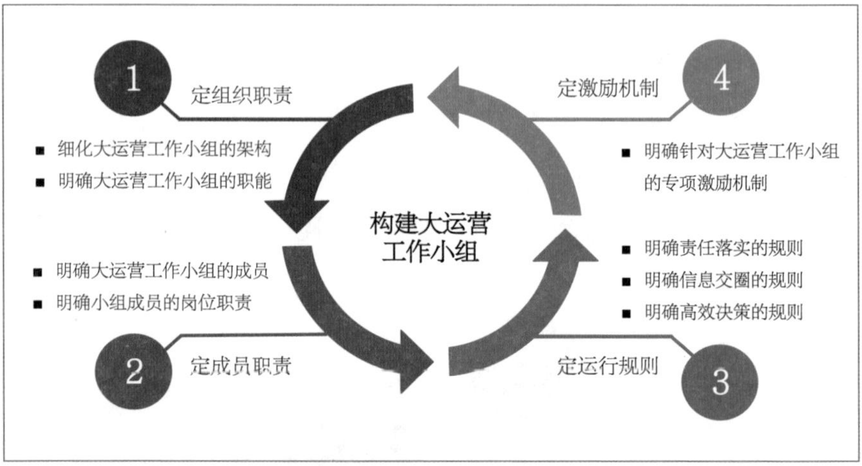

图 4-3 “四定”到位构建大运营工作小组

（1）定组织职责

大运营工作小组的职责是围绕大运营的重点工作展开的。房企应基于总部和一线公司的管控定位，明确各层面大运营工作小组的职能职责。我们在此以某公司大运营工作小组的职责界定为例来进行说明，具体见表 4-1。

（2）定成员职责

大运营工作小组的成员，首先应该与大运营工作小组的组织架构相匹配，其次应该能够代表各专业和各层级，有较强的话语权与决策权，以保障大运营工作小组有较强的执行力。以某公司大运营工作小组为例，其人员构成如图 4-4 所示。

表 4-1　某公司大运营工作小组的职能职责

层级	集团总部大运营工作小组	一线业务单元大运营工作小组
职能职责	■ 大运营管理体系的建立及维护，制定运营方针政策，指导运营发展 ■ 监控项目经营指标和开发进度，及时进行预警和决策 ■ 负责区域经营业绩的评估与排名 ■ 在集团总裁授权范围内对项目开发经营问题进行决策 ■ 负责专题协调会和新项目开发重难点会议的召集及决策等 ■ 负责帮扶区域，解决区域提交和报送的问题，提升项目开发效率 ■ 负责对区域自主确定范围内的项目定位、定案和启动会等进行后评估 ■ 巡检区域大运营平台、重难点项目和新项目	■ 负责完善业务单元的大运营管理体系、优化工作和决策机制 ■ 跟进项目提出的支援需求或问题请示并回复处理意见，做到及时反应，快速决策，实现“纵向打通” ■ 落实集团大运营工作小组的各项工作要求，做好强传导、强管控，确保集团制度、指令和要求在区域及事业部内有效落地和准确执行 ■ 监控项目经营指标和开发进度，及时进行预警与决策。在区域授权范围内解决区域业务线之间可能存在的不交圈、矛盾和盲点等问题，做到“横向协同” ■ 建立月度和季度巡检机制，对区域内事业部平台及项目进行巡查 ■ 通过前置策划与建立区域大运营会议机制等，管控项目开发实施过程 ■ 向集团大运营小组提出合理化建议或经验，内容包括但不限于经验教训、案例总结和知识成果转化应用等

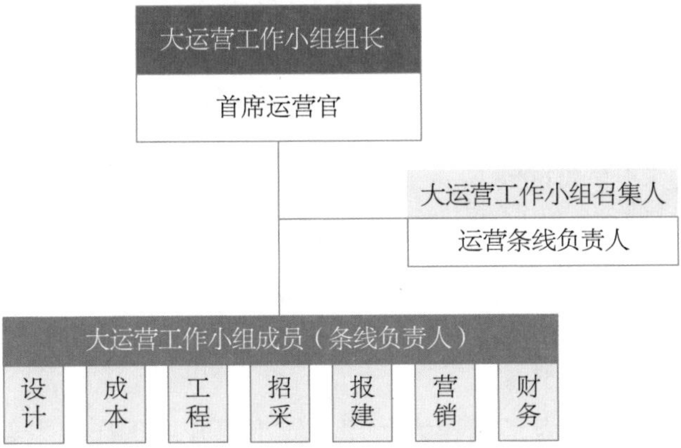

图 4-4　某公司大运营工作小组的人员构成

大运营工作小组负责人，在总部层面一般由总裁或运营分管副总担任，在一线层面一般由一线公司总经理兼任。

通常，为了更好地推动大运营日常工作的开展，有些公司会设立大运营召集人作为大运营管理机制的联络人，其在总部层面一般由总部运营条线负责人兼任，在一线公司层面一般由所属公司运营条线负责人兼任。

大运营工作小组各岗位的具体职责如表 4-2 所示。

表 4-2　某公司大运营工作小组成员职责

岗位	大运营工作小组组长	大运营工作小组召集人
职责	■ 主持所在单位的大运营工作小组会议 ■ 在授权范围内负责公司及项目运营关键成果及事务决策 ■ 负责所在单位各专业部门及项目重大事务协调	■ 首席运营官无法参会时，主持大运营工作小组会议 ■ 负责大运营工作小组会议决策过程中重大事务的沟通与协调 ■ 负责大运营工作小组会议决议的督办 ■ 负责项目日常重点工作的跟踪
岗位	大运营工作小组成员	
职责	通用职责： ■ 参与大运营工作会议，在专业范围内进行决策 ■ 提供本专业内大运营工作会议评审材料 ■ 召集本专业评审会议 ■ 负责大运营工作会议决议在本专业条线的执行	各专业职责（部分）： ■ 营销：负责分析销售去化、回款、价格和营销费用等管控要点的执行落实情况 ■ 财务：负责分析项目的利润测算、费用管控和税务筹划情况 ■ ……

（3）定运行规则

定运行规则是为了指导大运营工作小组开展工作，主要包括责任落实的规则、及时交圈的规则和高效决策的规则。

- **责任落实的规则**　根据“二八原则”，明确总部与一线公司之间的责任划分。以某公司为例，其要求项目公司 80% 的审议问题在项目内部解决，上报区域大运营工作小组的不超过 20%；区域公司 80% 的审议问题在区域内部解决，上报集团总部大运营工作小组的不超过 20%；集团总部大运营工作小组 80% 的审议问题在小组内部解决，上报集团总裁的不超过 20%。“二八原则”要求项目公司与一线公司必须主动协调内部资源，积极促成项目问题在内部解决，共同促进经营目标的达成，内部难以解决的问题则上报寻求支持。
- **及时交圈的规则**　主要是指通过对成果信息进行定期且及时的报送及协调沟通会议的召开等相关机制，保障各专业、各层级相关问题充分交圈并及时制订解决方案。
- **高效决策的规则**　主要是指会议机制的搭建与运行及权责审批流程的优化等。例如，会议可以进一步分为定期、不定期会议及需重点关注和跟踪的专题会等。

在大运营工作小组职责界定清晰的前提下，某房企为促进运营流程提效，将项目的定位审批流程进行了相应的调整。其中，针对一级区域的计容可售面积不超过 15 万平方米，地价不超过 9 亿元，且定位的标准产品的净利率不低于投委会测算的净利率的 80%，项目定位调整为集团大运营工作小组召集，并由集团大运营工作小组组长决策。

对于二级区域计容可售面积不超过 25 万平方米或一级区域计容可售面积大于 15 万平方米且不超过 25 万平方米，地价不超过

15 亿元，且定位的标准产品的净利率不低于投委会测算的净利率的 80%，项目定位调整为集团大运营工作小组召集并由总裁决策。

……………………………………………

（4）定激励机制

为推动大运营管理机制的落地，发挥大运营的管理价值，建议房企考虑设置针对大运营工作小组的专项激励机制，以激发小组活力，培养小组成员协同合作和经营为先的意识，为大运营管理体系的构建和实施提供动力。

……………………………………………

某公司总部针对各区域公司的大运营工作小组设置了激励机制，即在月度和季度基于综合业绩（管理维度 + 业务维度）排名，并在内部公告排名次序，同时这一方式也适用于月度和季度经营分析会的内部发言顺序和座次安排。对于季度综合业绩连续两次排名末位的区域公司，由集团总裁约谈其大运营工作小组组长。

……………………………………………

通过对以上 4 个步骤的合理安排，房企可以构建一个高效的大运营工作小组。大运营工作小组不仅强调横向打通多专业、多部门间的协同，更强调纵向保障战略及经营目标层层穿透，充分发挥大运营管理体系 TVPC 各部分的业绩牵引作用，从而保障大运营工作的实施。

二、责权升级：六大责权匹配大运营机制升级

运营管理部门通常是大运营工作小组的执行机构。传统计划运营体系下的运营管理职能往往不能满足大运营的要求，因此，运营管理部门的权责也需要随大运营管理体系的推行进行升级。为了保障大运

营管理工作落地有效，运营管理部门该如何升级？升级之后又如何保障与大运营机制相匹配呢？

1. 运营管理部门职能管理升级

运营管理部门作为大运营管理体系的直接推动者与践行者，首先需要在部门自身建设上迈出重要一步，主要包括部门职能、架构设计及岗位配置等方面的升级更迭。

（1）职能升级

为了更好地匹配大运营管理体系的建设要求，运营管理部门必须强化以经营为导向的经营目标、经营计划、项目策划和经营监控等职能，围绕 TVPC 实现运营管理部门职能的新一轮“进化”（见图 4–5）。

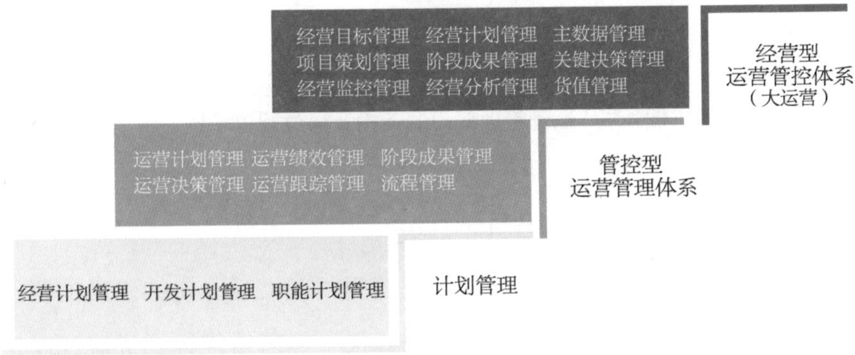

图 4–5　运营管理部门职能的升级演变

（2）部门架构及岗位

在运营管理部门的架构设计上，房企可以考虑将其划分为策划管理、计划管理、经营分析、货值管理和绩效管理五个组。需要特别注意的是，避免将运营管理部门简单划分成计划管理与经营管理两个组；

进行相关岗位配置时要以精简高效为原则，重点强化具备大运营特征的岗位，比如在经营分析组设经营分析岗与主数据管理岗，在货值管理组设货值管理岗，从而保障架构设计及岗位配置符合运营管理向经营管理升级的要求（见图 4–6）。

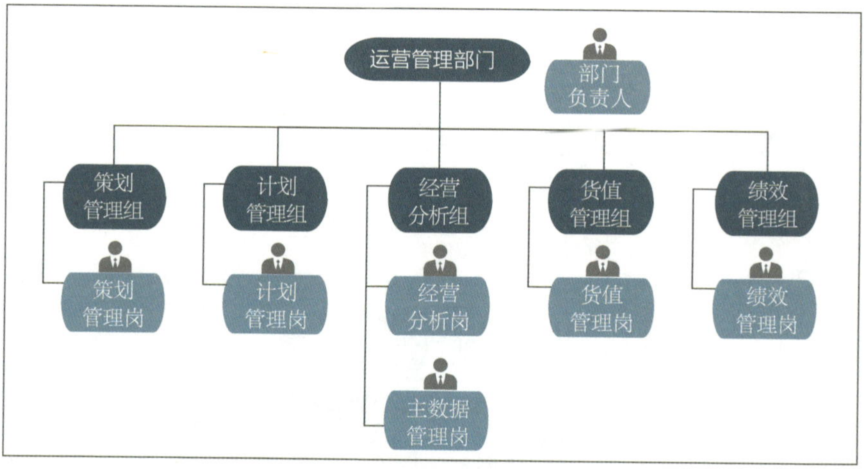

图 4–6　运营管理部门的架构及岗位配置示例

2. 六大责权匹配大运营机制升级

在大运营管理体系下，运营管理部门须新增或强化的权责主要包括策划管理权、计划管理权、数据统筹权、经营监控权、货值管理权和目标管理权（见图 4–7）。

（1）策划管理权：保障运营统筹协调、全局推动

策划管理权主要是指对经营活动及管理工作的策划。房企可通过强化策划管理权，从全局视角推动公司的经营与管理。例如，碧桂园采用“8 前 4 后”的策划方式，从项目全盘出发进行各关键阶段的工作的前置策划。

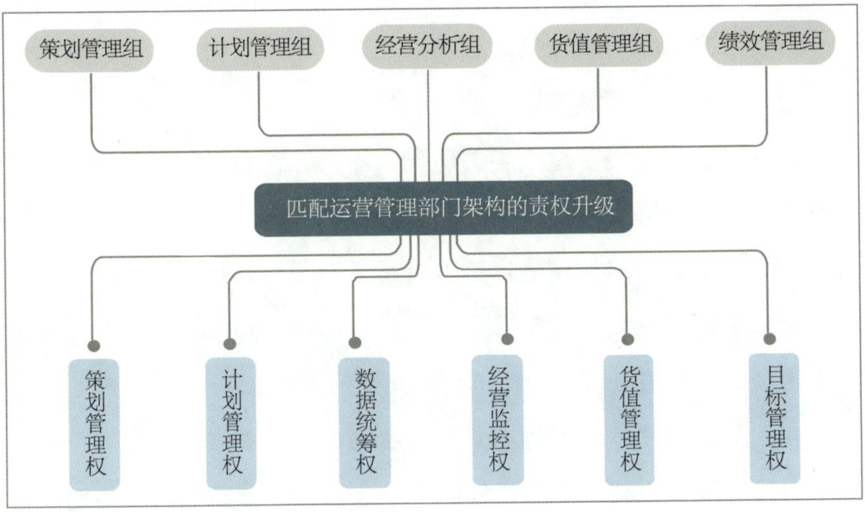

图 4-7　大运营管理体系下运营管理部门的责权升级

（2）计划管理权：保障运作思路明确、进度可控

计划管理权主要是指基于公司经营要求，结合标准工期及开发路径图开展的关于项目计划的编制发布、动态调整、计划监控、计划考核等一系列管理所需要匹配的责权，是计划运营管理以及大运营管理都不可缺少的组成部分。

（3）数据统筹权：保障运营监控到位、结果真实

数据统筹权主要是指在大运营管理体系下，为了规范数据的命名、规则和口径，有关职能和条线要更精准地实现主数据管理方面的责权。同时，也是为保障项目及公司数据能够在运营管理部门被统筹起来，用于支撑经营计划的制订、经营过程的监控、经营结果的评价与经营决策的制定等。

（4）经营监控权：保障运营动态更新、及时纠偏

经营监控权主要是指围绕计划、货值、利润和现金流的监控。房企应及时更新实际经营过程中的情况，输出经营看板并基于监控到的动态数据及时预警。

（5）货值管理权：保障货值清晰明了、平衡监控

货值管理权主要是指与项目货值盘点、存货分析、货值产供及供销平衡监控、货值分析等管理机制所匹配的责权。

（6）目标管理权：保障运营目标明确、标准合理

目标管理权主要是指与目标的制定、跟踪、调整和考核等匹配的责权，对应到运营管理部门的核心职能为经营目标管理、运营绩效管理与运营标准管理。

大运营管理体系的建立与推行，使运营管理部门成为最"靠近"战略目标的机构。在大运营管理体系的推行过程中，房企可以适当地增加运营管理部门对于经营决策的话语权，主要体现在人事任免建议权、经营决策建议权及其他建议权等方面。

三、团队升级：能力提升，变"管控"为"自驱"

随着大运营管理体系的推行，各层级应具备与公司战略目标高度一致的经营意识，从投资导向、产品配置和开发节奏等方面统一思路。同时，不仅总部要清楚公司年度经营目标和把控要点，各区域、城市公司及项目负责人也要清楚每天的费用、利息和收益。

1. 意识转变，以经营目标为导向

大运营管理体系涉及全项目、全周期和全专业，房企须通盘考虑

所有项目的整个开发周期和各专业条线的协作。这给大运营管理人员带来了一些挑战，不仅要应对可能增加的工作量，还要重新调整管理认知和工作模式。因此，以经营目标为导向的意识转变就显得尤为重要，但更重要的是大运营管理体系使运营人员的管理认知和工作模式产生了较大改变。首先，大运营是一个“一把手工程”，需要高级别的管理者强力助推和大力支持，自上而下加以宣传和推动；其次，需通过相应的培训改变员工的传统工作惯性，帮助骨干人员快速转变意识，并提升相应的大运营管理技能；最后，在涉及现金流回正等关键环节上，各专业条线必须协同配合，这就需要城市总、项目总等一线人员的大力推进。

J企：调整策略、精简流程，以经营为导向促进各部门协作

作为兼顾规模和利润的房企，J企关注高周转的同时也关注利润率。因此，J企一方面在前期增加与利润率和现金流相关的经营指标，另一方面在考核中兼顾效率与利润。J企在从传统运营到大运营转变的过程中，非常重视意识转变，以经营意识倒逼运营提效和团队成长。

在2016年以前，J企的运营是单线条、职能型的，即各专业条线主要对自身的职能和绩效负责。当时项目数量不多，只有总经理对经营指标负责，因此决策效率很低。

2017年，J企开始建设大运营管理体系，集团总部运营管理部门的职能要求越来越综合，从项目计划运营视角转为公司经营视角，从原来的聚焦业务管理转变为聚焦企业经营。J企调整了发展策略和管理模式，精简了授权流程，并通过强化和完善大运营管理体系，以经营为导向促进各部门协调运作，推动了整体开发效率的提升。

此时，在运营意识层面，J 企开始综合评判利润率、IRR 和现金流回正周期等指标情况，例如在城市公司和项目层面增加了以经营为导向的指标（见图 4-8 和图 4-9）。

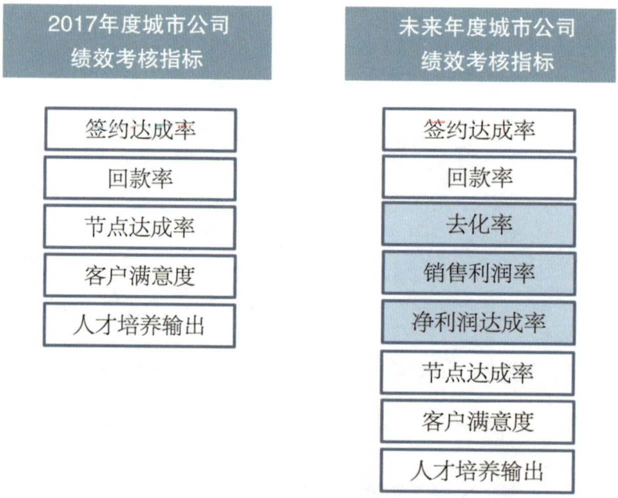

图 4-8　J 企年度城市公司绩效考核指标变化

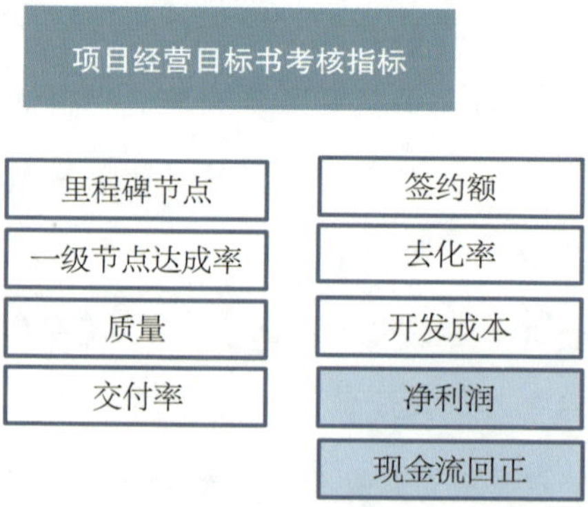

图 4-9　J 企项目经营目标书考核指标

以经营为导向来协调各部门，能够引导项目往整体经营有利的方向发展。过去，职能部门人员只为自己的绩效负责，而现在要对整个项目及公司的经营结果负责。

意识转变之后，团队开始注意避免部门本位主义，从而促使各专业条线间减少推诿，增进协同。此时，相应的职能人员也开始蜕变，整个团队的能力都得到了提升。

……………………………………………………

……………………………………………………

M 企：经营管理 4 张表倒逼全员经营意识转变

M 企则是通过用经营管理的 4 张表来替代财务报表，关联考核与激励机制，进而倒逼企业自下而上转变经营意识。

M 企旗下既有高周转项目，也有高溢价项目，甚至还有大量的持有型业态，如酒店、商场和游乐园等。在这种情况下，从表面来看 M 企运营要有“两个大脑”和两套不同的打法，但实际上殊途同归，都是经营导向。

M 企经营管理的 4 张表并非财务报表，而是作为运营考核表为 M 企的运营服务。这 4 张表类似地区公司采取的“公司制”的游戏规则，出台与之匹配的公司制度、管理报表，对地区公司的经营状况进行动态跟踪和分析（见图 4-10）。

一是资产信息表。这张表的主要作用是促使地区公司主动盘点“粮草”，加快“粮草”供应，确保资源支撑指标的达成和地区公司的持续发展。从资产盘点的角度来看，在每一次的季度会上，各区域公司都要盘点资源情况，检查自身家底，如有多少钱要收，有多少货可以卖，通过经营能实现多少现金流，现金流能转变成多少货值去支撑地区发展规模，这是一个闭环。而大宗资产里的低效资产可能会考虑处置或是部分处置股权，从而盘活现金流。这也会被融入运营后期的考核方案里，作为考核的重要依据。

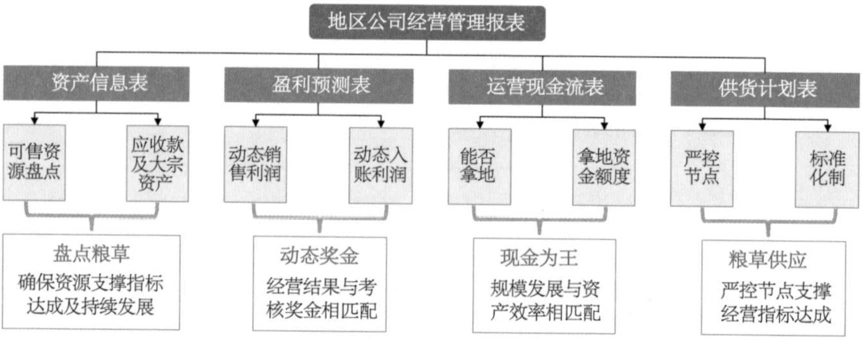

图 4-10　M 企经营管理的 4 张表

二是盈利预测表。通过匹配经营结果与考核奖金，房企借助这张表促使地区公司积极主动经营，注重动态效应。盈利预测表分两个口径：销售口径和入账口径。奖金结构也应结合这两个口径，超额利润越多则计提越多，同时超额利润区间还设有激励比例跳点，鼓励多劳多得。

三是运营现金流表。这涉及投资跟现金流之间的关系，可以称为地区公司的拿地总则，例如，运营口径经营性现金流为正（不含融资）才有资格拿地；对于期初余额，集团会将年初预计年度销售计划的 10% 作为地区公司的预借款；地区公司自行处置的资产或是“滞重”库存的去化都会按照 200% 的比例计拿地额度，考核额度仍依照现金流额度。运营现金流表主要是促使地区公司注重现金流的日常运营，加快周转，实现规模发展，从而与现金流效率相匹配。一方面，通过经营和盘活现有资产来加大投资力度。例如运营现金流表鼓励地区去做无效或低效资产的处置，像某些三、四线城市的商业效率低，如果能完成处置，可换算为双倍现金流额度给地区拿地。另一方面，鼓励通过增加其他收入来加大投资力度，一般包括土地款退款、投资返还和各种退税等。

四是供货计划表。这张表的目的在于促使区域公司严控节点，支撑经营指标的达成。如果说运营现金流表是为了保证来年的供货，那么供货计划表就是为了保证当年的供货。某年M企的整个经营考核逻辑强调授权和为地区公司赋能，比如经营管控计划表中有一张供货计划表，该表会根据区域的具体情况来适当分层。针对达百亿规模的区域，授权在不断加大，团队成熟度在不断提升，因而仅给予监督和辅助即可。

M企的计划调整也体现了人性化的一面，比如地区公司内部各项目之间的供货可以协调。如果某个项目供货不足，依据地区公司的经营结果，如果能满足地区公司的签约额，那么地区内其他项目或分期的同业态可以作为补充货源。

除了前述规则与机制，M企的运营规则还引导地区公司主动实行高品质、高增长、高效益、高周转和低负债的日常运营管理。而地区公司的奖金规则，除了常规的基础奖金以外，还有超额利润分享，同时也鼓励地区公司进行代建、代收管理费等多元化创收，激发地区公司的活力。

……………………………………………………

2. 从管控到赋能，有授权亦有问责

大运营管控模式对相关专业条线的工作提出了挑战，各个层级须

建立分工明确、权责对等的授权体系，推动整体经营意识达成一致，并给予一线更多的自主权，激发一线团队的活力。

例如，展示区的建设往往是关注的重点，须单独招标、设计和施工。如果要求展示区 3 个月开放，却没有授权，就会因招标采购无法到位而导致工期目标无法达成。此外，权责到位还涉及考核权和人事任免权等，大运营管理体系要协调各部门来推进项目，若没有考核权和激励政策，协调难度可想而知。

M 企职能转变：从集权到授权，从管控到赋能

M 企没有专门的战略中心，因此运营管理中心承接了所有的战略输出工作，从战略到战术，再到落地，运营只对管理层的核心结果负责。不同于其他房企的运营，M 企的运营涵盖销售类住宅项目、自持的酒店和商业及主题乐园和物业公司，这些业态都需要运营去支持以达成经营目标。为了实现从集权到授权的转变，M 企调整了组织架构，将权力下放给地区公司。

在 2018 年之前，M 企没有城市公司，集团直接管理区域公司和项目。2018 年，M 企开始设置地区公司，地区公司下设城市公司。M 企对城市公司有严格的规模要求，即一年合同销售额必须大于 70 亿元才能进入城市公司的预备梯队，而地区公司则是此前区域公司的升级。

M 企从集权到授权的调整，表现为将审批权由集团、地区分别占 60% 和 40%，调整为分别占 40% 和 60%，集团从强管控转变为弱管控。M 企授权下放的核心职能，基本上涵盖所有的生产职能及投资、人才梯队建设。此时，集团的运营、财务和审计等部门的职能主要是控风险、下发制度、下达目标，并在运营过程中进行监控、预警和资源调配。

以拿地为例，M企的投资拓展以地区公司为主，由集团来审核。例如，某年的考核指标主要跟现金流挂钩，即依据自有的现金流来拿地，从而决定了地区公司的拿地额度和规模。同年上半年M企更是放开规定，表示各地区公司间可以跨区域拿地，同一地块可互相竞争，集团重点考虑三个指标——利润率、IRR、现金流回正时间；优胜的地区公司可以参与拿地，而资金充裕的地区公司也可以向其他地区公司注资或投资，其中注资可以根据权益占比共同分享业绩和奖金。

授权并不代表管控逻辑改变。即便从集团管控转向地区公司自主管控，集团也会巡查执行落地情况，执行好则下放，执行不好则收回，做到既能放得下，又能控得住。

J企：集团聚焦资源统筹和过程风控，城市公司和项目肩负经营指标任务

意识转变之后，J企集团总部的运营职能角色也在转变——开始聚焦包括货量和土地在内的资源管理，战略规划和年度经营计划的编制，下属运营单位的培训，过程风险管控及经营业绩的分析，并通过信息的搜集、分析和公开呈报等助力企业高层决策，进而保障企业利润目标的实现及做大做强。

与此同时，集团运营部门与人力部门联动推行城市公司战略评价体系，通过平衡计分卡对所有城市公司进行考核排名以确定城市公司绩效，并将绩效与城市公司年度奖金池挂钩，规定城市公司的绩效与奖金都要“用业绩说话”。

职能型组织架构转型为矩阵型，形成“1+7”结构。“1”是指项目总，背负项目运营指标；“7”是指 7 个专业条线的职能经理。升级和优化 7 个专业条线系统，同时改善管理层级和授权，这样就解决了城市总和运营总面临的经营层面 70% 的跨职能决策问题。此时，90% 以上的决策由项目总和运营总完成，相当于“解放”了总经理，使得总经理可以投入更多精力在公司的战略与发展上，如拿地、融资与组织提升。

J 企对其中三个层面的角色进行了调整：一是集团层面，建体系、建标准并检查和纠偏运营过程，涉及跨职能决策，及时召开专题会或成立虚拟工作组，高效决策城市公司上报的问题；二是城市公司层面，运营总虽然不是公司总经理，但是比其他职能部门的主管要高半级，须以经营为导向横向协调各部门并跨职能协同推进项目；三是项目层面，项目总隶属于运营体系，其在带领团队实现启动会既定目标的同时应背负项目所有经营指标。角色转变的核心价值在于，以经营为导向，横向协同，促使项目、城市公司与集团完成既定的经营目标，力争达到经营指标最优化。

……………………………………

3. 岗位胜任力要求与人才团队驱动

（1）岗位胜任力要求

在大运营管理体系下，运营组织职能的改变对运营岗位人员的胜任力提出了新的要求。以大运营经理为例，其往往需要具备三个方面的能力。

一是经营定位判断能力。大运营经理需要对项目的经营定位进行判断，进而对项目竞争态势和地区市场的供需情况进行分析，以便明确未来的操盘策略。

二是经营分析能力。大运营的基本逻辑是以利润和现金流为导向，因此，对大运营经理的能力要求之一便是能够通过对公司和项目经营数据的观察分析，对现金流进行监控，提出经营指标调整改善的建议。

三是多专业统筹管理能力。大运营经理具备这一能力有多方面的好处：从财务的角来讲，能够监控房企现金流的健康和安全；从开发的角度来讲，能够监督项目开发进度按期实现；从营销的角度来讲，能够监控产品销售去化情况；从客服的角度来讲，能够监控客户风险。

如上所述，在大运营管理体系下，为了适应规模化扩张和大运营的经营管理要求，房企需要提升、强化和新增一些岗位能力，同时要不断发现改善效率的方式和方法，并通过对流程的修正和完善、各专业的信息交圈，提高房企的管理与运营效率。这些都需要通过人才培养来实现。从原则上来讲，与大运营经营管理要求相关的岗位都应作为培养对象，尤其是与大运营相关的关键岗位，如公司负责人、各专业负责人、项目负责人、运营负责人、运营管理岗位、信息化岗位、数据分析岗位等，这些岗位都需要经过更专业、更体系化的培训。

以项目总为例，项目总既是大运营的管理者又是体系的执行者，是推动运营目标实现的关键管理人才，在大运营的项目运作中起着至关重要的作用。那么，如何将以往单一的工程型或专业管理型项目总培养为综合经营型项目总？首先要明确管理现状，即通过绩效分析、行为事件分析及结构化述职的方式分析现有岗位人员的能力水平；其次要明确基于大运营的管理要求和通过业务场景模拟的关键业务管理岗位的能力素质要求。

……………………………………………

以 M 企为例，从战略发展、外部环境和内部影响三个维度了解项目总可能身处的十大典型情境。通过分析典型情境可得出项目总应具备的领导力要素有哪些（见图 4–11）。

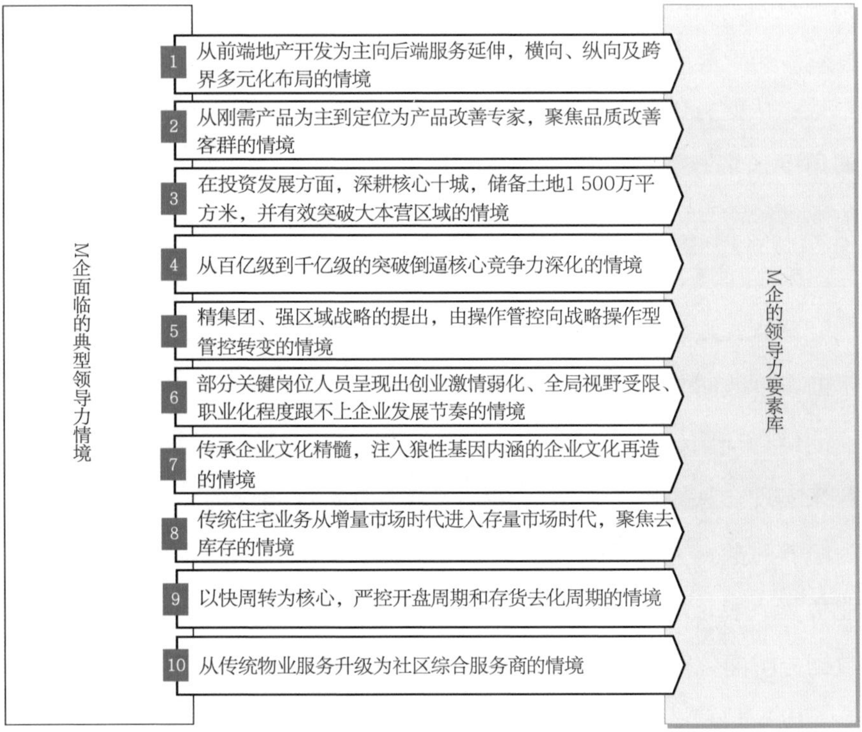

图 4–11　M 企领导力情境与领导力要素库

具体来看，M 企产品力导向根据战略进行调整，产品结构由原先的“721”（70% 刚需、20% 改善、10% 高端）调整为“541”（50%

主流、40% 改善、10% 高端），增加了改善型产品占比，公司内部也设定了做“首改专家”的目标。经过对公司内部产品定位的分析，提炼出特定情境“产品定位从刚需为主到改善专家，聚焦品质改善客群”。

在该情境下，项目总须提高对市场和客户的关注程度，以客户为中心进行分析，确保产品能够满足客户的需求。针对该情境和要求，M企最终确定了项目总应具备的6项领导力要素——审美追求、分析研究、客户敏感点把控、市场敏锐度、系统思维和用户意识（见图4-12）。

审美追求	在产品研发设计中，保持对建筑物的艺术美的欣赏，同时具有对美的把控能力，展现美学造诣
分析研究	用明确的逻辑，系统地处理信息和分析问题，从而条理清晰地呈现关键内容
客户敏感点把控	充分把控客户敏感点，并将其有效落实到产品研发设计中
市场敏锐度	持续关注区域与行业市场，不断追踪和收集市场信息，整体把握市场趋势，及时、前瞻地发现和把握市场机会，保持对市场的敏感度，进行快速响应
系统思维	保持思维的广度，考虑自身决策对周围环境的影响，从而做出对产品研发设计最有益的方案和行动
用户意识	以客户为中心，研究并洞察其需求，不断驱动产品和服务的改善与创新，为用户创造价值，赢得忠诚的客户

图 4-12　项目总的 6 项领导力要素

M 企项目总的 50 项领导力要素见表 4-3。

表 4-3　M 企项目总的 50 项领导力要素

情境	领导力要素	情境	领导力要素
从前端地产开发为主向后端服务延伸，横向、纵向及跨界多元化布局的情境	远见卓识	部分关键岗位人员呈现出创业激情弱化、全局视野受限、职业化程度跟不上企业发展节奏的情境	激励进取
	勇于担当		持续发展
	战略执行		传递正能量
	风险控制		人才引进
	快速学习		打造梯队
	责任心		激励人才
从刚需产品为主到定位为产品改善专家，聚焦品质改善客群的情境	审美追求	传承企业文化精髓，注入狼性基因内涵的企业文化再造的情境	凝聚士气
	分析研究		团队精神
	客户敏感点把控		成就导向
	市场敏锐		以身作则
	系统思维		忠诚度
	用户意识		自律能力
在投资发展方面，深耕核心十城，储备土地 1 500 万平方米，并有效突破大本营区域的情境	市场开拓		文化认同
	资源整合	传统住宅业务从增量市场时代进入存量市场朝代，聚焦去库存的情境	敢想敢做
	价值判断		目标导向
	快速决断		拼搏精神
	关系建立		思维活跃
从百亿级到千亿级的突破倒逼核心竞争力深化的情境	主动应变		客户导向
	前瞻思维	以快周转为核心，严控开盘周期和存货去化周期的情境	效益导向
	拥抱变革		高效执行
	经营意识		协同运营
精集团、强区域战略的提出，由操作管控向战略操作型管控转变的情境	体系规范		组织协调
	科学分权	从传统物业服务升级为社区综合服务商的情境	创新思维
	公平公正		广结良缘
	大气开放		合作精神

而关于如何获取专业能力，在不同的项目运营阶段，项目总关注的关键事项不同，所需专业能力也就不同，譬如项目开工阶段要求项目总具有进度管理、质量管理、成本管理和安全管理等专业能力。基于赛普房地产价值链模型，结合房企发展的特征与业务流程的特征，对项目总应对开发环节中的关键环节进行分析，模拟业务场景，明确并构建项目总应具备的专业素质和能力要求。

以N企为例，它明确了项目总的32个业务管理场景（见图4–13）。

图4-13中的红色六边形为项目核心场景，主要针对项目运营的核心管控环节；灰色矩形为项目主要场景，主要针对项目运作过程中的业务开展环节。

在拿地启动阶段（拿地至启动会）、开工阶段（启动会至开工）、开盘阶段（开工至开盘）和交付阶段（开盘至交付），N企根据每一阶段的重要关注点设置相应场景，如拿地启动阶段“推动建立团队、营销定位评审、定位会”等，开盘阶段则是“展示区开放、正负零以下工程、开盘前检查”等。在这个过程中，N企对项目开发过程中的每一个场景进行分解，形成单一场景的若干个关键任务，并根据对关键任务的分析，得出核心知识点，再通过知识点的归纳和赋值后，形成项目总专业能力。例如，“概念方案评审”是N企拿地启动阶段的重要场景，这里面有9项“关键任务”，对应项目总需关注的10个“知识点”（见图4–14）。

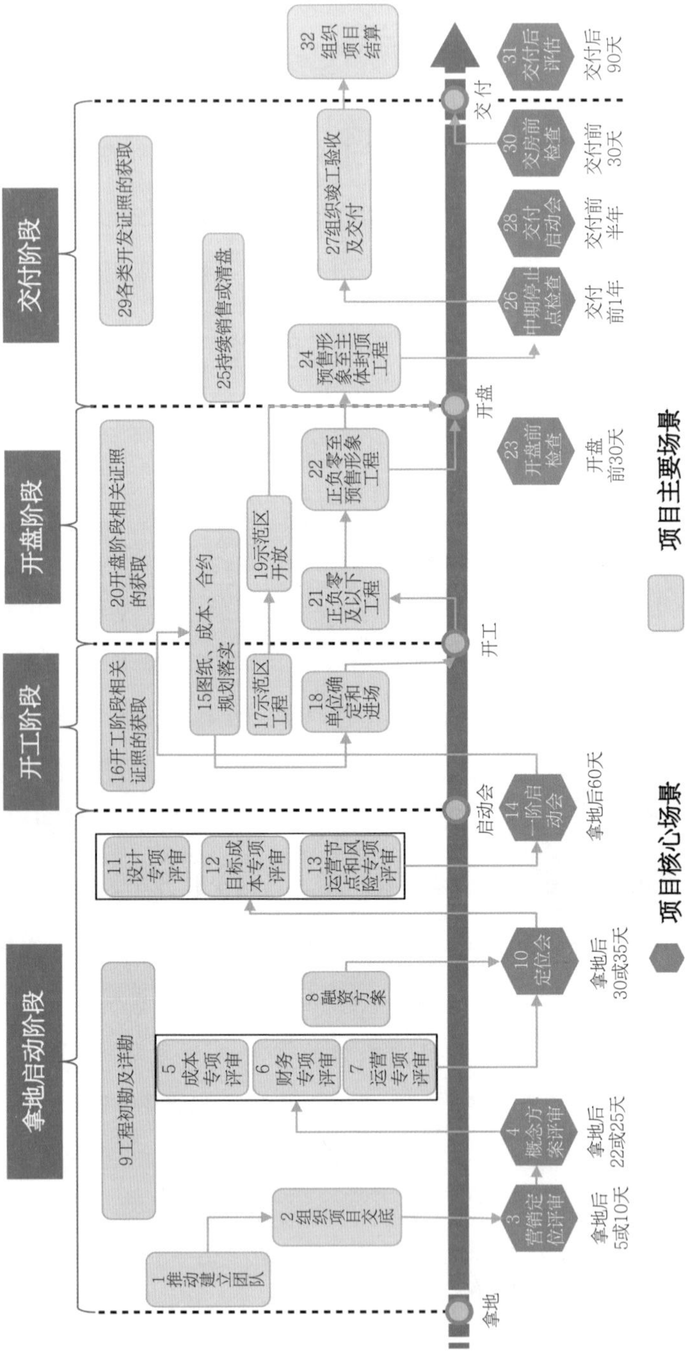

图 4-13　N 企项目总的 32 个业务管理场景

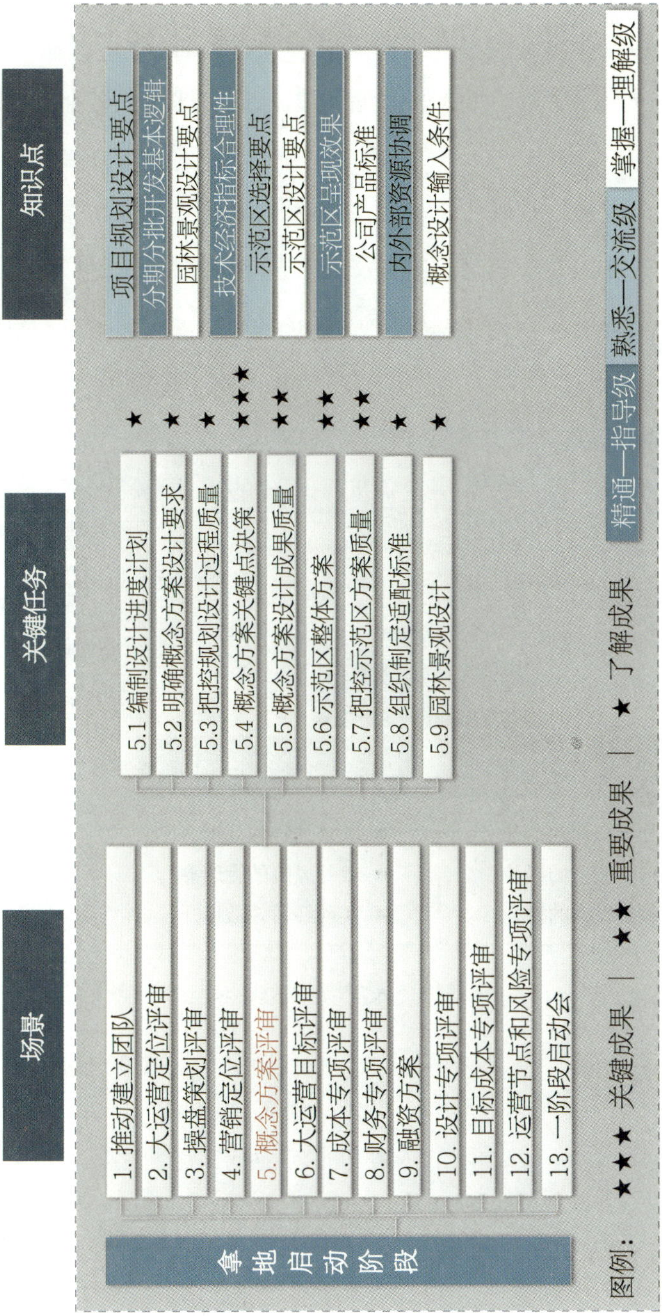

图 4-14　N 企拿地启动阶段的场景、关键任务、知识点

其中，如何构建项目总的专业素质和能力要求相对较难。房企可以从经营管理要求出发，结合多专业管理能力，最终达成关键业务管理目标。

基于现有人员的能力现状，培养出胜任大运营业务管理场景的管理能力，是房企人才培养的目标。在整体培养目标下，基于胜任素质要求可以发现员工的不足，强化其优势并激发其潜能，进而有针对性地培养他们的核心技能，快速提高员工相对薄弱的能力素质。

（2）人才培养方式

根据不同的人才培养目标，房企需匹配不同的人才培养形式。人才培养通常采用“学练优”培养模式，具体见图 4-15。

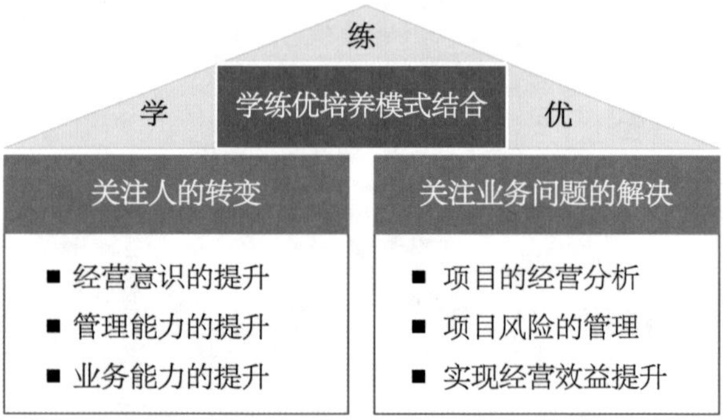

图 4-15 “学练优”人才培养模式

“学练优”培养模式具体表现为“一学二练三优”。

“一学”是指知识学习。学习的内容包括行业的大运营趋势、优秀房企的运营管理经验及核心经营逻辑认知等，员工应从管理与业务两个维度去学习相应的方法和工具。知识学习可以通过集中授课的方式，具体包括外部引进和企业内部学习。其中，外部培训须做好外培内导的工作，让行业经验得到更好的应用和推广；内部培训可让企业内的优秀人才成为内部讲师，提炼和分享先进的内部经验。

“二练”是指沙盘实战演练与轮岗历练。沙盘实战演练是以真实的项目原型为基础，通过角色扮演的形式模拟演练项目开发全过程（从项目定位到销售交付），从而帮助学员建立项目开发的全局观，跳出本专业来看开发全过程；强化经营意识，体验项目开发全过程中各专业条线的决策对于项目经营的影响，学习项目开发的核心经营逻辑；促进各专业之间的协同配合，通过 11 个环节的演练，了解项目开发是一个“陪跑接力赛”的过程。

赛普管理咨询的全生命周期沙盘实战演练从内容上实现标杆与自身、高度与深度、现状与未来的“三结合”，同时它有 4 项创新，能让学员在良好的体验中学习：一是内容创新，导入真实项目，以经营为主线，融合行业标杆的经验总结；二是工具创新，兼具在线演练、分析对比与数据追溯；三是服务创新，包括团队表现评价机制和课程运用复盘机制（经营分析工具在自身项目上的运用及复审）；四是专业创新，结合数百家房企的经验总结、13 场专业演练和 80 份实用表单模板。如某排名前 10 的房企在 15 个城市全面引入赛普沙盘，从而推动整个企业实行有效的利润管理。

除了沙盘实战演练，轮岗历练也是很多领先房企常用的人才培养方式。在满足岗位的基本知识背景要求下，房企可实行轮岗机制，同类岗位的轮换有利于人才配置与风险控制。在大运营管理体系下，比如工程、营销和设计等岗位都可轮岗或兼任运营管理的相关岗位，在工作中培养专业人才的运营管理能力。

“三优”是指知识运用与优化。学以致用是人才培养的终极目标，房企应将学习到的知识结合企业自身特点优化为适配企业的方法工具并加以运用，最终实现企业的高效运营。如某房企在学习赛普开发路径优化中总结的“早起跑、串改并、控周期”等方法后，结合自身管理模式及项目特点制定了相应的运营标准，取得了良好效果。

规模化扩张对房企的组织能力提出了更高的标准与要求。以往过多的管理层级、过长的审批流程会掣肘组织的灵活运转，而权力下放则意味着要在有效监控和提升资源使用效率的同时，不断提升集团的顶层设计能力与整体竞争力，强调自主发展、自我驱动、自负盈亏。

可见，大运营时代下的组织管控更注重以运营为核心的各业务条线的资源整合能力。在组织变革的过程中，城市布局、项目数量、团队能力、管理半径和运营模式都是需要统筹考虑的因素。

（3）从“管控”转变为“自驱”

这里的“自驱”体现在自主发展、自我驱动与自负盈亏上，即加强经营结果与经营发展的关联性，强化业务主体的经营意识（见图 4-16）。

“自主发展”体现在组织的外部“拓荒”及横向“裂变”上，即鼓励自主拓展项目，谁拿地谁开发，可以跨区域拿地，“占地为王”。

“自我驱动”体现在内部竞标和组织竞争上，前者例如某房企投资发展部拿了地之后，由内部项目团队竞争项目操盘权；后者例如项目管理团队之间的竞争、人与人之间的竞争。

“自负盈亏”则体现在自主发展下的费用包干和利润分成，如某快速发展的房企费用包干的阿米巴机制。在项目费用包干激励下，该房企营销费用结余的 30% 和管理费用结余的全部都归属区域公司，从而推动组织管控升级（见图 4-17）。

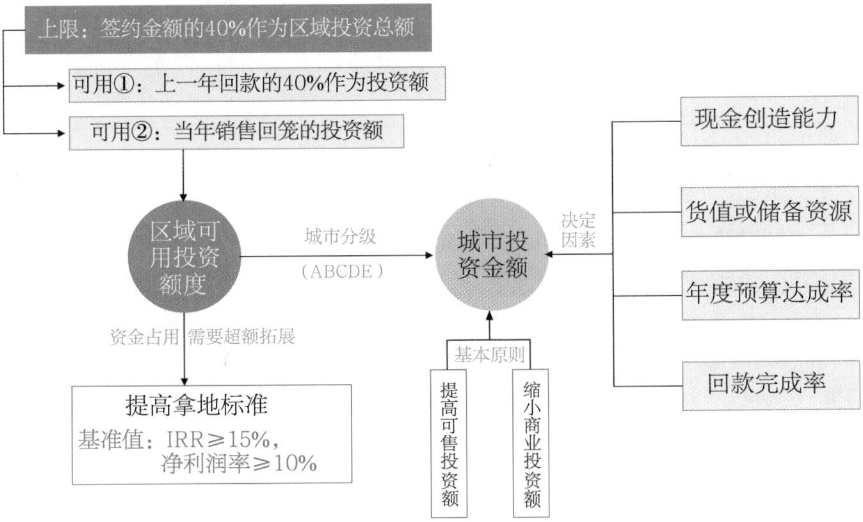

图 4-16　自主发展、自我驱动与自负盈亏的发展模式

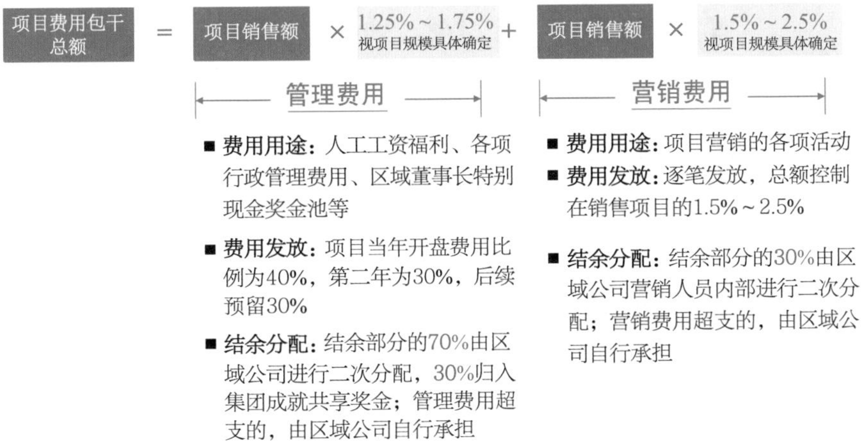

图 4-17　项目费用包干激励

例如，有些房企在设计责权手册时会基于城市发展成熟度、经营

结果、项目数量和团队能力等对项目团队进行打分和分级分类授权。分级分类授权赋予项目团队很大的内部驱动力，毕竟级别越高授权越大，也才能调配更多的资源，甚至有些还会跟薪酬激励挂钩。

综上可知，升级的大运营管理体系，不仅仅体现为以经营为导向的核心思想和理念的升级，同时也需要在组织灵活匹配方面随之升级。为了避免大运营管理体系成为“空中楼阁”，组织层面须从 3 个方面匹配升级：第一，通过大运营工作小组保障项目开发、公司经营管理达到“横纵贯通，专业交圈”的效果；第二，通过升级运营管理部门的职能与责权，使大运营管理工作的边界更清晰，推进更有力；第三，通过推动一线团队能力升级，变“管控”为“自驱”，给组织带来新动力。

第二节　产品保障：产品标准化体系

产品标准化是房企多项目开发的必然结果，也是企业发展壮大，实现跨越式和可持续发展的重要支撑。从推行大运营管理体系的经验来看，产品标准化程度高的房企往往能够更好地适应大运营管理体系的要求，换句话说，要想实现快速高效运营就应重视建立以经营为导向的产品线规划体系。

一、产品标准化体系对房企经营的三大作用

产品标准化体系对于房企经营所起到的作用主要表现在三个方面：提速度、保品质、降成本。

1. 提速度

随着项目不断增加，为了保证经营结果，房企需要从管理一个项目向管理一类项目转变，通过决策前置和设计前置，并在制定标准时充分考量可能会遇到的绝大部分问题，以利于快速开发房地产项目。常见的标准化措施有套用标准化户型，形成标准化施工图，签订标准化合约，实行标准化材料采购，建立标准化战略供应商体系等。

某房企的统计数据显示，推行产品标准化体系之后，项目前期的设计工作周期大大缩短，平均提速超过 50%（见表 4–4）。

表 4–4 某房企多层住宅产品标准化后工期缩减示例

工作项	正常天数	标准化天数	减少天数
规划施工图	56	14	42
市政施工图	14	7	7
结构施工图	35	17	18
水暖电施工图	5	2	3
装修施工图	30	20	10
园林施工图	30	15	15

2. 保品质

在快速开发的前提下，房企应通过对标准的控制保证项目品质，达到提高销售去化率和推动项目快速周转的目的。产品标准化在保品质方面的价值体现为“四好”，即好产品、好质量、好销售、好品牌，从而助力销售快速去化。

第一，产品标准化有助于带来好产品。标准化图纸是经过初评

—专审—终审—全集团发布—后评估流程形成的高质量图纸，避免了多次修改，可以据此建造好产品。

第二，产品标准化有助于带来好质量。遵从标准化的图纸、合约、材料、工序及工法、检查及验收流程等可以有效保证产品质量。

第三，产品标准化有助于带来好销售。标准化产品往往是经过市场检验的适销产品，具备强大的市场竞争力。

第四，产品标准化有助于带来好品牌。产品标准化可以使客户形成关于品牌的统一印象，是品牌企业及品牌产品的核心价值和竞争力。

以高端产品标杆 M 企为例，其一个产品系列即带来 3 000 多亿元货值，可见高端产品的价值之高。M 企的住宅产品奉行“二八原则”，即 80% 标准化，20% 创新，理念是围绕人来打造产品，科技住宅是方向（见图 4-18）。

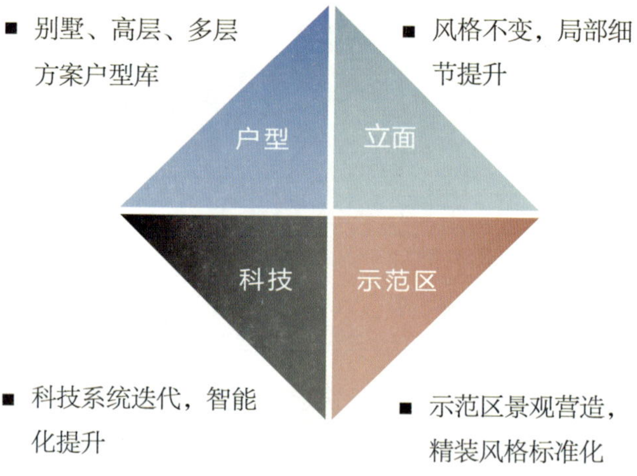

图 4-18　M 企产品标准化

3. 降成本

产品标准化对降低项目开发成本有重要作用，尤其是采购成本、时间或资金成本、设计成本及工程成本的降低。

一是降低采购成本。通过产品标准化实现材料标准化，可大大提高物料通用性，从而提升与供应商的谈判筹码，以量换价。

二是降低时间或资金成本。产品标准化可以提高开发速度，降低融资成本，如进一步增加标准化图纸使用数量，可减少该部分的修改量，进而直接提高项目开发速度。例如，C 企通过 5 个标准化减少了设计变更，缩短了设计周期，提升了战略采购比例并降低施工损耗率，大幅压低了成本（见图 4-19）。

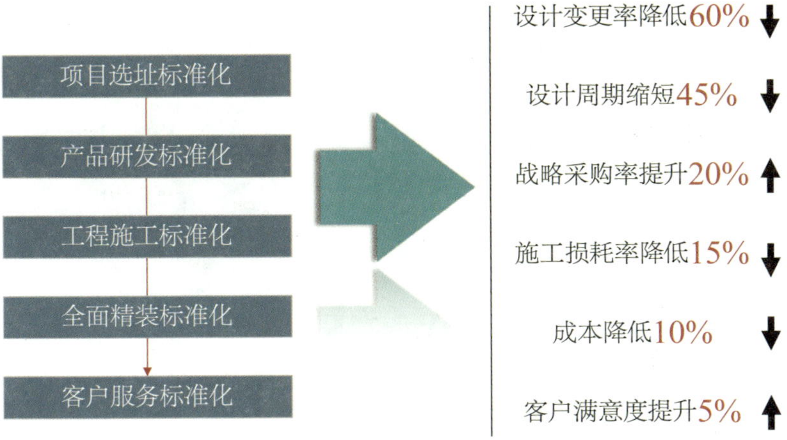

图 4-19 C 企标准化 5 大体系

三是降低设计成本。根据成本交叉曲线可知，设计阶段决定了项目 80% 的成本。产品标准化顺利推行后，只要选用相对合适的标准化图纸做底稿，不仅可以减少工作量和设计成本，更有利于快速打造适销对路的产品。

四是降低工程成本。因采用的标准化施工图纸已经经过层层评审优化，大大减少了错误重复出现的可能性，由此减少了变更签证的数量，从而降低了工程成本。而且，房企通过产品标准化将有效降低设计变更工作量，从而大大提高成本控制能力。

二、产品战略、策略、技术和管理的标准化

经过多年的产品标准化咨询项目的经验积累，赛普管理咨询将产品标准化体系概括为 4 个部分，即产品战略标准化、产品策略标准化、产品技术标准化和产品管理标准化（见图 4-20）。

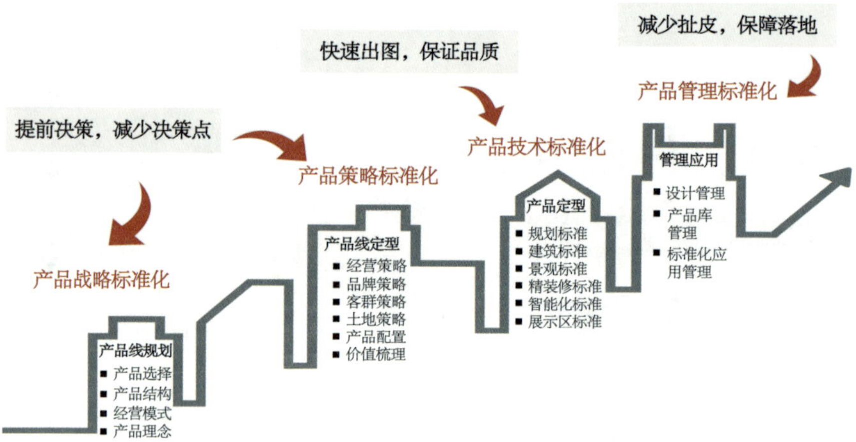

图 4-20　房企产品标准化管理体系

1. 产品战略标准化——大运营导向的产品线规划

传统的产品线体系规划是由产品、土地、客户三位一体的专业体系构成的，而在当前新的市场环境下，房企应基于大运营导向规划产

品战略，构建经营、产品、土地与客户四位一体的新体系，围绕经营开展产品线规划（见图 4–21）。

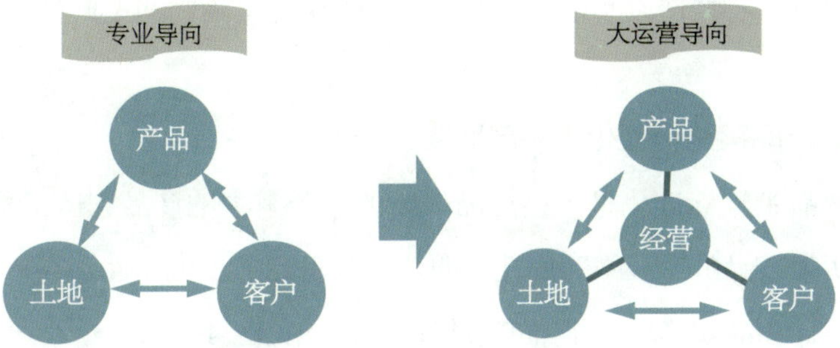

图 4–21　“四位一体”的产品线体系

基于经营导向的产品线需要与各类型经营定位匹配。例如，若将项目经营定位划分为现金流型、均衡型和利润型 3 种类型，房企就必须根据每种经营类型的特点配置相应的产品组合。

例如，某公司提出了产品类型与经营定位相结合的产品线规划指导思路，具体对应首置产品、首改产品、再改产品、高端产品等不同产品类型（见表 4–5）。

表 4–5　产品类型与经营类型对位关系

产品类型	首置产品	首改产品	再改产品	高端产品
经营类型	现金流型		均衡型	利润型

对于首置产品和首改产品，通常定义为现金流型产品，而再改产品因其总价相对较高，去化率相对首置产品和首改产品较低，但基本

可通过自身项目来平衡现金流，并实现一定的利润，故可定义为均衡型产品。对于高端产品，因其资源稀缺及总价门槛较高，市场空间相对较窄，去化率较低，需要通过其他项目的现金流来为自身输血，还需要通过精心打造以实现利润最大化，故可定义为利润型产品。

2. 产品策略标准化——产品线手册

产品策略标准化是承接产品战略的一个有力的产品管理工具，重点是明晰产品的“五维”属性，即从经营目标、土地属性、客户属性、产品设计和品牌形象五个维度进行标准化（见图 4–22）。

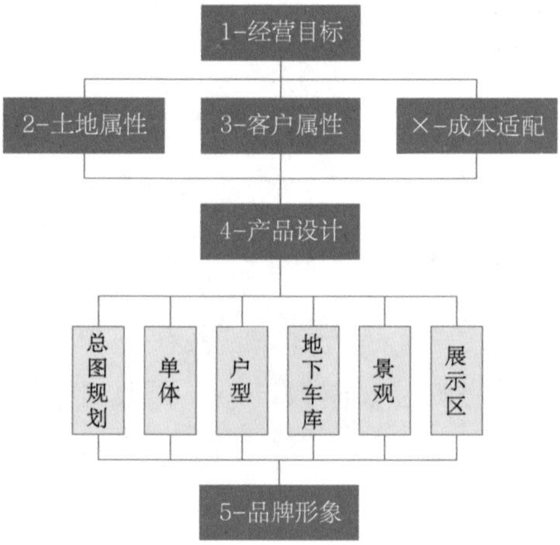

图 4–22　产品线的“五维”属性

产品线与五维属性的关系在于以房企经营目标为导向，明确土地策略和客户策略，并结合房企特性和要求（如成本适配）进行产品设计，同时以总图规划、单体、户型、地下车库、景观及展示区等产品模块为载体，满足经营目标并符合营销要求，作为产品营销卖点传递给客户。

下面以某优秀房企的产品线规划为例说明产品线“五维”属性与经营指标的关系（见表 4–6）。

表 4–6　经营指标关联产品线“五维”属性

	产品线	梦想佳—首置型	优享佳—改善型
经营属性	经营定位	快周转	均衡型
	现金流回正时间	≤ 11 个月	≤ 18 个月
	投资净利润（%）	≥ 5	≥ 10
土地属性	建议地货比（%）	≤ 30	—
客户属性	客群	主流的青年或青年夫妇（无小孩）是刚需客群	主流的中学之家、三代同堂客群
产品设计	产品	以 90 平方米的两室、110 平方米的三房和 125 平方米左右的四室高层为主	以 130~140 平方米三室两卫、140~160 平方米四室两卫、160~180 平方米四室三卫的高层为主，梯户比不大于两梯四户
	地下车库	地面停车位应做足，地下车位配置合理且经济	地下车库宜设置 1∶1.5 左右的高车位配比，宜设计部分女性业主专属的“女士车位”
	景观	建筑密度（部分地区有塔楼密度和裙楼密度的区分）、绿化率应遵循规划条件要求	重点营造小区景观意境，做到软景四季常绿且要有季节更替的变化
	展示区	选址宜相对独立，尽量布置在地下室范围外	追求能真实展示和模拟未来生活场景的展示区，让消费者从展示区中体验到未来整个楼盘的生活氛围和生活方式

（续表）

	产品线	梦想佳—首置型	优享佳—改善型
品牌形象	产品主张	活力社区、个性栖居、幸福人居的第一步	典藏幸福、精工名品、与家人共度美好时光的乐园

通过标准化产品的应用，房企可以大幅地提高决策效率、设计效率和人均效能并缩短开发周期。

以优秀房企 L 公司的深圳某项目为例，该项目容积率为 2.47，总建筑面积为 142 000 平方米，总占地面积为 60 600 平方米，共计有房屋 1 609 户，户型面积为 72.51~184.93 平方米。

产品策略标准化的应用效果，一是体现在设计提效上。该项目设计费每平方米成本降至 60 元，比以往主流项目低约 40%；设计周期由正常的 7.5 个月缩短为 4.5 个月，比以往主流项目缩短约 45%；同时提升了人员效率，优化了人员结构。

二是体现在工程提效上。首先是施工简化，错误减少，通过统一选材和统一构造做法减少了质量风险；其次是工期整体缩短了 3~6 个月，装修及园建进场时间提前；再次是参与制定了产业化政策，预售证提前至主体完成 1/3 即可取得，并获得了 3% 的建筑面积奖励。

三是体现在成本采购规模效益上。成本、采购梳理的定型项目工程及物料部品招标或约谈意向共 34 项，涉及总金额 26.19 亿元，定型建安成本占比 75%；变更率由传统的 4% 大幅下降。该项目三期从开工至开盘的合约总变动率为 1.8%，而标准层的变动率更低；招标约谈定价项目成本降低的总额为 1.37 亿元，包含新风系统方案优化及约谈，提前完成目标值并最终超出目标值 6%。

……………………………………………………

3. 产品技术标准化——全专业标准化

目前，不少房地产从业者仍然认为产品标准化只是设计标准化，这一认知显然已经过时了，单从设计条线搭建产品标准化远不足以支撑公司规模化快速扩张。房企想要整体经营提效，必须建立全链条标准化，及与之相匹配的设计标准化、成本标准化、采购标准化、工程标准化和物业服务标准化五位一体的全专业标准化，才有可能达到最大化地提效（见图 4–23）。

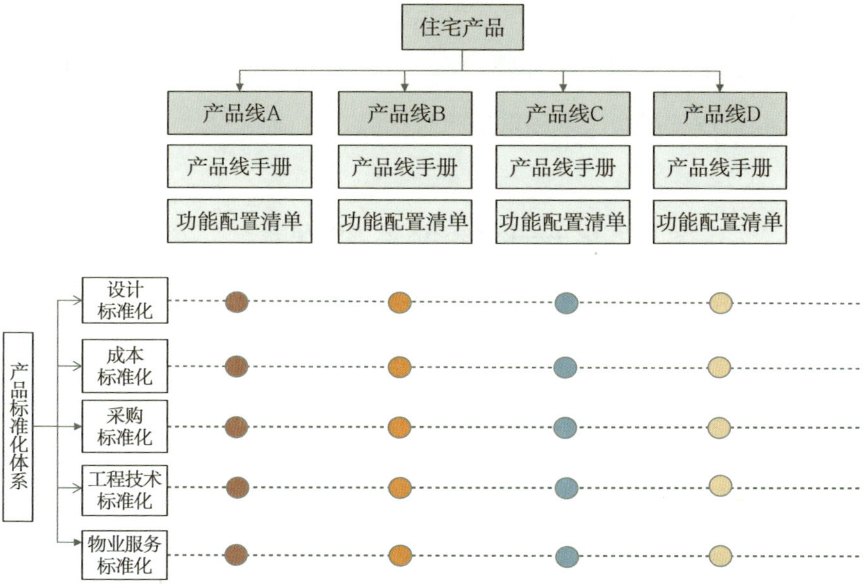

图 4–23　产品标准化体系

以设计技术标准化为例展开分析，赛普管理咨询总结了设计技术标准化的“524 模型”（见图 4–24）。

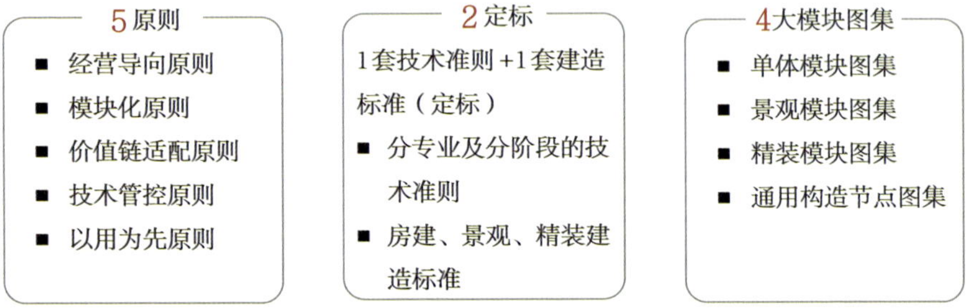

图 4–24　产品技术标准化的“524 模型”

在技术标准化中仍然要贯穿经营思想，比如在现金流型产品中，尽可能地使用单体模块标准化，以达到快速出图、快速开发的目的；在总图规划时，应重点关注容积率、货值和可售比等指标；在单体选型时，应重点关注赠送率和得房率等指标。

4. 产品管理标准化——标准化体系落地保障

赛普管理咨询总结的产品管理主要分为 4 个部分：项目分类运营体系、组织保障和制度保障、应用管理体系和信息技术保障。

- **项目分类运营体系**　匹配相应的经营分类，为不同的产品线制定特定的项目操盘指引，从拿地、策划、设计、施工到后评估等阶段进行标准化管理。
- **组织保障和制度保障**　由公司高管牵头，建立相应的标准化小组或标准化委员会，涵盖各专业和各层级，形成强有力的组织保障体系。

- **应用管理体系**　通过 PDCA 原理，从体系制定、推广应用、跟踪检查和更新维护等方面建立系统的、闭环的应用管理体系。
- **信息技术保障**　在信息化时代，信息技术是保证产品管理有效落地的核心工具，房企应通过相关软件规范操作流程及审批流程，实现产品标准化的信息技术保障。

第三节　工具保障：经营决策分析模型及信息化系统

虽然房企高度重视经营目标，但有些房企在项目开发中仍存在项目经营目标不清晰的情况，致使经营结果与投资期偏离、投前与投后管理不能衔接，还往往带来投资方案考虑不全面、后期调整频繁等问题。因此，选择必要的经营管控工具对房企来说就显得比较重要。

为实现投前到投后、项目到公司的一体化经营状态监控分析，赛普管理咨询在为房地产行业长期服务的过程中总结深化了项目经营定位模型、项目经营测算模型、项目动态经营分析模型、公司经营计划模型等一系列模型工具，以期指导项目从拿地前的经营定位分析、经济指标测算到开发过程中根据项目实时数据对项目动态经营结果进行跟踪分析，以及通过存量项目统计和待获取项目铺排完成公司层面整体的经营状态分析及未来规划。系列化的模型工具及规范化的指标体系，还能直接承接并指导信息化系统上线，帮助房企快速、准确、自动和直观地完成对项目及公司经营状态的跟踪分析，从而使企业及时反应、快速决策，大大提升组织效能。

一、经营定位差异化的测算分析模型

前文提到了三种差异化经营定位类型，不同的经营定位对应不同的经营目标。现金流型项目着重要求自有资金现金流回正快，均衡型项目着重要求自有资金现金流回正较好，利润型项目着重要求利润高。

同时，不同的项目经营目标对应的管理指标标准不同，例如不同的地货比、首开货量比、去化率和开发周期等。其中，房企应基于项目经营测算模型完善开发计划，具体见图 4-25。

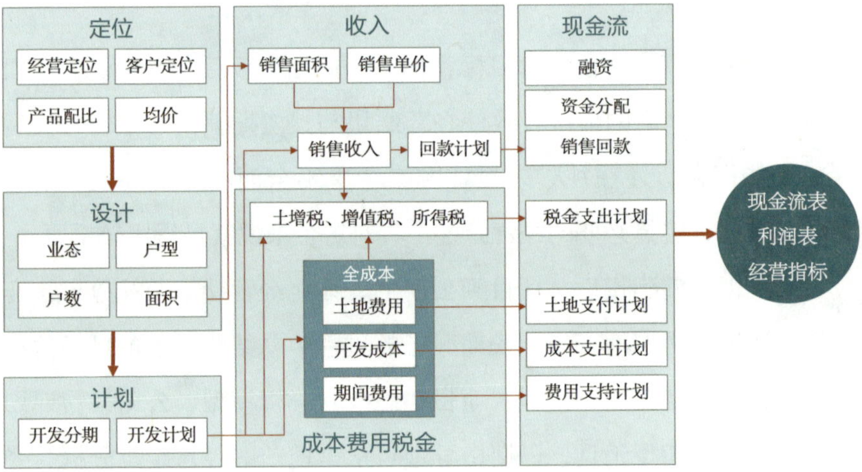

图 4-25　项目经营测算模型示例

二、经营监控分析模型

在方案确定后，房企应将开发、销售和成本的铺排方案通过项目经营测算模型转化为经营结果并进行评审。如果结果指标不能满足，则倒推开发方案的调整；如果经营指标达标，则根据测算结果签订目标责任书，作为后续考核的依据。

当项目进入实质操盘阶段，房企应根据开发节奏、销售节奏和成本支付节奏的变化，动态调整模型数据，监控经营结果的变化。在月度运营会上，定期汇报项目动态经营结果，将过程管控转变为结果管控。

以启动会为例，房企应明确项目定位、营销策略及展示区规划和产品方案，并对成本采购、工程策划进行统筹安排，确定项目的运营管理指标，关注项目开发计划、货值的“产供销存”平衡，并对利润和现金流进行测算，明确项目的成功标尺。

启动会内容应紧紧围绕大运营管理体系的核心和重点开展，以财务（项目成功标尺）为核心，以计划、货值、利润和现金流为抓手，通过严谨的全景计划、运营节奏铺排和展示区策划为现金流快速回正保驾护航。

首先，在项目投资及项目评估阶段，房企应通过项目现金流和核心经营指标的对比来判断指标值的偏差情况，进而判断项目经营质量（见表 4–7）。

其次，房企应通过盘点存量项目和定期分析企业的货值情况来预判货值缺口，进而判断待获取项目需求；同时根据待获取项目需求来分析现金流缺口，开展土地投资和筹资活动的规划（见表 4–8 和表 4–9）。

表 4-7　通过项目核心经营指标来判断项目经营质量

指标		本项目	行业通用			对比数	绝对值偏差对比
			现金流型	均衡型	利润型	现金流型	
财务指标	销售额（元）	404 863 014				0	
	毛利润（元）	109 313 014				0	
	毛利润率（%）	27	25	28	30	25	2
	净利润（%）	30 144 517				0	
	净利润率（%）	7.4	8	10	12	8	−0.6
	财务费用率（%）	2.6	3	3.5	4	3	−0.4
	管理费用率（%）	3	3	3.0	3	3	0
	营销费用率（%）	3	3	2.5	2	3	0
	税金比例（%）	11	10	11	12	10	1
	地货比（%）	49	40	50	60	40	9.4
	资金峰值比例（%）	54	45	55	65	45	9.2
	全投资 IRR（%）	30	25	20	15	25	4.9
	自有资金 IRR（%）	64	50	45	40	50	13.9
	ROIC（%）	22.17	40	30	20	40	−17.8
	项目 ROE（%）	32	60	55	50	60	−27.6
	NPV（元）	32 282 155					
运营指标	拿地：总包开工（个月）	5	5	7	8	5	0
	拿地：优展区开放（%）	5	6	9	11	6	−1
	拿地：首批开盘（%）	6	7	10	12	7	−1
	拿地：经营性现金流回正（%）	9	12	18	24	12	−3
	拿地：自有资金回正（%）	9	10	14	18	10	−1
	拿地：交付（%）	27	28	30	36	28	−1

表 4-8 某城市公司三年（2018—2020 年）货值缺口分析

（单位：万元）

总目标	合计	2018 年第一季度	2018 年第二季度	2018 年第三季度	2018 年第四季度	2019 年上半年	2019 年下半年	2020 年上半年	2020 年下半年
销售目标	1 480 000	0	0	0	80 000	200 000	300 000	400 000	500 000
目标缺口	1 480 000	0	0	0	80 000	200 000	300 000	400 000	500 000
总货值缺口	1 960 106.67	0	0	0	266 667	240 000	397 333.33	438 400	617 706.67
储备项目 1	140 000	0	0	0	0	0	0	140 000	0
储备项目 2	70 000	0	0	0	0	0	0	0	70 000
待获取项目货值缺口	1 750 106.67	0	0	0	266 666.67	240 000	397 333.33	298 400	547 706.67
待获取项目 1	0								
待获取项目 2	100 000					100 000			
待获取项目 3	130 000					130 000			
待获取项目 4	220 000						220 000		
待获取项目 5	130 000						130 000		
待获取项目 6	140 000							140 000	
待获取项目 7	170 000							170 000	
待获取项目 8	230 000								230 000
待获取项目 9	250 000								250 000
新增货值	1 370 000								

表 4-9 某城市公司三年（2018—2020 年）资金缺口分析

（单位：万元）

经营活动	2018 年第一季度	2018 年第二季度	2018 年第三季度	2018 年第四季度	2019 年上半年	2019 年下半年	2020 年上半年	2020 年下半年
总货值	0	0	0	0	230 000	350 000	450 000	550 000
销售收入	0	0	0	0	115 000	221 000	341 000	458 000
总投资	142 338.38	59 426.39	97 548.92	74 786.71	72 433.33	67 298.33	81 808.33	84 388.33
存量项目								
销售回款	0	0	0	0	0	0	0	0
土地款支出	0	0	0	0	0	0	0	0
开发支出	0	0	0	0	0	0	0	0
管理费用	0	0	0	0	0	0	0	0
营销费用	0	0	0	0	0	0	0	0
税金支出	0	0	0	0	0	0	0	0
经营活动现金流	0	0	0	0	0	0	0	0
累计经营活动现金流	0	0	0	0	0	0	0	0

（续表）

经营活动	2018 年第一季度	2018 年第二季度	2018 年第三季度	2018 年第四季度	2019 年上半年	2019 年下半年	2020 年上半年	2020 年下半年
待获取项目 & 储备项目								
销售回款	0	0	0	0	92 000	199 800	317 000	434 600
土地款支出	128 838.38	42 926.39	73 548.92	46 620.05	0	0	0	0
开发支出	13 500	16 500	24 000	28 166.67	56 333.33	32 333.33	26 333.33	8 333.33
管理费用	0	0	0	0	1 840	3 996	6 340	8 692
营销费用	0	0	0	0	2 300	4 995	7 925	10 865
税金支出	0	0	0	0	11 960	25 974	41 210	56 498
经营活动现金流	(142 338.38)	(59 426.39)	(97 548.92)	(74 786.71)	19 566.67	132 501.67	235 191.67	350 211.67
累计经营活动现金流	(142 338.38)	(201 764.77)	(299 313.70)	(374 100.41)	(354 533.74)	(222 032.08)	13 159.59	363 371.26
筹资活动								
当前融资余额								
城市公司资金缺口	142 338.38	201 764.77	299 313.70	374 100.41	354 533.74	222 032.08	(13 159.59)	(363 371.26)
内部融资规划								
外部融资规划								

再次，房企应通过在建项目经营计划和待获取土地计划调整形成公司三年经营规划，并判断与公司战略规划的匹配情况（见表 4-10）。

表 4-10 某城市公司三年利润规划与战略目标偏差值

指标	2018 年（偏差值）	2019 年（偏差值）	2020 年（偏差值）	2021 年（偏差值）
销售规模（亿元）	规划匹配战略目标	规划匹配战略目标	规划匹配战略目标	规划匹配战略目标
结转收入（亿元）	规划匹配战略目标	规划匹配战略目标	未达成战略目标	规划匹配战略目标
核心净利润（亿元）	规划匹配战略目标	规划匹配战略目标	未达成战略目标	未达成战略目标
核心净利润率	规划匹配战略目标	规划匹配战略目标	规划匹配战略目标	规划匹配战略目标

综上所述，房企可对项目整体工作进行铺排，并根据铺排结果合理预测收益，从而为是否拿地及投入多少资金拿地提供决策依据。

三、信息化系统实现数据联动及看板管理

随着房企规模化发展，其项目数量越来越多，管理越来越精细化，数字化运营管理成为大趋势，而有效的信息化软件可直观地呈现企业当前的战略目标达成情况、经营管理现状与风险。

但由于房地产项目管理的复杂性，目前房地产行业的信息化建设水平相对不高：房企对信息化建设缺乏足够的重视，未对信息化体系建设进行有效规划；系统搭建存在“头痛医头、脚痛医脚”的现象，导致公司内部存在多套系统但无法联动；系统间缺乏集成性、整体性

与协调性等。房地产行业数据管理的常见问题如下：

- **数据不联动** 各系统数据无法共享，数据在流程中无法有效流转和汇总，未能形成有价值的经营数据。
- **数据不一致** 数据标准不一致，规则不清晰。
- **数据不完整** 部分业务系统核心数据或字段缺失。
- **数据不及时** 数据填报缺乏管控，核心统计数据缺失。
- **数据不准确** 各业务系统数据差异大，需人工复核。

基于上述问题，房企的信息化系统建设应尽可能实现“四全”，即纵向全层级自上到下，时间与对象横向全覆盖，数据全穿透，业务全联动。有效的信息化体系建设应从三个方面展开，具体如下。

1. 定口径，强分析

为实现数据在流程中有效的流转、汇总、分析，房企首先需要梳理数据流转路线，确定各业务系统接口，明确各指标口径并建立预警分析机制。

梳理数据流转路线与确定各业务系统接口的过程见图 4–26。

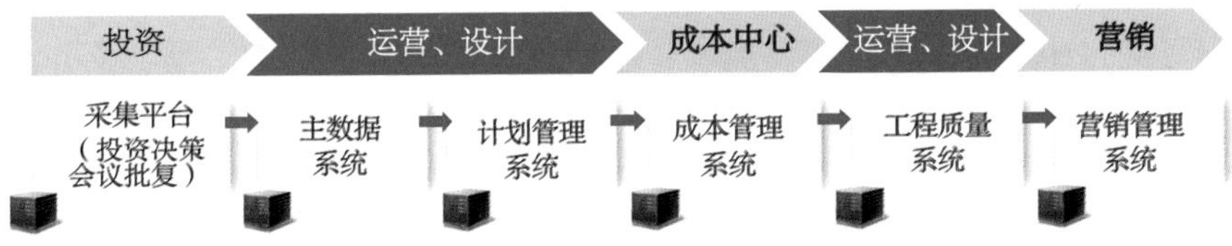

图 4–26 梳理数据流转路线并确定各业务系统接口（示意图）

房企一般包含计划系统、销售系统、主数据系统、成本或招采系统、财务或预算系统及线上数据采集模板等各类系统，且软件供应商各不相同，而信息化体系搭建需整体策划，梳理数据在业务系统中的流转路径，建立各业务系统数据共享的接口管理框架。

明确各指标口径是指通过梳理各业务数据或指标取数口径对经营指标进行分类分级管理，明确集团、区域、城市或项目应分别考核和监控哪些指标。结合各个专业条线和管理层级的目标导向、管控重点、应用场景，选取经营指标，形成不同的经营分析模块，如签约达成类、回款达成类、利润实现类和投资目标达成类（见图 4–27）。

建立预警分析机制可以形成不同分析模块的组合，进而满足不同专业条线和不同管理层级需求的经营看板，以此进行可视化的动态监控。一旦相关指标突破标准，系统就会自动预警（见图 4–28）。

对于出现异常的指标，房企应纵向做组织维度的指标下钻分析，从集团层面下钻至区域、城市公司甚至项目，精准研判出现问题的业务条线和组织层级（见图 4–29）。

经营看板是由各类各级的经营信息汇总而成的观察与查询的界面，其作用在于一方面能够及时、准确、全面地反映企业经营状况，另一方面能辅助经营管理人员开展各类决策。

房企要实现以上指标的监控，重要的支撑工作是经营分析模型的信息化，也需要对管理活动输出进行有效模拟，“将建议落到业务活动中”。

例如，若经营指标的动态监控显示企业的货值缺口较大，管理层需要的就是“如何弥补货值缺口”的管理建议。是调整价格和供货节奏，还是加快投资拓展？如果是加快投资拓展，那么具体调整哪个区

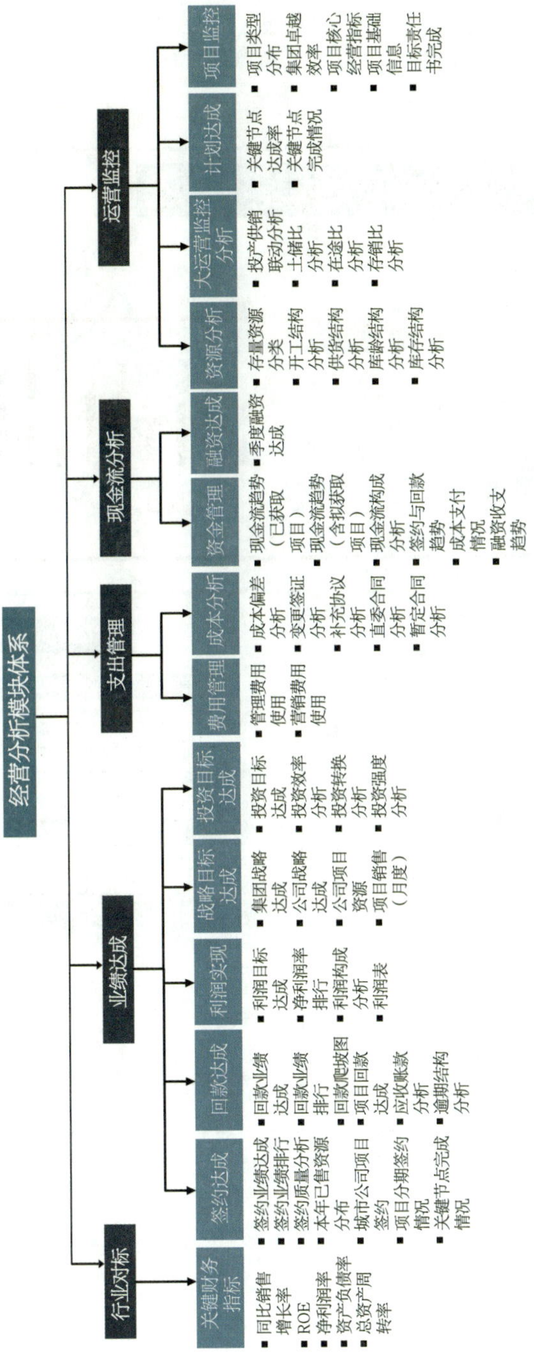

图 4-27　经营分析模块体系

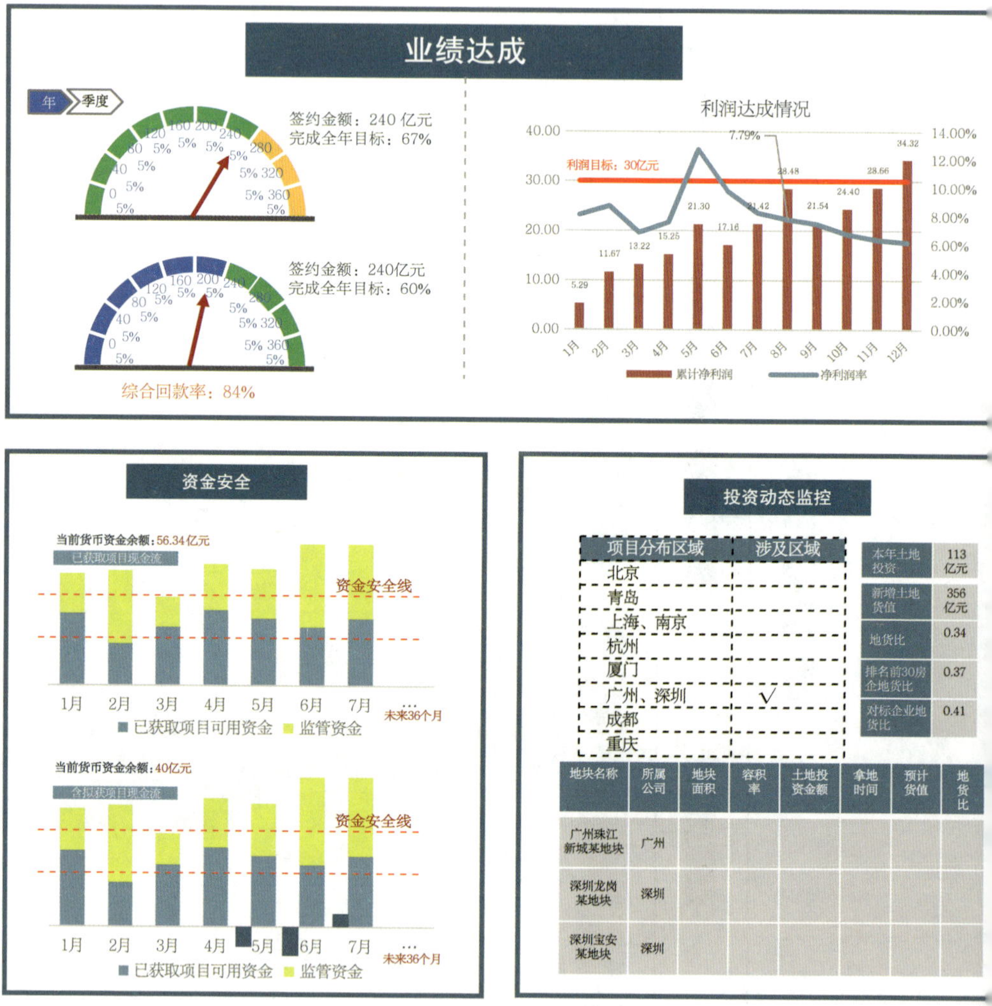
业绩达成
年
季度
签约金额：240 亿元
完成全年目标：67%
签约金额：240亿元
完成全年目标：60%
综合回款率：84%
利润达成情况
利润目标：30亿元
累计净利润
净利润率
资金安全
当前货币资金余额：56.34亿元
已获取项目现金流
资金安全线
已获取项目可用资金
监管资金
未来36个月
当前货币资金余额：40亿元
含拟获项目现金流
投资动态监控
项目分布区域
涉及区域
北京
青岛
上海、南京
杭州
厦门
广州、深圳
成都
重庆
本年土地投资
113亿元
新增土地货值
356亿元
地货比
0.34
排名前30房企地货比
0.37
对标企业地货比
0.41
地块名称
所属公司
地块面积
容积率
土地投资金额
拿地时间
预计货值
地货比
广州珠江新城某地块
广州
深圳龙岗某地块
深圳
深圳宝安某地块
深圳

图 4-28

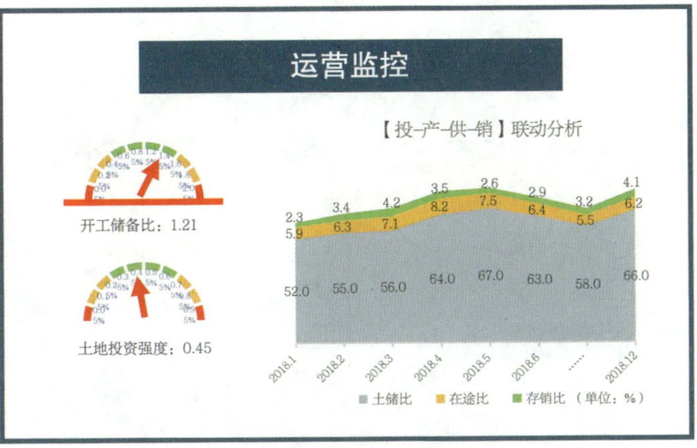
运营监控
【投–产–供–销】联动分析
开工储备比：1.21
土地投资强度：0.45
2.3 3.4 4.2 3.5 2.6 2.9 3.2 4.1
5.9 6.3 7.1 8.2 7.5 6.4 5.5 6.2
52.0 55.0 56.0 64.0 67.0 63.0 58.0 66.0
2018.1 2018.2 2018.3 2018.4 2018.5 2018.6 …… 2018.12
土储比 在途比 存销比 （单位：%）

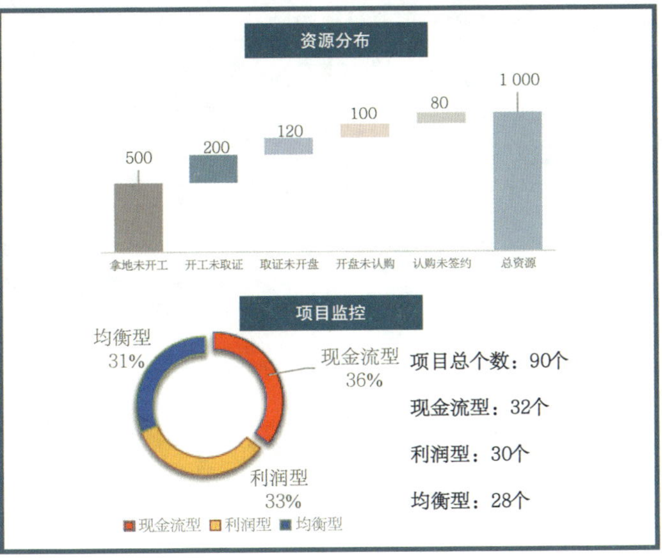
资源分布
500 200 120 100 80 1 000
拿地未开工 开工未取证 取证未开盘 开盘未认购 认购未签约 总资源
项目监控
均衡型 31%
现金流型 36%
利润型 33%
现金流型 利润型 均衡型
项目总个数：90个
现金流型：32个
利润型：30个
均衡型：28个

例

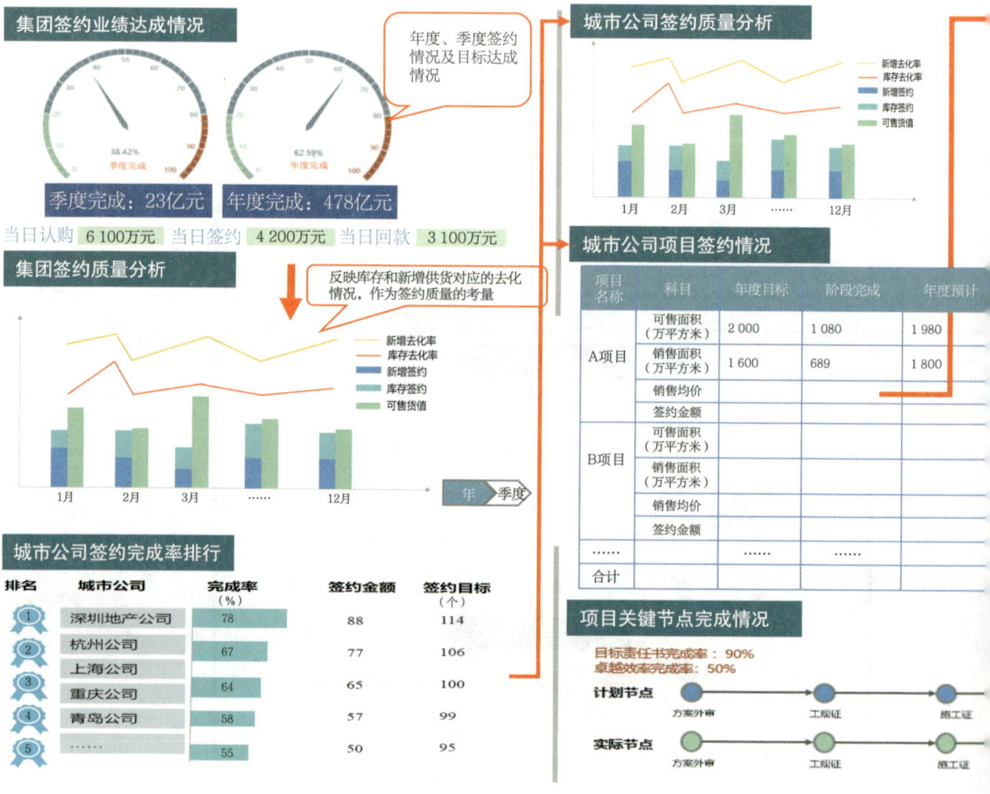
集团签约业绩达成情况
年度、季度签约情况及目标达成情况
38.42%
季度完成
62.59%
年度完成
季度完成：23亿元
年度完成：478亿元
当日认购 6 100万元
当日签约 4 200万元
当日回款 3 100万元
集团签约质量分析
反映库存和新增供货对应的去化情况，作为签约质量的考量
新增去化率
库存去化率
新增签约
库存签约
可售货值
1月
2月
3月
……
12月
年
季度
城市公司签约完成率排行
排名
城市公司
完成率（%）
签约金额
签约目标（个）
深圳地产公司 78 88 114
杭州公司 67 77 106
上海公司 64 65 100
重庆公司 58 57 99
青岛公司 55 50 95
……
城市公司签约质量分析
城市公司项目签约情况
项目名称
科目
年度目标
阶段完成
年度预计
A项目
可售面积（万平方米） 2 000 1 080 1 980
销售面积（万平方米） 1 600 689 1 800
销售均价
签约金额
B项目
可售面积（万平方米）
销售面积（万平方米）
销售均价
签约金额
…… …… ……
合计
项目关键节点完成情况
目标责任书完成率：90%
卓越效率完成率：50%
计划节点
方案外审
工规证
施工证
实际节点
方案外审
工规证
施工证

图 4–29　经营

项目签约质量分析

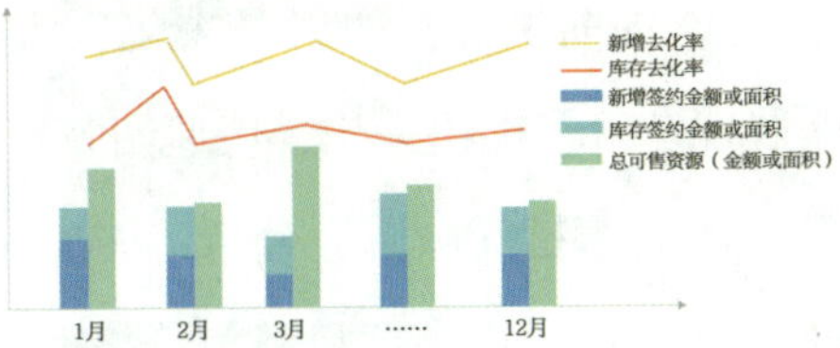

项目签约情况

分期	业态	科目	年度目标	阶段完成	年度预计
一期	住宅	可售面积（万平方米）	2 000	1 800	90
		销售面积（万平方米）	1 600	1 600	1 000
		销售均价			
		签约金额			
	商业		……	……	
合计					

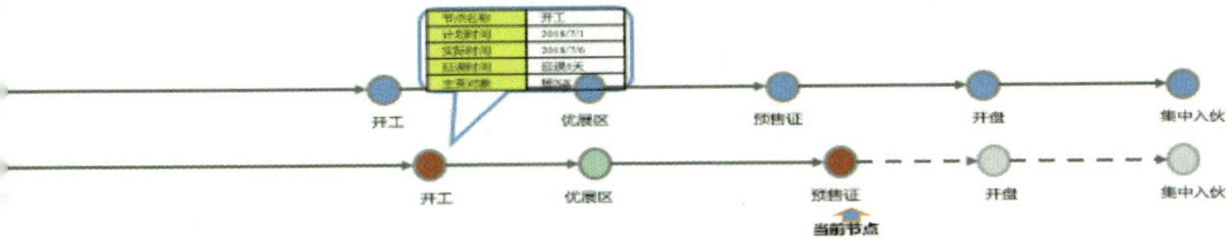

示意图

域或哪个城市公司？

这些都可以通过分析模型得出。

一是识别经营指标异动的原因：造成货值缺口的原因是什么？是供货不足还是去化大大优于预期？

二是针对异动原因选择相关策略：如果是供货不足要加快供货计划，那么具体是哪些项目可以提前供货？如果是去化大大优于预期，那么是要提高价格还是保持现有价格加快去化，快速回笼资金？

三是模拟多业务场景下的经营指标敏感性分析：如加快 A 城市 B 项目供货计划时经营结果如何变动？提高项目销售价格时经营结果如何变动？管理层是否能接受这一变动？

通过这类分析模型，房企可调整某些可以作为敏感因子的指标，如价格、融资规模和供货节奏等；输出关键经营指标结果的变化，如净利润、ROE、现金流回正周期和货值缺口等。管理层应依据指标变动趋势做出相应决策。

2. 定标准，优工具

房企应针对考核和监控指标，设立相应标准。一旦突破标准，系统就会自动预警。指标标准主要分为三类：

- **公司业绩考核标准**　签约额或签约达成率、回款额或回款达成率等。
- **公司运营标准**　如不同房企制定的“456”“789”“4812”等。
- **行业标杆参照标准**　供销比、存销比、土地投资强度等。

为确保各业务系统数据有效联动，实现各系统的集成性、整体性与协调性，房企需在公司层面建立数据采集平台，抓取业务数据及外部行业数据；建立模型运算平台，按统一口径计算相关经营指标（见图 4-30）。

3. 明权责，重考核

即口径明确、工具有效，还要将责任落实到岗，配合考核激励机制。

（1）责任到岗

各业务部门应要求数据填报人员按“定口径，强分析”中确定频率的数据维护更新；运营管理部门应设立经营数据分析岗，加大数据分析人员配备力度和赋能，强化运营人员在数据维护、数据清洗、经营指标监控和运营分析等方面的能力。部分优秀房企责任到岗案例见图 4-31。

（2）考核到位

房企应针对数据填报的完整性、及时性和准确性进行考核与排名，确保底层业务数据的更新维护切实落地。

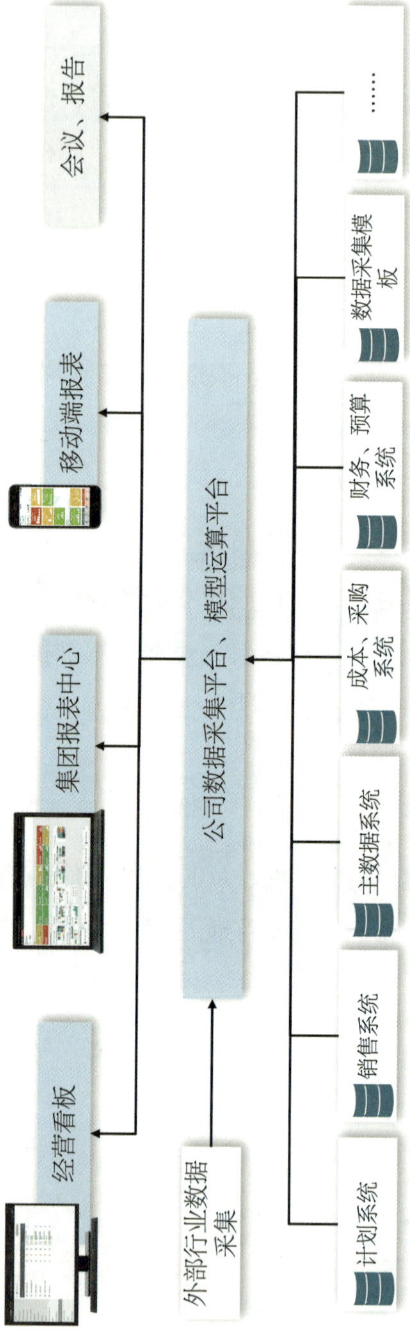

图 4-30　公司数据采集平台与模型运算平台（示意图）

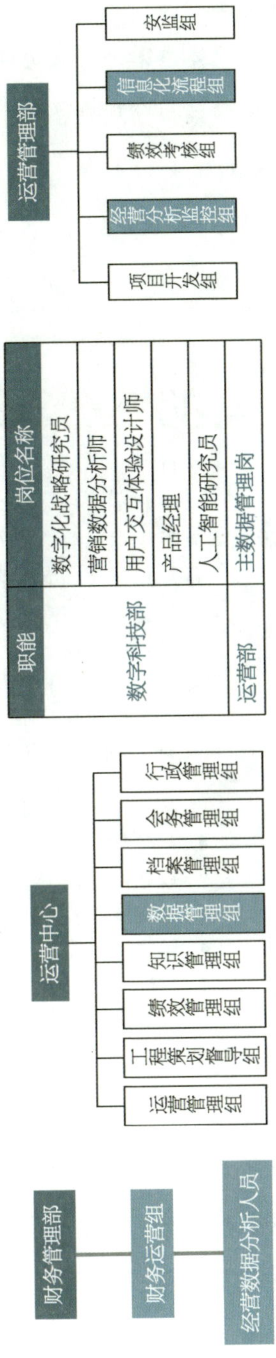

职能	岗位名称
数字科技部	数字化战略研究员
	营销数据分析师
	用户交互体验设计师
	产品经理
	人工智能研究员
运营部	主数据管理岗

A 企：设立财务运营组，专职经营指标数据分析

B 企：运营中心下专设数据管理组，专职主数据维护和经营数据分析

C 企：强化数据分析人员招聘，加强运营管理精细化

D 企：经营分析监控组设运营监控岗，信息组设专职数字化管理岗

图 4-31　优秀房企责任到岗案例

例如，某公司在《大运营管理体系落地考核办法》中明确规定各类报表填报时间，并制定相关考核扣分规则，每个月对城市公司得分情况进行排名并予以公布（见表 4-11）。

表 4-11　各类报表填报规则

经营计划模型	城市公司经营计划模型		项目经营计划模型		
编制频率	年度	月度	项目启动会召开后	年度	月度
版本	城市公司经营计划目标版（年初版）	城市公司经营计划动态版	项目经营计划目标版（启动会版或利润测算会）	项目经营计划目标版（年初版）	项目经营计划动态版
模型完成时间	年度经营大会后 14 日内	每月度末至次月 5 号之前	启动会或利润测算会后 14 天内	年度经营大会后 7 日内	每月度末最后一天之前
模型提报时间	年度经营大会后 14 日内	每月度末至次月 5 号之前	启动会或利润测算会后 14 天内	年度经营大会后 14 日内	每月度末至次月 5 号之前
模型填报内容项	■ 规划指标 ■ 开发计划 ■ 销售计划（签约） ■ 销售回款计划 ■ 经营支出 ■ 损益	■ 规划指标 ■ 开发计划 ■ 销售计划（签约） ■ 销售回款计划 ■ 经营支出 ■ 损益	■ 基础数据表 ■ 规划指标表 ■ 开发计划表 ■ 销售计划表 ■ 目标成本表 ■ 成本支付区间	■ 开发计划表 ■ 销售计划表	■ 开发计划表 ■ 销售计划表

■ 提交经营计划表格的完整性（40 分）：城市公司按照《经营计划操作手册》的要求，编制经营计划模型，根据表 4-11 中的模型提报时间要求，按时将城市公司及下属项目分期应报送的经营计划模型版本通过邮件报送给集团运营管理部。集团运营管理部审核

城市公司提交的经营计划模型填报内容项的完整性，若填报子表中数据项不完整，每少一项扣 5 分，扣完为止。

- 提交经营计划表格的准确性（20 分）：集团运营管理部定期根据表 4–11 中各版本模型的填报内容项进行数据准确性检查，每发现一项关键数据错误扣 5 分，扣完为止。
- 提交经营计划表格的时效性（40 分）：根据表 4–11 中的模型提报时间要求，城市公司须按时将城市公司及下属所有项目分期应提交的经营计划模型版本通过邮件报送给集团运营管理部。集团运营管理部检查核实，每发现一次城市公司经营计划模型（年初目标版、动态版）的提报时间发生延误，得 0 分；每发现一次项目经营计划模型（启动会版、年初目标版、动态版）的提报时间延误，扣 5 分；每发现一次项目经营计划模型（启动会版、年初目标版、动态版）未报送，扣 10 分，扣完为止。
- 本季度内城市公司应提交的所有版本经营计划模型全部参与考核，考核分值在完整性、准确性和时效性的总分范围下分类累加计算。
- 本季度内城市公司若发生一次经营计划模型未提报情况，且未事前申请获得集团运营管理部准许延报，则本项考核不得分，且每发生一次额外扣罚 1 万元。

（3）牵引有效

如果说“考核到位”是责任人按时准确更新维护数据的“推手”，那么明确填报数据的各项用途，如经营看板数据直接用于考核和激励等，就是让员工深知数据的重要性，防止其为了填报而填报，造成数据不准确。

后 记

当大运营管理体系被房地产业普遍接受且几乎成为大型房企标配之时，市面上尚未出现这一类主题的图书。本书以房地产核心经营逻辑为前提，围绕大运营管理的方法论与实战案例展开，阐述了大运营管理体系构建“六步法”，希望为房地产业运营管理水平的提升做出贡献。

本书的创作主体赛普地产研究院秉承“管理创造价值”的理念，致力于房地产业全价值链管理与人才培养领域的专业研究，汇聚了一大批精通房地产管理理论和方法、兼备丰富行业实战经验的专家，并形成了自身独有的咨询方法论，积累了全面丰富的实战案例，包括战略管理、组织管控、流程管理、运营管理、绩效管理、激励体系、薪酬管理等管理咨询案例，以及项目策划、设计、产品标准化、成本、招标采购、供应商、合同标准化、工程、营销、客户关系管理、大运营管理（财务经营）和预算管理等全价值链专业咨询案例。同时，在专业测评、人才培养体系、素质模型和中高层领导力提升上有自身的独创性。这些方法论在房企特别是优秀房企的实践中得到了有效的运用。

与此同时，本书的发起主体深圳市赛普管理咨询，与 90 多家房地产百强企业有过良好的咨询或培训合作。其通过与全国 1 800 多家房企客户的深度合作，推动房企管理创新并持续提升行业整体管理水平。

赛普管理咨询合作过的优秀房企包括万科、碧桂园、保利发展、融创中国、绿地集团、中海地产、华润置地、世茂集团、招商蛇口、华夏幸福、新城控股、龙湖集团、绿城中国、金地集团、旭辉集团、泰禾集团、阳光城集团、正荣集团、万达集团、雅居乐、中梁地产、中国金茂、远洋集团、金科集团、蓝光发展、祥生地产、首创置业、时代中国、越秀地产、卓越集团、新力地产、中粮置地、俊发集团、建业集团、正商集团、银城地产、仁恒置地、建发集团等。

客户是企业成长的动力源泉，衷心感谢所有客户对赛普管理咨询的成长所做出的贡献。

本书集结了赛普管理咨询 15 年来的原创咨询方法论和实战案例研究。知识源于行业并服务于行业，知识也只有应用才能创造价值，希望本书的内容能够帮助房企完善或优化大运营管理体系，进而通过大运营管理体系的落地促进房企的业务发展。

在本书的撰写过程中，赛普管理咨询的柏银玲、万振华、李叶琴、王向婷和许菲等多位老师也积极参与并倾注了心力与时间，在此一并鸣谢。

赛普地产研究院希望能一如既往地为房地产业做出自己的专业贡献，持续提升房地产业的整体管理水平。

赛普管理咨询

赛普地产研究院

2019 年 2 月